DIEU ÉCRIT DROIT
AVEC DES LIGNES COURBES

DU MÊME AUTEUR

L'avenir est à la tendresse, Salvator, Le Cerf, 1979, 13e éd.
La Révolte de l'esprit, Stock, 1979.
(Collaboration au livre d'Olivier Clément.)
François d'Assise, troubadour et prophète, Salvator, 1983.
(Traduit en tchèque.)
Comme une flûte de roseau, Le Centurion, 1983.
(Traduit en italien.)
L'ombre obéit au soleil, Salvator, 1985.
Aime et tu vivras, Cana, 1986, 10e éd.
Commentaires d'Évangile.
Puisque l'amour vient de Dieu, Desclée de Brouwer, 1988.
(Traduit en espagnol.) Homélies à France Culture
et au « Jour du Seigneur ».
Clins Dieu, Salvator, 1989.
Prêtres de la Mission de France, Le Centurion, 1993.
Accroche ta vie à une étoile, Entretiens avec J.-P.
et R. Cartier, Albin Michel, 1993.
Nomade de l'Éternel, Stock-L'Emmanuel, 1994.
Montre-moi ton visage, Variations sur les Psaumes,
Desclée de Brouwer, 1996, 3e éd.
Quand l'Amour se fait homme, Desclée de Brouwer, 1997.
Dieu était là et je ne le savais pas, Presses de la Renaissance,
1998.

STAN ROUGIER

DIEU ÉCRIT DROIT AVEC DES LIGNES COURBES

Autobiographie spirituelle
Tome 2

PRESSES DE LA RENAISSANCE

Ouvrage réalisé sous la direction éditoriale
d'ALAIN NOËL,
Avec la collaboration de DANIELLE NOËL.

Si vous souhaitez être tenu
au courant de nos publications,
envoyez vos nom et adresse, en citant ce livre,
aux Éditions des Presses de la Renaissance,
12, avenue d'Italie, 75013 Paris.
Et, pour le Canada, à
Édipresse Inc., 945, avenue Beaumont,
Montréal, Québec H3N 1W3.

ISBN 2.85616.705.5

Aux prêtres et aux poètes, qui nous sauvent de l'asphyxie spirituelle.

À Antoine de Saint-Exupéry, qui m'a donné le goût de Dieu.

À Paulette et Raymond,
mes fidèles correcteurs.

Prologue

Le premier tome de cette autobiographie spirituelle évoquait une quête de sens au long des vingt-deux premières années de mon existence.

La découverte d'un Dieu d'amour fut intense. Une seule issue s'imposa : consacrer ma vie à Le faire connaître. L'amour n'a que nos mains pour panser les plaies de ce monde. L'amour n'a que nos paroles pour dire le sens de nos destinées.

Les chapitres qui suivent sont le récit des méandres d'une *vocation*. Je ne reconnaissais pas dans les modèles classiques ce à quoi je me sentais appelé. Comme Jonas, le prophète récalcitrant, j'ai fait sans doute la sourde oreille. Invité à prendre la route vers le soleil levant, je marchais vers le couchant. La tâche que je pressentais me semblait démesurée. Comment dire le Dieu d'amour à des êtres qui ont décidé que Dieu était complice des inondations et des tremblements de terre, de la famine, des viols et des guerres, instigateur de l'Inquisition et de la Saint-Barthélemy ? Souhaiter devenir prêtre, c'était déjà être suspect !

Après une adolescence où j'appris à discerner les traces de Dieu, comme un trappeur celles d'un ours, vint le temps de l'initiation. Devenir messager de Dieu n'est pas aussi simple que se préparer à être médecin ou pilote de ligne. À l'époque où le cri d'Antoine de Saint-Exupéry avait retenti en moi : « Que faut-il dire aux hommes ? », il n'y avait plus d'école de prophètes...

Consentir à rédiger ce second tome sur une étape plus délicate de ma jeunesse n'allait pas de soi. Comment accepter de livrer, même à l'état de confettis, des passages d'un journal rédigé pour moi seul ? Comment confier des extraits de lettres ? Mais où est la ligne de partage entre le souci de vérité et l'indiscrétion ? Les prénoms et jusqu'aux initiales furent changés lorsque l'interlocuteur n'avait pas un rôle glorieux.

Récemment, dans le désert de Wadi Rum, en Jordanie, j'étais intrigué par des écritures et des dessins gravés sur des rochers depuis trois mille ans. Dans cette traversée de désert qu'est l'existence, j'ai éprouvé le besoin impérieux de laisser des marques. J'avais pris ce pli depuis l'âge de treize ans. Le fait d'exister, le fait d'avoir une aventure personnelle et libre était trop incroyable, trop inouï. Je souhaitais comprendre ce qui m'arrivait, comprendre les sentiments, les émotions, les indignations qui me traversaient de façon tellement surprenante. Comme un détective, je voulais élucider un mystère. Il faut une extrême attention pour deviner, comme en filigrane, à travers le papier blanc du quotidien, le dessin d'un « projet ».

Le peuple hébreu après son exode de quarante années a réinterprété des événements bruts de découragement, de révoltes, de guerres, de famines, de maladies... Ces événements sont devenus par la prière et l'écriture la plus grande Histoire d'Amour entre Dieu et un peuple. Les Hébreux n'ont pas décidé de trouver de l'eau croupie au fond du puits de Mara, ils n'ont pas choisi d'avoir faim au désert de Sin, ils n'ont pas encouragé Amaleq à les attaquer à Réphidim. Ces événements auraient pu n'avoir aucune cohérence et se perdre comme un ruisseau dans les sables. Tout fut repris dans le champ de forces d'un récit comme les grains de limaille autour des pôles d'un aimant. Tout, alors, jusqu'aux moindres consignes d'hygiène, et jusqu'à l'absurde, prenait un sens. *« Tout concourt au bien de ceux qui aiment Dieu »*, conclut saint Paul, ébloui ; et saint Augustin ajoute, pour faire bon poids : *« Même le péché. »*

Le vaste courrier que j'ai reçu pour le tome 1 m'a encouragé à donner cette suite. Le plus souvent, les lecteurs avaient eu envie de me faire partager leur propre chemin, de me dire comment Dieu les avait rejoints dans des circonstances inattendues. Dans une lettre arrivée ce matin, je lis : *« L'amour naît de la connaissance. Nous devrions tous avoir notre autobiographie à nous présenter les uns aux autres. Nous connaissant mieux, nous nous aimerions davantage. »*

N. B. : Les textes de mon carnet de bord (1952-1960) seront identifiables, car placés légèrement en retrait et imprimés en caractères plus petits.

1

Le temps de l'initiation

« Je ris, je pleure, et c'est comme un appel aux armes…
J'ai l'extase et j'ai la terreur d'être choisi.
Je suis indigne, mais je sais Votre clémence… »

PAUL VERLAINE

J'entre au séminaire de Paris en octobre 1952. J'ai vingt-deux ans, l'âge où la vitalité d'un homme est à son apogée. La première semaine, il y eut une retraite avec Mgr Ancel, un évêque très proche du monde ouvrier. Il était impressionnant, avec un œil de verre et l'autre rayonnant d'intériorité. J'ai un peu gâché cette semaine en écrivant les *instructions* pour pouvoir offrir l'ensemble de ces notes, ronéotypées, à chaque séminariste. Le soin que je mis à cette tâche me fit perdre la force de frappe du message. Avais-je encore la foi à usage externe ?

Quelle était ma motivation en m'enfermant dans cette maison ? J'ai tant écrit sur ce sujet dans mon journal que je n'ai que l'embarras du choix.

J'étais obsédé par le testament spirituel d'Antoine de Saint-Exupéry : *« Il n'y a qu'un seul problème : rendre aux hommes une signification spirituelle. » « L'homme n'existe que par son âme. À la tête de ma cité j'installerai des poètes et des prêtres. Ils feront s'épanouir le cœur des hommes. »*

Lorsque j'étais éducateur, je me heurtais à la violence de jeunes très abîmés. Lorsque j'étais infirmier, je me battais contre des virus ou contre la baisse de moral des malades. Dans ce séminaire, le défi était d'ordre spirituel, invisible. Il s'agissait d'apprendre que Dieu et le rayonnement de Sa Présence (l'Amour) étaient la clé de l'univers.

Les cours s'écoutaient sans effort. Nous n'avions pas le temps d'assimiler l'un qu'il fallait passer au suivant. On a beau aimer le caviar, trois rations le matin et deux l'après-midi, c'est lourd à digérer. Quelle avalanche de paroles ! Si j'avais fait imprimer toutes mes notes, j'aurais produit un livre de cent pages par jour. Aux heures d'étude, je lisais au moins l'épaisseur d'un autre livre. Plus de six cents ouvrages en un an, c'est beaucoup ! À mon insu, les mots perdaient leur sens et leur saveur. La plupart de mes camarades s'en tiraient mieux. Je me souviens de Jean, qui prenait ses notes sur un ticket de métro là où je remplissais dix pages. J'étais pris dans un piège. Je tombais dans l'idolâtrie du savoir !

Après une adolescence durant laquelle mes études avaient été une épreuve difficile et humiliante, j'éprouvais une sorte d'euphorie à apprendre. Que ce soit la philosophie, la théodicée (preuves de l'existence de Dieu), l'histoire de l'Église, l'Écriture sainte, l'apologétique (exalter la beauté du christianisme), c'était toujours un enchantement. Je découvrais chaque jour, ébloui, de nouvelles facettes du visage de Dieu. Les vieilles caricatures d'un dieu intransigeant revenaient dans ma tête. Mais les professeurs, avec la même obstination, faisaient disparaître mes œillères. La foi et la raison étaient respectées, chacune dans son ordre propre.

Mon univers préféré était la métaphysique. J'ai sous les yeux une dissertation réclamée par le père Leclère : *« Comment les philosophes ont-ils été amenés à poser le problème des rapports entre l'Essence et l'Esse (l'être) ? Comment faut-il poser ce problème ? »*

Je me souviens, je bondissais sur des feuilles vierges. Je

jubilais, j'appelais à la rescousse Thomas d'Aquin et Étienne Gilson, Jacques Maritain et Maurice Blondel. Je partais dans des envolées auxquelles aujourd'hui je ne comprends plus grand-chose.

Six jours plus tard, je reçus ma copie avec 18/20 et l'appréciation suivante : *« Copie passionnante, très personnelle ! »* Pour celui qui pendant des années avait vu d'impitoyables petites lettres rouges : *« Élève nul »*, *« Résultat affligeant »*, *« Ne peut sans doute pas mieux faire, hélas ! »*, c'était grisant. Je croyais rêver.

Il en allait de même avec les Saintes Écritures. Je recherchais comment le Dieu de la première Alliance était à la fois au-delà de tout et infiniment proche. Il était l'Être à sa source et en même temps Amour. J'y passais le temps que l'on consacre à une thèse : « Dieu, Transcendant et Père, dans les cinq premiers livres de la Bible. » Le père Trinquet, exégète méticuleux, dégonflait mes emballements avec un humour redoutable.

Chaque jour, j'écrivais pour moi seul un journal qui devenait de plus en plus cérébral. L'amour était le champ privilégié de ma réflexion, mais que devient l'amour lorsqu'il est pris sous les phares de la raison ? Voici un échantillon de ces notes quotidiennes :

> Nous regardons parfois les autres comme des intrus. Alors que l'autre, par sa présence, nous rappelle le paradis perdu. Il faut aimer pour la seule raison que Dieu est Amour. *« Ne dédaignez pas les enfants ; leurs anges voient sans cesse le visage du Père. »* Nous aimons parce que nous sommes à l'image de Dieu. L'amour est invisible. Mais il rend l'autre visible.
>
> L'amour est essentiel, mais il est menacé. *« La corruption du meilleur est la pire des choses. »* Il est objet de foi. Dénoncer les contrefaçons de l'amour : paternalisme, jeu d'influences, idolâtrie... J'ai peur d'aimer parce que je ne sais pas où est

le vrai bien de l'autre ! Or c'est en aimant que l'on peut découvrir qui est Dieu, puisque Dieu est amour...

Une pensée me traversait l'esprit constamment :

> En m'appuyant sur Dieu, je risque de ne plus rien attendre des autres. La mystique peut nous séparer des humains. Restons sur nos gardes !
>
> *« Tu m'as fait connaître le chemin de la vie. Tu me rassasies de joie en me montrant Ton visage. »* J'ai peur que cette joie soit trop forte, qu'elle me fasse oublier ma solidarité avec ceux qui doutent. Je résiste contre l'enthousiasme, pour ne pas perdre le contact avec mes amis incroyants...

J'aurais dû à cette époque-là m'orienter vers un noviciat. J'en suis convaincu aujourd'hui. Une immersion totale dans le silence m'aurait permis de mieux repérer les caprices de l'ego, ce magma de désirs anarchiques et de peurs incontrôlées. J'aurais eu tellement besoin d'apprendre la sagesse et la maîtrise des émotions ! Mes énergies toutes neuves se seraient investies davantage dans la contemplation que dans l'analyse.

Chaque semaine, j'allais confier ma vie à un *directeur spirituel.* Celui qui me fut désigné était un homme de rigueur, peu expansif. Nous n'avions pas le choix. J'aurais aimé parfois saisir dans nos échanges un brin d'humour et de poésie. Tout semblait, chez lui, réglé comme du papier à musique. J'éprouvais à son égard une crainte révérentielle, comme un futur opéré face à son chirurgien. Il était en même temps notre professeur de morale, très brillant, très humaniste. Sa façon passionnée de prononcer les mots *« pleinement homme »* était à elle seule tout un message.

Je me lançai dans la lecture de thèses qui réclamaient un temps démesuré : *Dieu sensible au cœur selon Blaise Pascal, L'Influence de Platon sur saint Augustin. La connaissance par connaturalité*... Un séminaire universitaire eût été mieux adapté à ce genre de travaux.

Sans que personne ne songe à me dire casse-cou, mon centre de gravité passait dans mon cerveau. J'avais expérimenté un athéisme pratique, existentiel, vécu. La Foi, je l'avais surtout connue par des livres. Je dévorai deux tomes d'une magnifique thèse de doctorat : *La Foi selon Pascal*, de Jeanne Russier. Ce livre me fit découvrir la place centrale du cœur dans la démarche vers Dieu, mais c'est avec ma tête que je découvrais la primauté du cœur !

La vérité chrétienne à découvrir monopolisait mes énergies. Quelle place restait-il pour la rencontre personnelle et aimante avec Jésus-Christ ?

Dans une lettre de mon grand-père à sa fille, ma mère, je trouve ces quelques lignes :

> *« Il paraît que ton fils n° 5 passe quatre heures la nuit, par moins 10 °C, à suivre au télescope une éclipse de lune. Il passe d'autres nuits sur Platon. Je vais le morigéner et tâcher de le persuader de ne pas jouer avec sa santé. S'il impose à son cerveau un travail forcené, il va devenir prématurément gaga... »*

Hélas, il ne m'a pas *morigéné*. Il avait bien vu le désastre pourtant !

Le parc du séminaire était vaste. L'été, j'aimais dormir au milieu des foins coupés. Au petit matin, vers quatre heures, j'allais écouter le chant des oiseaux. L'hiver, nous nous adonnions à de belles parties de patin à glace sur la piscine gelée.

Une fois par trimestre, on nous présentait des films comme *Les Anges du péché*, *Le Défroqué*... Après la projection, les responsables de la revue du séminaire me demandaient une chronique. Ce furent, en quelque sorte, mes débuts dans le journalisme.

Nous ne sortions que quelques heures le mercredi après-midi. Le dimanche était consacré à la grand-messe, aux vêpres et au courrier. J'en profitais pour abreuver mes amis du dehors d'une apologétique qui les laissait sans voix.

J'avais gardé un certain nombre d'amies de cœur auxquelles je me confiais.

> Dans un film vu récemment, *Les Anges du péché*, il y a cette phrase : *« À ma souffrance il n'est qu'un seul remède : l'indifférence. Je suis écorchée, dites-vous ! On ne caresse pas une écorchée ! »*
>
> C'est peut-être de l'orgueil de vouloir tirer de leur souffrance ceux qui souffrent. Une autre phrase de ce film m'a touché : *« La souffrance est la chose la plus farouche. Il faut être bien sûr de soi pour s'en approcher. »*
>
> L'orgueil ne consiste-t-il pas à usurper la place de Dieu ? Dieu est plus intime à nous-même que nous-même. Nous ne pouvons aimer qu'en Dieu.
>
> *« Tu veux atteindre les gens à l'âme »*, me dis-tu. En réalité, je ne sais pas du tout comment je cherche à rejoindre mes semblables ! On me dit que je cours après des *biftecks de courants d'air*.

Avec ces amies, un de mes thèmes favoris était la difficulté des humains à se comprendre.

> Hier, ma sœur s'est mariée. La veille, vers une heure du matin, j'accompagnais son fiancé en voiture. Nous avons longuement parlé de la solitude de chaque être en dépit de toutes les démarches pour se comprendre. Je suis moins pessimiste que lui. Mais qui sait ? En tout amour, il y a une part de paix et une part d'aventure !

Et vous, jeune mariée et jeune maman, pensez-vous que partager nos découvertes et nos intuitions soit voué à l'échec ? Croyez-vous qu'il y a trop peu de chances de se comprendre ? Vos longues pages sur vos sentiments tout neufs de mère m'ont rejoint. Par vous, une fenêtre s'ouvre sur ce merveilleux domaine. Hier, une de mes filleules, Dominique, frottait son petit front bouclé contre le mien en signe d'amitié... Dieu est là dans le regard d'un enfant.

1953. Durant l'été, je passai quelques semaines de vacances chez Simone et Jean Jardin, à Vevey, au bord du lac Léman. J'étais embauché pour deux mois par Dominique de Menil, ma tante de Houston, comme précepteur d'un de ses enfants, Georges, âgé de douze ans. Il y avait là Pascal et Simon Jardin, avec lesquels je m'entendais merveilleusement. Pascal avait à l'époque dix-huit ans. Il semblait ne retenir de l'existence que les aspects cocasses, loufoques, délirants. Son imagination de magicien transformait les foulards en lapins blancs et les situations les plus banales en roman...

Georges était d'une sensibilité déconcertante. Un jour, comme je m'étonnais de son absence à table, Pascal était parti à sa recherche. Il était revenu partagé entre le rire et l'émotion, en répétant : *« Georges ! Il a mal au lierre ! »* Georges faisait la grève de la faim pour me punir d'avoir escaladé un mur garni de lierre. Quelques feuilles avaient péri, par ma faute ! Nous avons failli procéder à l'enterrement des feuilles mortes en invitant les escargots et en chantant Prévert.

Ce séjour me donna l'occasion de rencontrer des écrivains et artistes de renom : Jean Schlumberger, Joseph Breitbach, Paul Morand, Emmanuel Berl. Les Jardin me firent, un jour, chanter tout un répertoire des chansons de Mireille, devant elle, que je ne connaissais pas et qui m'écoutait en riant. J'aurais aimé parler en tête à tête avec Berl, cet homme qui dira, quelques années plus tard : *« Ce que nous avons de commun avec Malraux, c'est le refus du refus de Dieu. »*

Je suis surtout resté en contact avec Pascal. Il vint me voir au séminaire avec sa fiancée. Il était tout malheureux de penser que ce curieux *machin* qu'était pour lui l'Église allait peut-être me dénaturer, me ficeler, me *« rouler dans la cellophane des bondieuseries, me figer dans le congélateur de la morale »*. Il venait m'apporter des bouffées de sa truculence, de sa rage de vivre. Il prit une violente colère, un jour, en me commentant le film *Le Défroqué* : *« Mais enfin, ce type, il était vivant, naturel, humain avant d'entrer au séminaire ! Pourquoi devient-il un parfait abruti après ?... Tu pourrais être acteur, reporter. Tu es normal, merde ! Tu as toutes les cordes à ton arc ! Qu'est-ce qui te prend ? Qu'est-ce qu'on va faire de toi, mon pauvre vieux ? »* ajoutait-il avec un sourcil qui se relevait, interrogateur.

Sous son influence, j'ai essayé de me rendre allergique à la « précautionnite », cette maladie de l'époque, cette maladie qui nous fait vivre – mais est-ce réellement vivre ? – sans risques, sans feu intérieur, sans véhémence, sans passion, avec avarice et ménagement, peur de l'imprévisible, peur d'inventer sa vie ! Cela l'intriguait terriblement de me voir orienté vers le célibat, lui qui avait déjà connu, disait-il, les voluptés et les tourments de l'amour. *« Tu ne vas tout de même pas te laisser châtrer ! »* Je répondais par un sourire. Plus le sacrifice était grand, plus j'étais heureux d'avoir un tel cadeau à offrir à Dieu pour mes frères humains. Leur bonheur n'avait pas de prix !

Pascal Jardin brûla bientôt son cœur par tous les bouts. Il ne supportait pas la banalité du quotidien. Il était éperdument fasciné par une certaine forme de transcendance : l'intensité.

L'apôtre est censé vivre dans un sentiment d'urgence. C'est l'aventure de Michel Strogoff. Un message doit passer coûte que coûte. Impossible de s'attarder en chemin ! On ne peut tout de même pas mépriser la beauté d'un tel geste. Je renonçais à l'amour humain pour que des couples fragiles, des couples blessés, des couples bancals puissent parvenir à l'harmonie.

Pour réussir un couple, il faut investir – en temps, en ingéniosité, en renoncement – une masse énorme d'énergie. Saint Paul conseille le célibat pour dégager l'apôtre des soucis conjugaux :

> *« Je voudrais que tous les hommes soient célibataires comme moi. Mais chacun reçoit de Dieu son don particulier, celui-là d'une manière, celui-là d'une autre. Je dis aux célibataires et aux veuves de demeurer comme moi. Mais s'ils ne peuvent se contenir, qu'ils se marient. Mieux vaut se marier que de brûler. »* (I Corinthiens 7, 7.)

Avoir près de soi un être qui vous valorise, vous stimule, vous pousse en avant, quoi de plus sublime ? *« Que serais-je sans toi ? »* dit le poète. Et la Bible lui donne raison. *« Un champ sans clôture est livré au pillage des bêtes ; un homme sans épouse gémit et descend à la dérive »* (Ben Sira). Mais cet être n'est ni un ange ni un saint. Son ego, parfois, peut vouloir régner en maître. Certaines personnes éprouvent un besoin viscéral de régenter, de diriger, de choisir pour vous, de décider pour vous, de donner des leçons à tout bout de champ. Il y a des êtres dont la demande d'amour est si grande que rien ne peut les satisfaire. D'autres soulignent et grossissent la moindre lacune de l'être aimé. « Je t'agresse, donc je suis. » D'ailleurs, ce dernier n'est ni un ange ni un saint, lui non plus. Il a pu mériter ces reproches. La vie quotidienne fourmille de décalages. L'un est mélancolique et supporte mal l'enthousiasme de l'autre. L'un tient beaucoup à un itinéraire, l'autre en préfère un autre. L'un est rapide, l'autre aime prendre son temps. La façon d'agir avec les enfants peut aussi donner lieu à des affrontements pénibles.

Comme toutes les réalités, l'amour humain a besoin d'être sauvé. Peut-être n'en est-il que plus beau d'être tellement blessé, tellement fragile ! Sauf pour des personnalités au tempérament souple, le mariage est une entreprise difficile. Les mots blessants qui ne seraient pas pardonnés le jour même pourraient devenir mortels. Je comprends le mariage comme un sacrement, une mission. Deux explorateurs envoyés pour une tâche importante n'ont pas le droit de se quereller à tout propos. Le mariage ne peut pas survivre s'il est l'addition de deux égoïsmes ; il ne peut être que l'harmonie de deux générosités. C'est ainsi, je crois, que je raisonnais à l'époque.

Simone Jardin m'honorait beaucoup en me considérant comme un interlocuteur valable. Nous avions de longs échanges face au paysage somptueux du Léman, dans son parc de la Mandragore. Il était surtout question, dans ses propos, de la puissance des élans qui portent un être vers un autre et de la désillusion qui accompagne parfois ces élans. Elle décrivait le mariage en termes réalistes : *« L'homme vous fige par son amour. Il vous met dans une châsse de cristal pour mieux vous idolâtrer ! »*

Son mari a gardé toute sa vie sur lui ce texte étrange de Barrès :

> *« Je voudrais entendre jusqu'à la fin votre voix, non pas vos pensées qui sont mélangées, mais votre voix toute pleine du ciel où je désire aller... Ce n'est pas vous que j'aime, et même en vous je hais bien des choses, mais vous m'avez donné sur terre l'idée du ciel, et j'aime cet ange invisible pareil à vous mais parfait, qui se tient auprès de votre humanité imparfaite... Adieu, meilleure que moi qui vous*

juge si durement et vous aime. Adieu, je vais m'agréger, dans l'étoile d'où vous venez, à l'éternelle perfection dont vous êtes l'émanation... » (Un jardin sur l'Oronte).

Simone avait fait rêver bien des hommes. Les intuitions de son cœur revenaient à mon esprit il y a quelques jours encore, tandis que je priais près de son corps devenu immobile et froid, près de ses yeux fermés aux beautés de ce monde.

Dans une des lettres que je lui adressais, je retrouve un passage où je résume le point de vue de son fils Pascal à l'égard de la religion : *« L'amour terrestre est le seul qui puisse signifier quelque chose pour nous et nous atteindre. Tu me dis, Stan, que nous avons besoin d'un Dieu pour garantir, fonder, maintenir cet amour. Ne vois-tu pas que tu lui enlèves sa valeur ? C'est sa fragilité qui fait son prix. Je t'en conjure, ne mets pas un Dieu entre nous. Le plus médiocre des hommes n'aura peut-être aimé qu'un seul instant dans sa vie, mais ce sera bien son amour à lui et non une fuite dans le divin. »*

Octobre 1953. Je retournai au séminaire, en deuxième année, me coulant tout naturellement dans le moule proposé. J'étais estimé des professeurs et des confrères. Le supérieur était un homme de forte personnalité. À l'heure où je rédige ces lignes, j'apprends qu'il vient de quitter ce monde. Nous n'avions jamais cessé de correspondre.

Parmi ses lectures spirituelles, je me souviens particulièrement d'une description des inaptitudes au sacerdoce.

« Certains esprits ont une tournure telle qu'il faut les décourager du sacerdoce :

1. L'esprit faux. Il manque de jugement. Il érige le secondaire en essentiel. Il recherche l'insolite. Il pense par paradoxes. Cette fausseté de jugement est d'autant plus redoutable qu'elle s'appuie sur une logique sans faille. "Le fou a tout perdu sauf la raison."

2. L'orgueilleux. Il se méfie. Il ne se livre jamais. Seule la flatterie a prise sur lui.

3. L'instable. Ses humeurs sont très variables. Un jour, l'enthousiasme ; le lendemain, le découragement.

4. Le psychasthénique. Il est dans un état habituel d'émotivité. Il a des idées fixes. Il vit dans l'inertie parce qu'il n'ose pas s'engager.

5. Le scrupuleux. Aucun directeur spirituel ne peut quoi que ce soit pour lui. Il faut un médecin.

6. L'inapte au travail intellectuel. Un médecin qui ferme ses livres devient un épicier. »

Je mettais un point d'honneur à passer au moins une récréation à converser avec chacun des quelque cent cinquante séminaristes des deux premières années. Je ne voulais pas trop manquer cette fantastique diversité. Ils venaient de toute la France, mais aussi d'Angleterre, d'Écosse, d'Irlande, du Liban, d'Égypte, du Viêt-nam, du Cambodge... Cinq sont devenus évêques. Les professeurs étaient remarquables par la dignité de leur vie et l'étendue de leur savoir. J'ai surtout apprécié Amédée Ayffre, professeur de philosophie doté d'un calme de lama tibétain, grand spécialiste de cinéma.

1953-1954. Cette vie est exaltante. Je découvre des attirances que j'ignorais : goût pour une réelle vie d'équipe, confiance dans la hiérarchie. Mais je voudrais intégrer plus de substance humaine à nos considérations vertigineuses.

Je découvre à la fois ma liberté et les pesanteurs qui agissent sur moi. Étais-je libre à cinq ans, à six ans, lorsque je choisissais d'être déçu, boudeur, renfermé ? Dieu nous sculpte, mais nous ne sommes pas inertes. Nous pouvons nous prêter au coup de ciseau pour faire réussir ou faire dévier le projet de l'Artiste. Je veux rencontrer ici, parmi tous ces jeunes, d'abord ceux qui ont le plus souffert. La souffrance est farouche, rugueuse, elle laisse des séquelles.

Ô Dieu ! Je suis venu là pour Toi. Me tenir devant Toi, c'est enfin avoir le droit d'exister dans ma différence. Toi seul, Tu nous veux dans la vérité de notre être. Certains amis me disaient : *« Dieu est le bouche-trou facile de nos ignorances, l'alibi confortable de nos paresses. »* Alors, je les croyais et je Te fréquentais le moins possible. Combien me suis-je privé de joie de ne T'avoir pas reconnu ! Ah ! que l'on ne me dise plus jamais que Tu empêches l'homme d'être lui-même ! *« N'écoute pas les hommes,* dit Saint-Exupéry. *L'un te parle des clous, l'autre des voiles, l'autre des cordages. Tous oublient la mer. »* N'est-ce pas Toi, l'Essentiel oublié ?

L'aventure de la foi, je l'ai contemplée sur les cartes d'état-major de l'Église, à la clarté des lampes. Il me tarde de la voir, vécue. Que font les hommes, concrètement, avec ces propositions bouleversantes faites par Dieu à l'humanité ? Que devient la Parole de Dieu lorsqu'elle prend corps dans une vie ?

Il existe un fossé entre le levain de la spiritualité et la pâte du monde. Le levain moisit de rester sur lui-même. Les chrétiens tournent en rond dans leur univers rétréci. La pâte se nourrit d'un humanisme athée où les valeurs évangéliques sont coupées de leur source.

Les athées ne cessent de reprocher aux chrétiens de déserter la terre. En développant leur piété, les croyants s'isolent hors du monde réel. Les chrétiens devraient être les plus soucieux du développement harmonieux des personnes et des collectivités.

Je comprends tard que l'on peut faire son deuil de l'amour des autres et puiser directement à la source de l'amour : en Dieu. J'ai trouvé mon équilibre dans des activités qui me valaient l'estime des autres à défaut de leur amour (l'art dramatique, le talent de conteur, le chant, la guitare, le sport, les soins...). Aujourd'hui, tout cela me semble tellement vain ! J'ai cru pouvoir récolter un surcroît d'estime par le travail intellectuel. Je me suis laissé dénaturer. *« Ne forçons point notre talent »*, disait La Fontaine. L'amour est l'unique plénitude. La vie chrétienne est une vie transfigurée par une présence.

Lorsque j'ai cru en Dieu, j'ai entrevu la merveille que peuvent être les créatures lorsque Dieu les éclaire. Alors m'est venu le goût de vivre. Notre univers est si triste. Pourquoi a-t-il tourné le dos à Dieu ?

« Ah ! Si tu avais été attentif à Ma Parole,
comme un fleuve eût été ton bonheur ! »

Saül de Tarse fut délivré lorsque Dieu l'embaucha. Dieu compte sur nous pour chasser les ténèbres du monde. *« Il vaut mieux allumer une chandelle que de maudire l'obscurité. »* Si le meilleur n'était pas sans cesse menacé du pire, exercerait-il sur notre cœur une telle montée d'amour ?... J'ai besoin de Dieu, si fort ! Je ne pourrai Le trouver que dans une retraite d'un an.

Cette deuxième année de séminaire me donna l'impression que je perdais mes repères.

Les échanges avec ceux que nos professeurs nommaient les confrères étaient parfois grotesques : polémique et coupage de cheveux en quatre. On ne compose pas avec la bêtise. On claque la porte et on se retire en secouant la poussière de ses sandales… C'est-à-dire en oubliant tout. Rien ne pouvait sortir de ces borborygmes d'étudiants sans responsabilités.

Les puissances vitales que la nature m'avait données masquaient un vide. J'étais un raconteur d'histoires comme les griots africains. Je chantais comme une vedette du show-biz. Je pétais le feu ! Plus vivant, tu meurs ! Comment aurais-je pu soupçonner derrière cette façade un tel manque d'enracinement intérieur ? Le temps que j'aurais pu consacrer à la prière, si j'avais su prier, je le passais à retenir les pensées qui s'imposaient à mon esprit.

> La réalité à laquelle je suis le plus sensible est l'aliénation. Être prêtre, c'est libérer. *« Faites tomber tous les jougs »* (Isaïe 58). Je n'ai aucun droit de donner à cette lutte une complicité avec celle du prolétariat. Mais il faut être marqué par l'oppression pour penser à se soulever. Le bourgeois aussi est aliéné : privé de la spontanéité, privé d'une culture en prise réelle sur la vie, accaparé par des préoccupations factices. La libération la plus vitale est celle à l'égard du péché, qui dénature l'homme. La lutte est d'abord à l'intérieur de soi-même.
>
> En Afrique, à force d'entendre les Blancs mépriser les Noirs, je me suis résigné ! Les événements m'ont conduit à vivre au plus près des humiliés : délinquants, manœuvres, clochards, malades, aveugles, drogués… Les misères morales sont légion. Le vaniteux est ivre ; l'égoïste est aveugle ; l'orgueilleux est prisonnier ; le timide est paralysé…
>
> Je veux être attentif aux soupçons des athées. *« La religion est le plus grand facteur de corruption ! »* dit Lénine. Oui, bien

sûr, si elle est séparée de l'amour. Mes moments de bonheur, mon Dieu, c'est Toi. Mes nostalgies, c'est Ton absence. Tu nous aimes et nous pouvons T'aimer. Tu es l'Être. L'Être est omniprésent ; comme l'air, on ne le voit pas. Ta discrétion est absolue.

Le renoncement pour le prestige du renoncement n'est que névrose. *« Quand on aime, on ne vit plus en soi-même, mais dans l'Être aimé ! »* Voilà la clé d'un renoncement qui mène à la vie, et non à la mort. J'aime, en Jésus-Christ, aujourd'hui, ceux qui m'ont traité de nullité. On les avait programmés. L'amour est à base de pardon. Rien ne lave la mémoire comme le pardon !

Le jugement des autres sur moi peut-il me guider ? « Vous êtes bon public », me dit le supérieur. Un professeur surenchérit : *« Vous trouvez tout épatant, formidable. Il faut développer votre esprit critique. »* En réalité, je ne cultive pas l'optimisme béat. Tout au fond de moi court une profonde inquiétude. C'est le meilleur de moi-même qui est en connivence avec le Ravi des santons de Provence.

J'éprouvais une sorte de vertige. J'étais censé me préparer à être un pont entre Dieu et les hommes et j'eus le sentiment d'avoir *coupé les ponts* avec Dieu et avec les hommes. Des cours, des livres, des thèses : *« Des mots, des mots ! »* Le mot fleur n'a pas de parfum. Le mot Dieu est un tiroir vide. J'avais été saisi d'une véritable frénésie de connaissances. Parmi les divers travaux, pendant six mois, j'ai dû ingurgiter plus de trois mille pages de saint Augustin pour y déceler les traces d'un *idéalisme platonicien* dont l'Occident, m'avait-on dit, était devenu malade. Mais la vie, où était-elle donc passée ? Le mental peut-il neutraliser l'asphyxie du mental ? L'ombre peut-elle chasser l'ombre ?

J'ai estimé passionnément chaque professeur. Je n'accuse pas le genre de vie qui nous était proposé. C'est moi qui me laissais entraîner par la fascination du savoir. La demi-heure matinale réservée à la contemplation de Dieu devenait parfois un simple temps de lecture. Avais-je l'honnêteté de m'en ouvrir à mon guide spirituel ? J'étais en train de devenir un intellectuel, quelqu'un qui croit comprendre parce qu'il sait, qui croit savoir parce qu'il a lu !

Le sport n'était pas délaissé. Nous avions de belles séances de judo. Chaque matin, une douche glacée me maintenait dans une très bonne forme. Mais le développement des facultés autres que cérébrales était très limité dans cette ruche de près de quatre cents séminaristes.

Notre vie de séminaire était bien réglée, sans surprises. Les repas étaient pris en silence. À tour de rôle, l'un d'entre nous lisait une Vie de saint d'une voix sans nuances *(recto tono)*... Nous ne pouvions pas souvent sortir de cette université. Mes copains du centre Saint-Yves (étudiants en droit) m'invitaient à leurs réunions et à leurs sorties. En vain. *« Le règlement, c'est le règlement. »* Mais le monde entier était là ! Je m'étais fait beaucoup d'amis, même parmi les professeurs.

Le supérieur me témoignait une grande estime. Il me confia, un jour, les jugements du Conseil des pères : *« Docile (peut-être trop...). Intelligent. Pénétrant. Dynamique. Humble. Très apprécié de ses confrères. »* Il ajoutait : *« Celui qui a beaucoup reçu doit beaucoup donner. »* Il me mettait en garde contre mon enthousiasme trop démonstratif. *« Stanislas, il vous faut lire l'Ecclésiaste : "Rien de nouveau sous le soleil !" »* Grâce à lui, je découvris ce livre d'une extraordinaire intensité poétique :

> *« Il y a un temps pour tout,*
> *un temps pour tout désir sous les ciels :*
> *un temps pour pleurer et un temps pour rire,*
> *un temps pour se lamenter et un temps pour danser,*
> *un temps pour chercher et un temps pour perdre... »*

Il m'aurait fallu un temps pour rencontrer les hommes et les femmes de mon époque, derrière les murs du séminaire. Ce n'était pas prévu. Un seul regret, peut-être, durant ces années-là : ne pas avoir plus fortement bénéficié d'un apprentissage de la prière. On peut apprendre à nager en étant jeté à l'eau. Jeté dans le silence, j'avais la sensation de m'y noyer.

Chaque mercredi, j'allais quelques heures à l'hôpital des aveugles pour tenter de donner un peu de tendresse à ces êtres que l'infirmité isolait. Il s'agissait surtout de les écouter et de rédiger leur courrier. J'animais aussi avec eux des séances récréatives.

J'ai parlé longuement, dans le premier tome, de mon amitié pour une jeune fille, Agnès. Je ne cessais pas d'aller la voir et de lui écrire. Je lui envoyais toutes les lectures susceptibles de la toucher. L'art et la poésie étaient ses points sensibles. Je lui avais recopié quelques lignes de Mauriac :

> *« La plupart des hommes sont des sourds et des aveugles nés. Un poète survient, recueille un peu de boue pure au fond de la source, nous touche les paupières, les oreilles. Et nous voyons tout à coup. Et nous entendons... Tant qu'il existera des hommes sur la terre, quelques mesures de Mozart témoigneront de notre pureté perdue dès l'origine et qui, pourtant, existe quelque part, puisque nous l'entendons pleurer et rire... »*

Mon amitié pour Agnès n'était plus que blessure. Elle semblait à cette époque embarquée sur une autre planète. Je rêvais souvent d'elle. C'étaient toujours des cauchemars. Je l'attendais interminablement dans une gare où elle n'arrivait jamais. Sur son journal, elle écrivait : *« Sans l'amitié de Stan, je me suiciderais. J'ai opté pour une autre forme de mort : la médiocrité. »* À cette époque-là, elle travaillait à façonner des marionnettes. J'avais la triste conviction qu'elle devenait elle-même une marionnette. J'avais tellement désiré casser les fils maudits qui la manœuvraient à son insu. Je n'y parvenais pas, et cela m'était intolérable !

Je faisais avec Dieu une sorte de marché : « Si vous la sauvez, je deviens prêtre ! »

Dans ses lettres, le cynisme alternait avec des appels au secours. *« Tu comprends, sans doute, avec quelle secrète envie de pleurer je joue le rôle infernal auquel je me suis vouée par amertume ! »*

Chaque mois, des personnalités étaient invitées pour nous parler. Je me souviens surtout de quatre d'entre elles.

Il y eut François Mauriac, qui vint pour répondre à nos questions. Un séminariste ouvrit le feu : *« Votre insistance à parler des réalités sexuelles provient-elle d'un refoulement durant votre jeunesse ? »* J'étais au deuxième rang. Je vis le visage de plusieurs professeurs se crisper. Mauriac, de sa voix étouffée, presque inaudible, répondit qu'il ne pouvait pas reprendre son éducation à zéro. Je me levai pour poser une seconde question : « Monsieur Mauriac, que pensez-vous d'Albert Camus ? » Je fus surpris qu'il se contentât de me demander, sur un ton presque agacé : *« Et vous, qu'en pensez-vous ? »* J'aimais énormément Camus, et je tentai de faire passer un peu de mon enthousiasme. J'entendis pouffer derrière moi : *« Rougier fait une conférence à Mauriac ! »* Le grand écrivain m'écouta poliment et ajouta : *« Eh bien ! Je vous remercie… »* Puis, se tournant vers la salle, il enchaîna : *« Une autre question ? »* J'en conclus, peut-être un peu vite, que Mauriac n'aimait pas beaucoup Albert Camus.

Il y eut l'abbé Pierre. Il raconta la détresse des sans-logis, la mort de froid d'un petit enfant, la mobilisation réalisée autour de ses appels pathétiques. Cette conférence fut un grand moment. Tout contribuait à nous toucher au plus profond de nous-mêmes. Il raconta la naissance d'Emmaüs. L'abbé avait été appelé au chevet d'un ancien bagnard, Georges, qui avait tenté de se suicider. *« Georges, je n'ai rien à t'offrir, mais j'ai besoin de toi. Donne-moi un coup de main pour reloger une famille à la rue ! »* Tout était parti de là : un désespoir, un regard, une tendresse aux antipodes du paternalisme. *« Je n'ai rien planifié. Cela m'est arrivé. J'ai seulement tendu la voile lorsque le vent a soufflé. »* Comme pour les disciples d'Emmaüs, la désillusion avait été changée en enthousiasme ! C'est pourquoi le nom qui s'imposa pour cette aventure fut « Emmaüs ». Cette page d'Évangile met en lumière la situation de deux hommes désespérés voyant leur désastre se transformer en prodige de bonheur à la chaleur d'une présence : celle du crucifié ressuscité. Georges, le forçat qui revenait de vingt ans passés à Cayenne, avait permis à un ancien aumônier des maquis de lancer une des plus grandes aventures de la solidarité. Cette visite eut plus d'impact sur mon évolution intérieure que je ne saurais le dire. J'eus le sentiment que nos études me mettaient en marge de la vie.

D'autres témoins m'ont aussi fortement marqué : le père Carré, qui était venu nous parler de son apostolat auprès des artistes, André Cruiziat, fondateur du mouvement « Vie nouvelle » (vivier de militants de tout poil comme Michel Albert et Jacques Delors).

Je profitai d'une semaine de vacances pour aller suivre les *« exercices de saint Ignace »*, individuellement, à la villa Manrèse à Clamart. Au cours de cette retraite, je pris la décision de stopper ma formation au séminaire d'Issy. J'avais besoin d'ouvrir la fenêtre sur un monde plus réel.

À l'issue de cette retraite, j'avais écrit à un ancien ami de jeunesse, Jean-Pierre, qui poursuivait ses études au « Scholasticat jésuite » de Chantilly :

> Je recherche une vue souple et pénétrante des relations entre l'amour et l'intelligence. L'amour se développe dans la vie contemplative. L'intelligence (ou le bon sens) se nourrit de réalisme dans les événements et les contacts humains. Je pense souvent au cri de Bossuet : *« Malheur à la connaissance qui ne tourne pas à aimer. »* J'ai peur pour moi d'une formation qui m'éloignerait des êtres au lieu de m'en rapprocher. Il faut penser en partant de la vie, des personnes, des relations humaines, des événements. L'enseignement du séminaire est tellement théorique ! Est-ce cela la cause de tant de froideur et de dogmatisme chez certains prêtres ?
>
> Trois mois au contact des jeunes délinquants ne sont-ils pas plus formateurs, pour l'intelligence du cœur, que trois mois au contact des œuvres de Kant ? Je ne veux pas me laisser chloroformer. Il y va de ma vie.

La réponse de Jean-Pierre fut abrupte :

> *« Tu ne trouveras d'efficacité authentique pour le Royaume de Dieu que lorsque, par amour pour Dieu, il te sera devenu totalement indifférent d'être utile aux autres ou de ne pas l'être, seule étant essentielle pour toi la volonté de Dieu. »*

J'avais là un message important à découvrir, mais je n'étais pas prêt !

On pourra croire plus loin, à la lecture de telle ou telle page, que je jette un regard critique sur mon Église. Si j'ai exhumé quelques-unes de mes timides contestations de jeunesse, c'est pour mieux m'émerveiller aujourd'hui devant le chemin que cette Église a parcouru. Le concile Vatican II n'a pas consisté en abandon du latin ou autres réformes liturgiques. Ce fut une série de révolutions coperniciennes. Certains l'ont bien compris, qui ne les ont pas admises et qui ont conclu à l'absence de l'Esprit saint. Des tracts diffusés à Assise en octobre 1986 montraient le pape actuel se présentant aux portes du paradis : *« Je suis Jean-Paul II, le pape œcuméniste. »* Jésus lui fermait la porte au nez : *« Il n'y a ici qu'une religion. Allez chez les démons. »*

Je m'émerveille de la créativité de mon Église. Je ne m'y sens pas à l'étroit comme de nombreux journalistes (Michel Field, Olivier Germain-Thomas et d'autres...) ont voulu me le faire dire. À tous ceux qu'elle a déçus, elle pourrait crier : Mes défauts, c'est ta place demeurée vide. Mes défauts sont la trace de ton absence.

2

L'épreuve

« L'Église est une réserve de cœur où tout homme sait qu'il sera accueilli, reconnu, non jugé, pardonné, aimé follement par Dieu. »

Cardinal ETCHEGARAY

1954. J'ai cru autrefois que Dieu donnait Son feu vert pour chaque tuile qui nous tombait sur la tête. J'ai mis longtemps à comprendre que toute souffrance était une provocation, une invitation à exister plus haut, plus fort. Si Dieu semble parler à travers l'échec et la douleur, c'est parce que, dans ces moments-là, nous sommes plus humbles et plus disposés à nous joindre à Lui. François d'Assise ne pensait guère à Dieu au milieu de ses folles dépenses et de ses fêtes. Il se mit à penser à Lui sous l'aiguillon de la désillusion. *« Dieu n'est pas venu expliquer l'énigme de la souffrance, mais la remplir de Sa présence »* (Claudel). La souffrance qui allait me tomber dessus fut une énigme dont j'ai vainement essayé de trouver la clé. C'est notre lecture des événements douloureux qui fait de la souffrance une purification ou une catastrophe. Il faut beaucoup de temps pour pouvoir dire comme Joseph, fils de Jacob, vendu à des nomades par ses frères : *« C'était un mal pour un bien ! »*

Depuis quarante ans, je reviens toujours à la même intuition : si l'on n'aime pas l'autre, on peut le tuer ! En l'aimant, on lui permet d'exister.

Dieu a tenté de me rejoindre à travers mes blessures, ma solitude, mes échecs. Je n'ai pas toujours bien capté le message. Parfois même, j'ai tout compris de travers. La plus grande épreuve fut une fin de non-recevoir opposée à un désir très profond.

Avant de me lancer dans le sacerdoce, tête baissée, je voulais savoir si c'était vraiment à cette tâche-là que j'étais destiné. De plus, si Dieu m'appelait à la prêtrise, il me fallait apprendre à lire ce qui, dans l'âme humaine, est apte à reconnaître Dieu.

J'entendrais mieux les paroles de la Bible en écoutant battre le cœur de mes frères humains, pensais-je. Il en est de même pour la parole de Dieu. Une partition de musique, il faut l'entendre exécutée par des artistes pour en saisir toute la beauté !

Le séminaire nous donnait un jargon d'initiés. On ne s'en cachait pas, d'ailleurs. On nous disait : *« Le prêtre est un séparé. »* Je ne me sentais pas très ajusté à cette condition de *séparé*. J'avais envie de m'enraciner à nouveau dans *le réel de la vie*. J'aurais un jour à donner une parole d'Espérance. Elle devrait être imprégnée des tourments et des attentes des hommes. Sinon, ce serait du vent ! Par leur détresse, les humains m'avaient poussé au séminaire, c'est eux qu'il me fallait retrouver. Le cri de l'abbé Pierre avait été comme une secousse, un tremblement de terre. Peut-on se contenter de faire sagement des études alors que la misère nous est cachée par ces études mêmes ? Je désirais m'arrêter et m'ouvrir sur le monde.

Je fis d'abord une démarche auprès des Petits Frères de Jésus, un ordre monastique fondé par le père de Foucauld. Je souhaitais suivre un noviciat. J'avouais qu'ensuite j'aurais peut-être à m'orienter vers les jésuites ou les dominicains.

Ce que je recherchais dans un noviciat, c'est la conversion intérieure, sans laquelle l'Évangile devient un manuel de morale. À plusieurs reprises, Jésus parle d'une métamorphose de l'esprit. Lorsque le Christ enseigne, Il le fait comme un Maître intérieur. Il conduit pas à pas Ses disciples à considérer l'existence, les êtres, les événements dans une autre lumière. *« L'œil est la lampe du corps. Si ton regard est mauvais, tout sera ténèbres en toi. »*

La spiritualité ne s'enseigne pas dans une avalanche de cours, mais par une imprégnation lente dans le silence. La sagesse ne se transmet pas avec des piles de livres. C'est comme des fruits qui mûrissent. *« Celui qui veut construire une tour commence par s'asseoir. Le roi qui part avec dix mille hommes affronter un adversaire qui en a vingt mille commence par s'asseoir »* (Évangile).

Il aurait fallu une refonte totale au cours d'une année sabbatique. Cesser pendant un temps de se faire des idées sur les choses, les valeurs, les personnes, les situations. Retrouver un *toucher de l'être*, les racines de la ferveur. Prendre des distances à l'égard d'un fatras de choses apprises. Lorsqu'on s'apprête à construire une maison, on creuse des fondations. On n'ajoute pas, on enlève. Je ne voyais rien d'autre que la vie contemplative pour permettre d'entrer dans cette autre dimension.

> *« Tard je T'ai aimée, Beauté si ancienne et si nouvelle. Et pourtant, Tu étais au-dedans de moi. C'est moi qui étais dehors. Je Te cherchais en me ruant sur ces beautés que Tu as faites. Tu étais avec moi. C'est moi qui n'étais pas avec Toi »* (saint Augustin).

Ce projet de noviciat ne fut pas accepté ! J'étais triste de ce rendez-vous manqué avec la vie intérieure. Devant ce refus, pourquoi n'ai-je pas cherché ce qui ressemblait le plus à ce projet : un temps de silence et de recueillement dans un monastère ? Je me mis alors, au contraire, à souhaiter une plongée en pleine pâte humaine accompagnée chaque jour d'une imprégnation de l'Évangile. *« Étreins le texte vivant et ton Dieu invincible dans ce document qui respire »* (Claudel). Apprendre à vivre avec une oreille collée au monde et l'autre à la Parole de Dieu. Je recherchais une sorte de noviciat où le cloître ne serait pas celui d'un monastère, mais celui de l'âme humaine.

Je voyais cette année-là comme une expérience contemplative, mais au cœur de la vie. La présence de Dieu se ferait surtout dans ce tabernacle vivant qu'est l'être humain.

Le sens du sacré que l'on nous apprenait au sujet de l'Eucharistie ne nous était pas enseigné avec autant de force à propos de ce temple de Dieu qu'est l'homme. Je demeurais quelque peu anticlérical et j'envisageais de devenir prêtre : situation inconfortable ! Des hommes d'Église avaient déçu l'attente de mes amis les plus chers et de mes auteurs préférés ; je ressentais chez les prêtres comme une déformation professionnelle possible :

> Le prêtre risque d'avoir des réponses toutes faites. Il risque de n'avoir aucune tendresse personnelle pour des personnes toujours uniques. Il risque de faire des discours passe-partout, de réciter une leçon !...

Autour de moi, l'Église était perçue comme étrangère à l'humanité. *« Elle fonctionne comme une noble institution qui n'a rien d'autre à faire que d'assurer sa pérennité »*, tel était le refrain que l'on retournait à longueur de temps comme un fer dans la plaie !

Je redoutais de devenir un fonctionnaire. Il me faudrait pour empêcher ce désastre camper aux frontières de l'Église, ne pas cesser d'entendre les doléances et les requêtes du monde contemporain. Le livre *France, pays de mission* et des revues comme *Masses ouvrières* m'orientaient dans ce sens. Quelques aperçus de Teilhard de Chardin (interdit de séjour dans les séminaires) étaient comme une aurore : *« Lève la tête, Église, regarde la foule immense de ceux qui cherchent dans les laboratoires, les studios, les déserts, les usines, dans l'énorme creuset social. Les vois-tu, tous ces hommes qui peinent ? Eh bien ! tout ce qui fermente par eux d'art, de science, de pensée, tout cela est pour toi. Allons, ouvre tes bras, ton cœur, et accueille, comme ton Seigneur Jésus, le flot, l'inondation de la sève humaine. Reçois-la, cette sève, car, sans son baptême, tu t'étioleras sans désir, comme une fleur sans eau » (La Messe sur le monde).*

1954. Je passai deux mois d'été à travailler avec les Castors, des ouvriers d'une ville de province qui construisaient leurs propres maisons. Le mouvement Concordia rassemblait des jeunes de plusieurs nations (Allemagne, Espagne, Angleterre, États-Unis). Nous étions manœuvres bénévoles sur des chantiers. J'étais préposé à la fabrication des parpaings. Il fallait d'abord confectionner, dans une bétonnière, un mélange savant de gravier et de ciment. Cette épaisse pâte grise était versée, ensuite, dans une presse qui se maniait à la force des poignets. Je tassais vigoureusement le mélange dans des moules avec plusieurs pressions des deux bras sur un lourd couvercle de fonte. C'était exténuant ! De beaux parpaings creux en sortaient, bien compacts. Ils séchaient au soleil, bientôt prêts à abriter une petite famille. Les maisons grimpaient à vue d'œil. Nous pouvions participer à toutes les étapes de la construction puisque aucune maison n'en était au même stade. J'aimais ces travaux concrets. Cela me changeait des cours. Chaque jour, nous pouvions rencontrer les ouvriers lorsqu'ils rentraient de leur travail et prenaient la truelle avec nous. Certains sont devenus des amis pour toujours.

En tout cela, ce que je recherchais était avant tout une imprégnation de la vie, celle-là même sur laquelle il faudrait poser la lumière de la Parole de Dieu. Ce qu'avait vécu Jésus pendant plus de vingt ans, ce contact physique avec les métiers et la vie d'un village, c'est la privation de cela qui me faisait hurler.

Une lettre que j'adressai à mon père masque l'essentiel de cette démarche :

> Tu te demandes pourquoi je me crève sur un chantier. Bonne question. Je voudrais comprendre ceux qui travaillent ainsi une vie entière, en toute saison. Je commence à avoir des biceps que tu n'imagines pas. Les Castors (ainsi nommés car ils construisent leur maison) m'ont surnommé Tarzan. J'adore travailler sur les toits. Il faut y planter des clous énormes avec une masse. On sent ses muscles se tendre comme une peau de tambour.
>
> Durant les jours de détente, nous faisons des visites d'usines (Renault...). C'est passionnant.

Le stage dura deux mois. Les garçons logeaient dans une baraque, les jeunes filles chez l'habitant. Chaque matin, je trouvais un bouquet de bruyère sur mon lit. La mystérieuse inconnue fit battre mon cœur plus qu'il ne convient pour un garçon qui songe au sacerdoce. Au bout de trois semaines, j'identifiai une des jeunes filles du groupe qui s'introduisait de nuit, incognito, dans le dortoir. Ingrid était allemande. Elle réclama et obtint de garder sa main dans la mienne un soir, au retour d'un voyage le long des châteaux de la Loire. Commentant l'événement sur mon cahier (avec mon style singulier de l'époque), j'écrivais :

> Je souffre et j'aurai à souffrir de l'absence de celle qui, seule, peut compléter l'homme. Je suis heureux de mesurer la beauté de ce qu'il faut sacrifier. Il s'agit bien de la

plus belle part de la vie : le chef-d'œuvre de la Création. Jésus-Christ a promis de nous le rendre au centuple. N'est-ce pas là un placement formidable ? Dieu, par ce sacrifice, me permettra d'aimer davantage, d'aimer un nombre plus grand d'êtres humains, de mieux les comprendre... C'est autrement plus vital que les charmes d'une femme !

Après le départ de cette jeune fille, au lieu d'examiner paisiblement la situation pour savoir si je n'avais pas à apprendre à gérer mes élans affectifs, je me sentais culpabilisé à outrance. Saint Augustin, dans ses *Confessions*, raconte avec émotion et douleur les frasques de sa jeunesse : *« Qu'était-ce au fond qui m'agréait, sinon d'aimer et d'être aimé ?... Tu étais toujours là, Seigneur, miséricordieusement cruel, ajoutant les plus amers désagréments à mes jouissances illicites. Cherchant à jouir sans entraves, je ne trouvais que Toi, Seigneur, rien que Toi, qui ajustes la peine au précepte et frappes afin de guérir... »* En fait de jouir sans entraves, il n'y avait eu entre nous que des battements de cœur.

J'aurais pu voir là un clignotant pour m'avertir. Le cœur humain a été créé pour aimer et être aimé. L'affectivité du prêtre ne peut s'équilibrer que par un temps d'adoration assez considérable.

Octobre 1954. Encouragé par les nombreux liens que m'avaient valus ces deux mois au coude à coude avec des familles de travailleurs, je me portai volontaire pour me joindre à une équipe de prêtres de cette ville. Là, je passai trois mois sur un chantier du bâtiment pour la construction d'une église. Neuf heures par jour en hiver sur des poutres métalliques à quinze mètres de haut, sans aucun salaire. Je travaillais avec une équipe de cinq ouvriers allemands, spécialistes en charpentes. On se serait cru sur un navire. J'étais le plus souvent en haut des poutres pour serrer des boulons. Un vent froid soufflait. Le travail était difficile et dangereux. Nous commencions tôt le matin, dans la nuit. Plus de cinquante ouvriers allaient et venaient dans la boue, comme des ombres. Les visages, éclairés par des lampes à acétylène, étaient poignants.

Pendant les pauses près des petits braseros, les conversations s'orientaient parfois sur la religion… Je me disais : « Ce n'est pas au séminaire que je pourrais être plongé dans cette réalité des hommes, tels qu'ils sont et non tels que nous les rêvons… »

Rome mit un terme à ce partage de la condition ouvrière pour les prêtres et les séminaristes. Étant dépendant du supérieur du séminaire, je fus prié d'arrêter.

Les prêtres m'avaient confié la préparation au baptême d'un jeune de mon âge. Lors de la première rencontre, lorsqu'il m'eut quitté après une heure d'échange, je suis tombé à genoux. Pleurant de joie, je ne cessais de répéter : *« La vie éternelle, c'est qu'ils Te connaissent, Toi, Père, et Celui que Tu as envoyé, Jésus-Christ. »* Moment de bonheur vertigineux. Passage de l'Esprit qui, seul, donne de goûter intérieurement l'enjeu de l'Essentiel.

J'organisais des sorties et des jeux pour une centaine d'enfants de la cité. Je leur chantais des chansons, accompagné d'une guitare. Je les aimais et ils me le rendaient bien. Je notais souvent leurs conversations pittoresques, leurs propos désarmants.

J'admirais beaucoup un des prêtres de cette équipe de paroisse ouvrière. Il avait un langage truculent. Je l'entends encore, un dimanche matin, tonitruer dans la cabane qui servait d'église : *« Le bon Dieu, c'est pas un cogne qui guette ceux qu'ont pas de feu rouge au derrière pour leur flanquer une contredanse. C'est un père qui cherche à récupérer ses gosses !»* Ah, là, là ! Mais bien sûr ! Entre l'Église et les humains, c'était un malentendu de vocabulaire qui gâchait la communication.

Le responsable de l'équipe sacerdotale avait à mon égard un comportement que je ressentais comme paternaliste et sarcastique. Il m'interdisait d'aller revoir les ouvriers avec lesquels j'avais travaillé durant les vacances. Motif : *«Ils ne sont pas de la paroisse.»*

Mon conseiller spirituel, professeur de collège, me suggéra une conduite qui lui semblait réaliste. *«Les événements vous ont placé là où vous êtes, vous devez y demeurer.»*

On se trompe, me semble-t-il, sur la volonté de Dieu. Dieu n'intervient pas pour dire : *«Je te veux là. Tu iras là.»* Il nous invente avec notre collaboration. Il fait naître notre liberté individuelle. Il dynamise les facultés qu'Il nous a données. *« C'est celui qui fait la vérité qui vient à la lumière. »* La vérité est à mettre au jour. Elle n'est pas inscrite à l'avance sauf pour les repères essentiels : *« Tu aimeras le Seigneur... Tu aimeras ton prochain comme Je t'ai aimé. »* L'être humain doit-il se soumettre à un projet préétabli ou est-il invité à inventer son chemin ? Dieu me veut-Il là où je risque de me diminuer ? Ou bien me désire-t-Il là où Il peut le mieux manifester en moi Son Amour ? *«Je t'ai vu... Tu baignais dans ton sang... Je t'ai dit : Tu vivras, tu t'épanouiras comme les fleurs des champs»* (Ézéchiel 16). À la lumière de la Bible, je crois aujourd'hui que Dieu nous veut là où nous pouvons le plus pleinement exprimer et faire grandir notre capacité d'aimer.

*

Janvier 1955. Le supérieur du séminaire d'Issy-les-Moulineaux me fit entrer dans une équipe sacerdotale de la banlieue parisienne. Les conditions de ce stage ne furent pas claires. Il y eut encore maldonne. Je venais pour rencontrer des chrétiens de mon époque. Ils m'aideraient, pensais-je, à savoir comment réveiller le goût de Dieu dans notre monde si allergique au spirituel. Ils m'aideraient à découvrir les motifs qu'ont les hommes d'adhérer à Dieu ou de L'oublier. Ils me montreraient ce que devient l'Évangile lorsqu'il sort des bibliothèques pour descendre dans la rue, les chantiers, les bureaux et les maisons. Dix prêtres animaient des réunions chaque soir, et souvent l'après-midi. J'avais cru qu'on m'y accueillerait pour découvrir sur le terrain comment les gens reçoivent la Parole de Dieu et ce qu'ils en font. Je fus invité à trois réunions en six mois, juste assez pour ressentir combien ce genre de présence était précisément ce qui aiderait un apprenti curé à ne pas trop faire de ses études de la *dentelle dans le vide.*

Je demandai à l'aumônier de la JOC si je pouvais me joindre, avec leur assentiment, à ses douze gars durant leurs réunions bimensuelles. Il me regarda avec un sourire navré et me dit : *« Tu es un bourgeois. Tu causes pas comme eux. C'est pas possible ! »* Il me fit tout un sermon parce que j'avais parlé, devant un jeune de vingt-cinq ans, d'un camp qui se trouvait être mixte et où j'avais retrouvé la foi. *« La mixité, ils savent bien, eux, ce que ça fait retrouver ! Ils sont pas nés de la dernière pluie ! Toi, tu ne crois pas au péché originel et ça, c'est grave ! »*

> On me dit que je suis un bourgeois et que cela me fera du bien de ranger des greniers et de repeindre des murs. Pourquoi ne me l'a-t-on pas dit plus tôt ?
>
> Être un bourgeois, être un ouvrier… Ce n'est donc pas la même humanité ? C'est quoi, être bourgeois ? Je ne me retrouve pas dans les valeurs d'ordre, de sécurité, que l'on

prête aux bourgeois. Je refuse l'idée d'une élite née pour tenir les leviers. J'étais bien dans ma peau parmi les manœuvres, dans les travaux les plus durs. Ils m'avaient adopté. Et pourtant, ils n'étaient pas chrétiens.

Le curé avait décidé que ce projet de formation était une idée d'intellectuel. Alors, on me donnait des registres à recopier, des greniers à nettoyer. J'assistais aux repas du presbytère avec ses conversations codées, un humour très curé, très spécial ! Personne ne se sentait concerné pour m'épauler dans mon emploi du temps. Livré à moi-même, je cherchais à rendre des services variés. Je faisais du porte-à-porte pour laisser chez les gens un numéro gratuit de *La Vie catholique*, puis je revenais une semaine plus tard solliciter l'opinion ou l'abonnement des lecteurs.

J'allais à l'hospice le plus proche. Je proposais à tel ou tel de ces pauvres parmi les pauvres une journée d'écoute et de dépaysement. Frotter un grabataire dans une baignoire est un exercice de profonde mystique. N'est-ce pas en lavant les pieds de Ses amis que Jésus révèle le mieux la tendresse de Dieu ? Je donnais des cours d'alphabétisation à des Maghrébins. Ce que j'avais connu au centre de délinquants et à l'hôpital m'avait sensibilisé à la souffrance des écorchés de la vie.

J'ai su beaucoup plus tard à quel point Dieu nous rejoint infailliblement dans *« les plus petits d'entre les siens »*. Jésus est de plain-pied avec les petites gens, ceux que l'on n'entend pas. Jésus est indigné devant la sécheresse de cœur des badauds. Les croquants se scandalisent lorsqu'Il S'apprête à guérir un lépreux le jour du Sabbat. Le monde de Jésus, c'est le monde des paumés, des infirmes, des humiliés, des sans-joie et surtout de ceux qui sont atteints d'un cancer de l'âme, ceux que l'Évangile nomme les *pécheurs*. Il S'identifie à eux. *« Ce que vous avez fait pour eux, c'est à Moi que vous l'avez fait. »* Jésus a la passion de ceux qui sont perdus. Durant Son très court séjour terrestre, Il a été d'instinct du côté de ces petits. Il a déboulonné les faux Absolus, les réalités les plus sacrées de Son époque, pour placer au centre de tout la dignité des humiliés. Il a consenti à perdre la face pour leur rendre un visage ! C'est ce Christ-là que je voulais suivre... à tout prix !

Le monde avait faim de vérité et d'amour et il se construisait sans l'Église, contre elle souvent. Un jour, peut-être, je serai homme d'Église, pensais-je ; aurai-je fait entrer en elle avec moi la *« blessure de mon peuple »* ? Jésus-Christ ne nous a pas dit : *« Construisez-vous un abri où vous serez entre vous. »* Il n'a pas dit non plus : *« Vous êtes le sel, le levain et la lumière. »* Il a dit :

« Vous êtes le sel de la terre,
le levain dans la pâte,
la lumière du monde. »

Je voyais à peu près ce que pouvaient être le sel, le levain et la lumière. Mais la terre, la pâte et le monde, où étaient-ils donc passés ?

J'étais dans le brouillard le plus complet. Je passais des journées entières dans le métro ou sur les places des marchés à contempler les visages, à noter les conversations. Marqué par le séminaire, où tout est matière à réflexion, je tentais de réfléchir sur la vie, mais, hélas ! une vie imaginée bien plus que partagée :

> Être jeune, c'est rechercher le sens de ce qui nous arrive. Personne ne propose un sens. Ceux dont la vie n'a pas de signification n'osent pas crier leur soif d'une harmonie dont leur vie crie l'absence. L'amour est le champ de forces qui éclaire tout. Il compose un Visage avec tous les visages.
>
> L'amour rend la vie exaltante. Aucun acte, alors, n'est soustrait à cette lumière. On va vers quelqu'un ou on

s'éloigne de lui. Une direction est créée. « *C'est sur l'amour que nous serons jugés.* » Voilà l'aiguille qui désigne le Nord.

Si je m'insurge contre la morale bourgeoise, c'est parce qu'elle limite le champ de l'amour et le remplace trop souvent par les principes, la politesse, l'application d'un code de bienséance.

Le réel que je glane en chemin, dans les rencontres de hasard, je veux le confronter au rêve évangélique. À lire les nouvelles de la presse quotidienne, à entendre les conversations, c'est l'obscurité ou l'ennui qui l'emportent. Mais où est la réalité derrière les apparences ? Chaque homme est un autre Christ. « *J'étais ce garçon de dix-huit ans qui cherchait un sens à la vie, et vous m'avez laissé livré aux mensonges, à l'ennui, à la médiocrité.* » La ronde des douleurs est aussi banale que celle des saisons. Les malheurs du monde ne cessent de nous faire signe. Le clochard à la porte de l'église : « *À vot' bon cœur !* » Les taudis autour de la ville : « *À vot' bon cœur !* » La guerre : « *À vot' bon cœur !* » Les petits enfants aveugles de Dakar : « *À vot' bon cœur !* » « *Cette génération demande des signes…* » Des signes ? Il n'y a que cela ! « *Ils ont des oreilles, et ils n'entendent pas…* »

Je désirais être présent là où s'exercent les courants profonds, les vraies influences. Ce souhait demeurait sans écho.

En février, je me fis embaucher dans une entreprise de nettoyage de volets sur les Champs-Élysées. Laver ces persiennes métalliques aux recoins inaccessibles, c'est diabolique ! C'était la dernière entreprise où j'aurais dû me présenter, avec un travail solitaire, sans aucun contact. Celui qui est mal dans sa peau ne peut prendre que de stupides initiatives. J'étais tombé dans un engrenage fatal. Échec. Déprime. Inadaptation. Humiliation. Échec… Il m'aurait fallu une main qui se tende, quelqu'un qui m'aurait crié : « *Fous le camp chez l'abbé Pierre, avec les clochards !…*

Va vivre chez les gitans. Eux, ils t'accueilleront… Ou bien retourne dans les bidonvilles d'Afrique noire !»

Mon avenir m'inquiétait sérieusement. Je pressentais qu'une erreur d'aiguillage serait fatale. Le choix du sacerdoce ne laisse pas de possibilité de retour. Donc il n'y a aucun droit à l'erreur. Comme le spéléologue déroule une corde le long de son labyrinthe souterrain, je ne cessais de noter les événements et mes impressions :

> Les prêtres de l'équipe ne sont pas tendres pour mon projet ; je suis heureux de ressentir aussi profondément une des pires souffrances : l'ostracisme, le rejet de l'autre. Ce n'est pas parce qu'ils sont prêtres qu'ils sont ainsi. C'est parce qu'ils sont hommes. L'être humain n'écoute que ce qui lui ressemble. Tout homme a tendance à caricaturer ce qui le déroute ou le dérange !
>
> Je ne suis pas Stan Rougier, pour eux. Je suis un séminariste. *« Les séminaristes sont à côté de la vie, Stan est séminariste, donc il est à côté de la vie ! »* On me reproche de ne pas parler le langage des gens et on me prive de tout contact avec les gens, seul moyen d'apprendre leur langage. Cherchez l'erreur !
>
> J'ai voulu vivre ce stage en paroisse pour ne pas demeurer le nez dans les livres, pour retrouver ce poids humain que j'avais au centre de délinquants ou à l'hôpital. Au nom de l'intellectualisme dont je veux guérir, on m'interdit toute démarche pour en sortir. C'est ce dont j'ai souffert moi-même qu'ils me reprochent : une culture qui vous met dans une bulle, hors du réel, loin de la détresse humaine. Je veux acquérir une culture en prise sur la vie. Comme cette démarche fait appel à la faculté de penser, de réfléchir, de comparer, alors leur anti-intellectualisme fond sur moi…
>
> Les chrétiens se plaignent que l'Église éclaire le chemin à côté de l'endroit où ils mettent les pieds. Je suis venu ici

me mettre à l'école de l'humain. Je veux connaître les conditions réelles de l'existence des gens, appréhender leurs centres d'intérêt, tenter de saisir ce qui les fait vivre et ce qui les entrave. La Bonne Nouvelle du Christ doit être proposée avec les mots de tous les jours. Dieu ne nous a pas attendus pour toucher le cœur de Ses enfants. Comment reconnaître les traces de Son passage dans une existence ? Le Christ a regardé vivre son peuple pendant trente ans avant de songer à lui adresser une parole...

Les contacts humains me sont refusés ; alors, je passe des journées entières dans le métro. Hier : visage dur d'une femme âgée, incroyablement peint, visage immobile d'un aveugle, visages transfigurés de deux amoureux, enveloppés dans leur rêve. Chacun de ces êtres vit dans un univers différent. Visages ironiques, visages fermés, visages désabusés. Rictus. Visages d'enfants qui rient en faisant de la buée sur les vitres. Visage d'une mère qui répond aux questions de son petit garçon. Comme les destins des hommes sont divers ! Qui sont-ils ? Où vont-ils ? Comme les humains sont fascinants !

J'étais allé voir un prêtre qui vivait dans un bidonville avec des Nord-Africains :

« Père, si vous le souhaitez, je peux vous aider, faire de l'alphabétisation ou tout ce que vous voudrez.

– Tu viens faire un petit voyage peinard du côté de la misère ?... Parler de ce qu'on souffre, ici, cela nous fait trop mal. On est vidé, lessivé... Quoi faire ? Y a rien à faire. La charité, c'est pas ça la solution. La solution, elle est politique. C'est en Algérie que ça se passe. »

Je hasarde une parole. La réaction est vive :

« Si tu te rendais compte, tu fermerais ta petite gueule de séminariste. Le plus atroce pour nous, c'est que l'Église, elle s'en fout ! »

Le visage de cet homme exprimait le désespoir. Il me demanda d'aller vendre régulièrement les *Cahiers maghrébins*, revue idéologique en faveur de l'indépendance algérienne, sous l'inspiration d'un chef charismatique, Messali Hadj, fondateur du Mouvement national algérien. J'acceptai, dans l'espoir de gagner ainsi la confiance de ce prêtre. (Cet homme demanda peu après d'être relevé de son statut ecclésiastique…)

Une nuit, je trouvai un jeune Kabyle de seize ans, Saïd, qui dormait dans une voiture. C'était l'hiver ; il faisait excessivement froid. Je lui proposai de l'héberger chez ma logeuse. Je rentrai tard pour qu'elle n'entende rien. Nous avons eu, Saïd et moi, des conversations débordantes d'humour. Un mois plus tard, ma logeuse me signifia qu'elle ne souhaitait pas cette cohabitation.

Une homélie que j'avais entendue d'un père dominicain exprimait bien ce que j'étais venu chercher dans ce stage :

> *« Nous vous invitons à spiritualiser votre vie, de l'extérieur, alors qu'il eût fallu la spiritualiser de l'intérieur. Telle est votre demande. Entrelarder votre vie de substance chrétienne ne donne pas une vie chrétienne. Ne pourriez-vous pas trouver Dieu à l'intérieur de votre vie humaine, de vos activités ? Votre Foi, votre Espérance, votre Charité ne pourraient-elles pas s'accrocher à la matière même de vos vies ? Nous vous invitons à passer du profane au spirituel alors que l'un est dans l'autre. Nous vous avons fait tourner le dos au mystère de la Création qui est la matière première de la Grâce. Il ne faut pas avoir un œil sur le Ciel et un autre vers la terre. »*

J'avais cité ces propos à mon guide spirituel. Je souhaitais qu'il écrive aux prêtres de cette paroisse, qu'il leur explique le but du stage que j'accomplissais chez eux. J'ajoutai :

C'est par amour que j'ai voulu ce noviciat parmi les hommes. C'est pour être capable de les toucher au cœur de leurs questions, de leurs attentes, de leurs aspirations, de leurs révoltes. C'est pour reconnaître en eux les points d'ancrage de la Parole de Dieu. Il ne viendrait à l'idée d'aucun patron de fac de médecine de lâcher dans la nature des étudiants diplômés qui n'auraient ausculté que des bouquins. On ne me parle ici que du versant négatif de mon désir. On me dit : *« Nos paroissiens ne sont pas des cobayes. »* Ai-je pensé cela une seconde ? Un étudiant en médecine pourrait en effet courir le risque de traiter les malades qu'il visite comme des cobayes, mais le risque de tout ignorer d'eux n'est-il pas infiniment plus grave ?

« Pourquoi chercher à comprendre les hommes ? me disait hier un curé, *ils nous entraîneraient sur leur terrain ! »* Raison de plus, pensai-je, pour mieux les écouter au moment même où nous découvrons dans la Bible les projets de Dieu. *« Je connais Mes brebis et Mes brebis Me connaissent. » « La vie éternelle, c'est qu'ils Te connaissent... »* Voilà les deux bouts de la chaîne. Cette connaissance ne peut pas se faire par la vie seulement, ni uniquement par des livres. La vie donne la chair, les livres proposent l'âme. Pourquoi les dissocier ?

Récemment, lors d'un dîner, quelqu'un justifiait les atrocités commises en Algérie. *« Il faut comprendre l'énervement des types qui recherchent les suspects. Si, pour les faire passer aux aveux, il faut torturer, c'est une bavure inévitable. Partout où il y a de l'humain, il y aura de l'hommerie. L'important, c'est de garder la tête froide, de ne pas s'émouvoir. »* Qui pourrait m'aider à voir ce qu'il y a de hideux dans une telle position ? Je ne veux pas renoncer à m'émouvoir. La souffrance permet d'étudier plus à fond un dossier, de ne pas aller aux solutions simplistes. Une syndicaliste, Michèle Aumont, disait à un contremaître : *« Si c'était votre mère qui était aux pièces, est-ce que vous accéléreriez les cadences ? »*

Au bout de quelques mois de stage, j'ai passé trois jours à dessiner au fusain, sur des panneaux, une fresque grandeur nature : Jésus à Gethsémani. Je m'identifiais totalement à cet homme seul, abandonné même par ses amis. *« C'est très beau ! »* m'a dit le vicaire qui avait réclamé ce travail pour décorer une chapelle. J'attendais autre chose ! J'attendais qu'il lance un appel : *« Celui qui a composé ce tableau est un séminariste. Il souhaite qu'on l'aide pour sa formation. Il voudrait qu'elle ne soit pas trop abstraite, trop artificielle. Il voudrait rencontrer des paroissiens qui pourraient lui parler de leurs préoccupations, de leurs soucis. Il voudrait savoir ce que vous attendez d'un prêtre… »*

L'idée de ce stage ne pouvait pas être mauvaise. L'amour doit se mettre à l'école de l'humain. Il faut comprendre l'angoisse et ses causes, les rêves de justice, les aspirations au bonheur, les grandeurs et les misères de la condition humaine.

J'étais venu là pour apprendre à passer les événements à la Lumière du regard du Christ. L'Esprit saint parle déjà au cœur des hommes. Les curés parisiens me disaient : *« Le danger n'est pas d'ignorer les conditions de vie de nos gens et leurs problèmes. C'est bien au contraire de se laisser impressionner et fixer par eux sur ce terrain. »* Cela me faisait bondir ! Raison de plus pour prendre un temps de recul et de méditation à partir des confidences reçues et des difficultés concrètes. J'étais certain que, trente ans plus tard, cette attention à la vie serait au programme de la formation des prêtres.

Mon souhait se perdit dans le vide. Je n'en veux pas à ces hommes. C'étaient peut-être des saints. C'est moi qui ne priais pas assez. Dans la prière, j'aurais puisé l'assurance du bien-fondé de mon projet. Dans la prière, j'aurais acquis un surcroît d'amour envers ceux qui semblaient le contrecarrer. L'amour rend ingénieux, il m'aurait permis de m'adapter à ces prêtres tels qu'ils étaient, avec humour, réalisme et patience. Je pressentais cela :

> Lorsque l'amour rencontre le péché, la souffrance est inéluctable. Est-ce cela, la Croix ? Ne pas renoncer à aimer pour autant. Si j'étais plongé plus radicalement dans la prière, peut-être trouverais-je dans cette année plus que ce que j'y avais cherché : une compréhension intérieure, personnelle, de l'échec, du dénuement, de la solitude, de l'humiliation. Tout cela aussi, c'est bien la condition humaine !
>
> *« Nous n'avons pas le choix entre la joie et la souffrance, mais entre la douleur ouverte de la Croix et la douleur fermée de l'enfer »* (Gustave Thibon).

Lequel d'entre nous n'a rêvé de refaire sa vie en sachant ce qu'il sait aujourd'hui ? Nous nous inventons en réagissant de façon originale aux événements.

Jeanne, une parente au grand cœur, m'offrit un pèlerinage à Assise et à Rome avec l'aumônerie étudiante du centre Richelieu, durant la Semaine sainte. Il y avait là quelque six cents étudiants sous la houlette du père Charles, un tribun incomparable qui commentait l'Évangile avec une grande force de conviction. Il y avait aussi un prêtre ordonné depuis quelques mois : Jean-Marie Lustiger. Il m'intimidait par son intelligence et sa culture. Ce jeune prêtre soupçonnait-il alors qu'il deviendrait un jour archevêque de Paris ? Je me souviens d'une conversation avec lui dans un petit restaurant d'Assise, sur le péché d'idolâtrie. Ce pèlerinage fut un temps de louange et de joie au milieu de cette population étudiante avec laquelle je ressentais les plus fortes affinités.

Le curé de l'équipe sacerdotale auprès de laquelle se déroulait mon stage m'en voulut d'avoir manqué la Semaine sainte dans sa paroisse. À ses yeux, j'étais définitivement *grillé*.

J'aurais dû réaliser qu'il y avait en moi une fragilité ou un faux pli, dont il aurait fallu tenir compte.

Tout rejet présent rouvrait une vieille blessure : *« Toi le pataud, toi le lourdaud, marche derrière... »* Si l'exclusion était le fait d'un prêtre, la panique s'emparait de moi. Comme si le rêve d'un monde fraternel n'avait pas été proposé par le Christ ou comme si Jésus n'avait jamais existé. S'Il avait existé, on aurait vu aujourd'hui des gens prendre la défense de la femme adultère, accueillir l'enfant prodigue, faire briller le soleil de leur chaleur humaine et la pluie de leur générosité sur les méchants comme sur les bons.

L'Univers me semble tout entier converger vers un point : l'urgence de l'amour. L'amour fait exister un être, lui permet de vivre *grandeur nature.* L'indifférence engendre des grimaces, des vices, des névroses. Il y a aussi l'envers de l'amour : le mépris qui peut aller jusqu'à la haine. Le salut est à chercher dans l'attitude du Christ : *« Père, pardonne-leur, ils ne savent pas ce qu'ils font ! »*

Pourquoi n'ai-je pas quitté cette paroisse ? On nous avait mis dans la tête, sans nuances, un précepte d'obéissance qui nous maintenait dans des situations absurdes. J'étais rempli de rêves et ces rêves ne m'appartenaient pas. Ils étaient des talents confiés. Il aurait fallu me tenir debout, résister, retrouver le supérieur du séminaire, lui expliquer qu'il y avait eu un malentendu. J'aurais dû partir, vivre au coude à coude avec les chiffonniers ou les gens du cirque, ou me faire embaucher sur un bateau de pêche... Il fallait suivre l'Évangile : là où tu n'es pas accueilli, ne t'incruste pas. *« Secoue la poussière de tes sandales. »*

Dans une lettre reçue récemment, un des responsables de cette paroisse m'écrit : *« Pardonne-nous. Nous avons été à ton égard très injustes ! »* Il incriminait l'esprit d'équipe, où l'on n'associe pas toujours le meilleur de chacun. Au moment où j'étais sur le point d'aller le voir pour lui dire ma gratitude, il est passé dans l'autre monde, là où tout est clair, là où les blessures sont devenues des diamants.

Dieu n'a-t-Il pas fait un rêve au-dessus de nos moyens en nous créant si différents et en nous demandant de nous ajuster les uns aux autres ? Ce projet dépasse nos forces. Ainsi, nous pouvons nous unir à Lui davantage pour le réaliser. Ces difficultés à s'entendre, dont je fus le témoin ou la victime, m'ont précipité vers Jésus-Christ.

« Il ne brise pas le roseau piétiné.
Il n'éteint pas la mèche fumeuse » (Isaïe).

Devant nos pauvres limites, Jésus ne perd pas patience. Son message essentiel est : *« Existe selon ton espèce. Ma Joie, c'est toi. Toi grandeur nature. Ce que J'aime le plus en toi, c'est toi. »* Jésus fut l'exclu numéro un, celui qui a *réussi* à faire l'unanimité contre Lui. Tout ce que la société de son époque représentait de personnalités respectables, tous L'ont rejeté. Elles L'ont haï parce qu'Il Se donnait le droit d'être Lui-même dans Sa dérangeante originalité. Elles L'ont haï parce qu'Il allait auprès des exclus pour leur rendre leur droit d'exister. En Jésus, je pouvais découvrir que Dieu avait un faible pour le mal-aimé.

Je n'ai pas accueilli l'amour de Dieu à bras ouverts. *Se laisser aimer* n'est pas plus spontané qu'aimer ! Et comment croire à l'amour d'un être invisible, insaisissable ? Comment aimer quelqu'un dont nous interprétons les intentions de façon contradictoire ? Mais, dans la mesure où je l'accueillais, je devenais plus solide, plus authentique, plus vivant. Pourtant, du haut de cet équilibre fraîchement acquis, il m'arrivait de faire à autrui ce que je détestais que l'on me fasse.

Mon projet reposait sur un postulat très naïf : les curés seraient heureux d'aider un futur confrère à se former sur le terrain ! Mais l'Univers n'a pas pour vocation de se plier à nos désirs. Si j'avais été bien dans ma peau, convaincu du bien-fondé de mon projet, je n'aurais pas eu ce réflexe de chien battu. L'ironie ne blesse que l'ego. Si l'on ressent cette blessure, c'est que l'ego est là. Plus l'ego tient de place, plus la blessure est vive. Heureuse ironie qui nous vaut une telle mise à nu ! Il est inepte de tenir les autres pour responsables d'un malentendu dont nous ne sommes, sans doute, pas innocents. La jalousie, l'orgueil, l'avidité, la peur sont des émotions que nous gérons mal. Comment ces émotions ne créeraient-elles pas des turbulences dans les relations ?

Les lamas tibétains développent depuis des siècles des réflexes de réalisme à ce sujet. Nous ne sommes pas innocents des sentiments d'aversion et d'irritation que nous suscitons chez les autres. De même celui qui a peur devant un chien-loup se fera agresser. Il me fallut attendre de partir en Inde et au Népal pour découvrir cet univers de précieuse sagesse. Comme l'Occident est pauvre de n'avoir pas su accueillir ce que Dieu a suscité dans le cœur de Ses enfants d'Asie !

Quelques années plus tard, le genre de stage dont j'avais rêvé devint obligatoire pour les séminaristes.

Voici encore quelques notes rédigées à chaud durant cette année 1955 :

> Une militante syndicale est venue parler dans la paroisse. *« Nos sermons, c'est nul à côté de ça ! »* commentait un des prêtres. Ce ne sont pas les discours qui changent les cœurs, en effet, mais les témoignages. Entendre ces appels, ces cris, ces attentes des êtres blessés autour de nous, voilà où est l'urgence : aimer les êtres, c'est les aider à s'accomplir, les aider à réaliser leur vocation. Un ingénieur écouterait des jeunes ouvriers un seul soir, son cœur changerait pour toujours. Des multitudes auraient un sort moins ingrat. Il faudrait qu'un député puisse visiter ce mouroir qu'est l'hospice ! Devant la souffrance, les perspectives changent. La culture de mon milieu si fier de lui-même m'a caché la misère. L'étude devrait nous apprendre à vivre et non à devenir un érudit.
>
> *« Ce n'est pas contre la chair et le sang que nous avons à lutter, mais contre les souverains du monde des ténèbres. »* La souffrance accule les hommes à la fuite, qui prend des formes multiples : la colère, le dépit, la haine envers les artisans du malheur, l'ennui, la drogue, la sensualité, l'activisme, l'insensibilité, la timidité, le refus de voir le réel, la bêtise, l'engourdissement… Le mal ne dort pas, il se propage comme un feu. L'absence d'amour fait les dégénérés, les snobs, les lâches, les tyrans…

J'allais parfois rendre visite à une amie du même âge que moi, Louise, qui songeait à entrer au Carmel. Un jour, je lui avais dit :

« Être prêtre, c'est devenir un funambule, consentir à marcher sur une corde raide. C'est la sainteté ou la folie ! » Son regard s'illumina. Du plus profond de son cœur jaillit un cri : *« Cela vaut le coup ! »* Jamais je n'oublierai ce regard !

Louise m'écrivit pour me secouer :

« Je suis irritée par ton perpétuel désir d'efficacité... Il y a là quelque chose de contraire à l'esprit des Béatitudes. Souviens-toi de cette phrase de Blaise Pascal : "Nous ne nous connaissons qu'en Jésus-Christ." Est-ce que tu n'es pas en train de te forger un humanisme trop humain ? »

Elle avait raison, Louise, terriblement raison. Mais la remise en question à laquelle j'étais invité était trop radicale. *« Lorsque le disciple est prêt, le maître arrive. »* Je n'étais manifestement pas prêt.

Un événement souligne un trait particulier de mon tempérament à cette époque-là. Un de mes amis, Pierre, se laissait déprimer par son amour contrarié pour Louise. Il me faisait des discours interminables pour m'expliquer qu'elle se trompait de chemin en s'orientant vers le Carmel. Ou bien il s'en prenait carrément à la religion et à l'Église.

J'étais allé voir le film *L'Agneau*, tiré d'un roman de Mauriac. L'aventure du film n'était pas sans analogie avec celle de Pierre. Je ressentis cette nuit-là, avec une force irrépressible, ce qu'il fallait dire à mon ami pour apaiser son tourment. Sa révolte contre Dieu me faisait mal. Je me précipitai chez lui pour lui parler. Il était plus de minuit lorsque je me trouvai au pied de son domicile, dans l'île de la Cité. La concierge ne répondit pas à mes coups de sonnette. Alors, j'entrepris l'ascension de l'immeuble sur quatre étages. Je ne pouvais compter que sur la gouttière et les rainures décoratives du mur. Je n'étais pas particulièrement doué pour l'escalade. Mais Pierre me semblait en danger de mort spirituelle. Une intuition m'habitait qui pourrait le sauver. J'avais du moins la naïveté de le penser. L'amitié telle que je la concevais ne me laissait pas d'autre issue. Cela ne pouvait pas attendre. Le lendemain, je n'étais pas libre pour aller le voir ; je devais nettoyer des volets d'immeubles sur les Champs-Élysées. Le lendemain, je n'aurais plus été saisi par mes intuitions du moment ! Il y avait urgence.

Cette histoire tourna à la farce. Une fois parvenu au balcon de sa chambre, après avoir frappé énergiquement à la fenêtre, je réalisai que mon ami n'était pas là. J'attendis deux heures environ, assis sur la grille d'un balconnet très étroit. Nous étions en février ; il faisait froid. Je n'osais pas casser un carreau pour entrer. Je descendis finalement de mon perchoir, les muscles à moitié figés par le froid. J'avais probablement tenté le diable et donné des heures supplémentaires à mon ange gardien.

Louise, qui à cette époque-là se destinait au Carmel, s'est finalement mariée. Elle semble éloignée, aujourd'hui, de ses convictions d'autrefois, du temps où elle écrivait : *« Je ne vois d'efficacité que dans la prière. »* Mon ami Pierre, qui était devenu un des responsables nationaux du scoutisme, s'est révolté contre l'Église. Il est mort, quelques années plus tard, heurté par une moto alors qu'il traversait la rue. Il avait pris soin, auparavant, de réclamer des obsèques civiles. Les heures innombrables que nous avions passées entre dix-huit et vingt ans autour de la seule question : « Quel est le sens de la vie ? »… où étaient-elles ?

Durant l'été, j'ai traversé la France en auto-stop pour rejoindre dans un château de la Sarthe mon amie Isaure, la sœur d'Agnès, qui s'y mariait. Des liens étroits se tissèrent avec des jeunes passionnés de rencontres. La plupart étaient incroyants, mais ils aimaient l'être humain et son mystère. Nous avions des conversations qui pouvaient se prolonger jusqu'au milieu de la nuit. Durant ce séjour, deux jeunes filles me mirent au défi de monter à cheval sans bride et sans selle. Un magnifique pur-sang caracolait, libre, dans un grand pré. Je galopai en serrant les jambes si fort et si longtemps que, au moment de descendre, je tombai, les muscles des cuisses tétanisés. Mais comme j'étais heureux d'avoir retrouvé le contact avec cet animal merveilleux qui avait enchanté mon adolescence.

La mère d'Isaure me demanda de m'occuper d'un feu d'artifice. La première fusée retomba dans la caisse, où elle alluma toutes les autres. Le bruit et la fumée remplacèrent les étoiles ! Était-ce un présage ?

Très secoué par cette année à laquelle je n'avais rien compris, je faisais grief à la formation trop cérébrale qui m'avait valu une mise en quarantaine. Il m'apparaissait que je devais continuer mon chemin dans la maison de formation la moins intellectuelle de toute l'Église. Après quelques recherches, je jetai mon dévolu sur le séminaire de la Mission de France, qui se trouvait à Pontigny, dans l'Yonne. Je partis pour Pontigny avant l'été, proposant mes services au curé du lieu, qui accepta volontiers. Je souhaitais créer une sorte de colonie de vacances pour les jeunes du village.

Nous faisions des cabanes dans les bois. Nous glissions en canoë sur une petite rivière. Je sculptais dans la terre glaise les visages des enfants, ou bien je les dessinais. J'eus ainsi des contacts nombreux avec les familles de Pontigny. Je me familiarisais avec une région dans laquelle j'allais peut-être passer quatre ans de ma vie.

3

Église au grand large

« Les préférés dans l'Église seront ceux qui souffrent : les pauvres, les abandonnés, ceux qui ont vécu dans des situations qui contredisent leur condition de fils de Dieu. »

Lettre pastorale de l'épiscopat chilien (1971)

Octobre 1955. Au séminaire de la Mission de France à Pontigny, on formait ceux qui se préparaient à rejoindre les milieux les plus déchristianisés : le monde païen, disions-nous. J'étais impressionné par ceux qui étaient issus du monde ouvrier ou du monde paysan. Je totalisais déjà plus de dix mois de travail manuel en usine, sur les chantiers, dans les fermes.

J'étais blessé par le matérialisme qui suintait de partout. Mes contemporains m'apparaissaient comme des oiseaux en cage. Même ceux qui s'élançaient vers le ciel se cognaient contre une vitre. Je retrouve dans un cahier de cette époque-là une hantise qui ne me quittait pas :

> Je ne pourrai rien faire d'autre de ma vie sinon tenter de *réveiller l'archange* qui dort en chaque homme… Je ne pourrai rien faire d'autre de ma vie sinon aider les hommes à découvrir le regard d'amour de Dieu sur eux, ce regard qui pourrait transfigurer leur existence et faire d'eux des vivants.

Si mes camarades étaient violents, parfois, contre les étroitesses du monde bourgeois, c'était par passion pour l'univers des pauvres. S'ils étaient amers contre les mesures répressives du Vatican, c'était par une solidarité viscérale avec ceux qui sont loin de l'Évangile. Je retrouvais chez la plupart d'entre eux, poussées au paroxysme, certaines intuitions qui me brûlaient le cœur. Certains groupes sociaux (ouvriers, paysans) étaient plus éloignés de l'Église que les Pygmées du Cameroun ou les bergers de Mongolie. Comment rejoindre les hommes qui ont peut-être, sans le savoir, d'étroites connivences avec l'Évangile ? Comment percevoir en eux les traces de l'Esprit saint déjà à l'œuvre ?

– Homme de l'écoute, l'apôtre Mission de France se fait grec avec les Grecs, pauvre avec les pauvres, docker avec les dockers, scientifique avec les scientifiques, artiste avec les artistes. Sourcier de Dieu, il se tient aux aguets, l'oreille collée aux roches les plus dures pour y percevoir le murmure des sources, le balbutiement d'une foi en l'homme qui n'ose pas dire son nom ultime. Il n'apporte pas du dehors une religion avec ses dogmes et sa liturgie. Il tente de reconnaître un nouveau visage du Christ, suscité par l'Esprit saint dans le cœur des hommes.

– Homme de la rencontre et du risque, il a entendu l'annonce faite à Abraham : *« Va plus loin ! Va aux frontières de la foi ! Élargis l'espace de ta tente »*, va là où le nom de Dieu trop souvent prostitué n'éveille plus que des haussements d'épaules et des allergies…

– Homme de tendresse et de colère, il appelle au banquet de Dieu ceux à l'absence desquels on s'était résigné. Il empêche l'Église de se refermer sur elle-même, dans un cocon douillet où l'on pense pouvoir être bien, entre gens de bonne compagnie, entre paroissiens du même bord, parlant un langage d'initiés.

– Homme de passion, il partage le tourment de Dieu pour la brebis dont la plainte n'est déjà plus perceptible, pour le prodigue dont on est sans nouvelles depuis si longtemps. À l'image de Thérèse Martin, il sait dans quelle nuit obscure peut plonger la solidarité avec les incroyants. Cela fait si mal d'être né pour adorer et de n'avoir rien à se mettre sous le cœur sinon de tristes idoles et des idéologies qui trahissent toujours leurs promesses.

– Homme de compassion, il entend l'appel de ceux qui ont mal de n'être pas reconnus. Il va spontanément, par réflexe évangélique, vers le monde de Jésus : les démunis, les laissés-pour-compte, les marginaux, les sans-voix, ceux que l'on n'invite pas de peur que cela *fasse désordre.* Combien parmi ces prêtres sont devenus infirmiers en hôpital psychiatrique, aumôniers de prison !

– Homme d'incarnation, il sait que l'amour n'existe pas s'il n'a pas le courage d'aller jusqu'aux actes à en perdre le souffle, à en perdre sa réputation ou sa vie. Combien parmi eux sont morts, sans histoire, sans article dans le journal, au nom de cette solidarité !

– Prophète inconfortable, il ne supporte pas que l'on abîme un homme. Il dérange, sans ménagements parfois, ceux qui auraient préféré une Église rassurante, prévisible, où les subtilités liturgiques l'emporteraient sur les problèmes brûlants du racisme ou de la famine, du chômage ou de la drogue.

– Homme de transcendance, il sait que si tant de nos contemporains se détournent de l'Absolu, c'est souvent parce qu'on leur a présenté un Dieu contre l'homme. S'il fréquente de si près ceux que l'on nomme parfois des païens, c'est parce que ces rebelles nous empêchent de prendre nos fantasmes pour le Dieu vivant. Nos contemporains crèvent de faim spirituellement. Comment osons-nous leur proposer des amuse-gueules et des étouffe-chrétien ?

– Homme de l'Eucharistie, il s'unit à l'Église répandue à travers le monde pour célébrer les noces de sève et de sang d'un Christ mort d'amour et ressuscité, vivant aujourd'hui dans la fragilité de Ses messagers.

Ceux que je côtoyais le plus spontanément à Pontigny étaient des écorchés. L'Église leur semblait loin du monde ouvrier. Elle venait d'interdire aux prêtres et aux séminaristes le travail manuel. Ceux qui souffraient le plus de ce décalage avaient des propos trempés dans le vitriol. Un climat de tension régnait. Lorsqu'on parlait de l'Église, c'était presque toujours pour dénoncer les *« scléroses de la boutique »*. Mon cœur enregistrait ces conflits avec un facteur d'amplification ! Certains copains m'en voulaient de mes origines bourgeoises, tandis que mes parents me reprochaient de rester dans ce lieu de formation qu'ils qualifiaient de *dangereusement progressiste*. Les positions du séminaire en faveur d'une Algérie algérienne mettaient mon père dans un état violent. Les influences qui pesaient sur moi étaient antinomiques. Comme celui qui se fait électrocuter et qui demeure scotché à la prise de courant, je n'arrivais pas à m'écarter des situations de conflit.

Mon guide spirituel, le père Gritti (que j'avais choisi pour sa jeunesse, trente et un ans, ses origines italiennes et sa jovialité), semblait dérouté par le mal-être que j'extériorisais au cours de nos entretiens. J'étais, quant à moi, mal à l'aise en pensant qu'il recevait les séminaristes en série en écoutant le suivant, comment pouvait-il ne pas songer aux propos du précédent ? Il devint quelques années plus tard professeur à l'école de journalisme de Lille, grand spécialiste de télévision.

À Pontigny, le culte de la pauvreté était une obsession. De l'avis de certains, c'était grave de posséder un magnétophone. J'avais le malheur d'en posséder un. Ils oubliaient que cet outil acheté d'occasion m'avait coûté bien moins cher que les cigarettes d'un semestre pour un seul d'entre eux. Par ailleurs, ce magnétophone était à la disposition de tous. J'étais toujours vêtu de fringues reprisées de partout. Je ne possédais qu'une chemise de rechange, des sandales éculées, une guitare, une dizaine de livres et une vieille moto très mal en point que mes amis appelaient : *« Ta chiotte pourrie. »* L'un d'eux disait avec ironie : *« Dis donc, ça se vend mal, cette année, le saint sacrement ! »* Cela ne me gênait pas de dormir sous les ponts de Paris, malgré l'odeur d'urine et le bruit. Cela ne me dérangeait pas de ne pas prendre le métro parce que je n'avais pas de quoi m'acheter un ticket, même s'il fallait porter mon magnétophone de vingt kilos à travers Paris. Le magnétophone était un outil de communication qui méritait des sacrifices. Il me permettait de recueillir des chansons et des confidences humaines, ces trésors. Il me permettait de restituer la voix de ceux que j'aimais. La voix des êtres me semblait tellement magique : l'expression de l'âme. Cet appareil permettait aussi d'enregistrer des émissions de radio ou des conférences, que je pouvais ainsi faire partager à d'autres.

La vie à Pontigny était une aventure qui aurait réclamé plus d'une heure d'oraison par jour. Les doléances du monde ouvrier à rejoindre tiraient à hue. Les directives romaines tiraient à dia ! Rome n'avait pas confiance en ce séminaire. Je ressentais les tensions comme un sourcier voit vibrer dans ses mains les variations du champ magnétique.

À la tête du séminaire, lors de sa fondation, il y avait eu un homme extraordinaire, le père Augros. Ceux qui l'avaient connu en étaient marqués pour toujours. La situation de son successeur, le père Jean Morel (que nous appelions *le patron*), était fragile. À chacune de ses causeries quotidiennes, avant le repas du soir, il nous semblait tendu comme un arc. J'ai gardé la trace de certaines de ses interventions. Il y manque le ton et sa voix d'outre-tombe, blessée, douloureuse.

Un soir, il avait parlé de ce curé de l'Est qui, dans un moment de panique, avait tué une femme, sa maîtresse, et l'enfant qu'elle portait. Le ton de sa voix était pathétique.

« Personne n'a le droit de juger. Jésus n'a pas jugé. Il s'est laissé tripoter par une putain ! Il ne l'a pas condamnée... »

Rarement j'avais senti autant de passion et de compassion que dans ces paroles ! Lorsque ce prêtre est sorti de prison, vingt-cinq ans plus tard, je lui ai proposé mon amitié. Il l'a accueillie. Nous correspondons et nous nous rencontrons depuis plus de dix ans. C'est à cette *lecture spirituelle* précise que je dois ma démarche vers lui.

Quelques années plus tard, le père Morel, devenu aumônier de la paroisse universitaire, dira : *« J'ai rarement vu le travail de l'Esprit dans l'Église aussi fortement qu'à Pontigny ! »* Je suis allé peu de temps avant sa mort lui rendre visite à Ussel. Il était encore écorché de ce qu'il avait pu souffrir quarante ans plus tôt.

Chaque trimestre, quatre ou cinq plaisantins dans mon genre montaient des sketches. Je commençais là une carrière de chansonnier. Nous inventions des gags qui rejoignaient nos angoisses en les tournant en dérision. Nous transformions les tempêtes en verres d'eau. Nous nous permettions de mettre en boîte le patron, les professeurs et nous-mêmes, qui aurions eu tellement tendance à nous prendre au sérieux ! L'autorité du séminaire fermait les yeux, voyant dans ces soirées une soupape, un exutoire.

Parmi les sketches, il y avait la visite de quelques séminaristes de l'an 2000 dans le grenier de Pontigny. Ils retrouvaient le journal d'un jeune progressiste des années cinquante, soulignant tout ce qui, dans les cours, cadrait avec sa vision du monde : *« Le camarade P. de Saint-Sulpice a bien montré cet après-midi comment la poussée économique de l'URSS fait partie du triomphe pascal...* » « *Dans mon oraison, ce matin, j'ai contemplé le prolétariat porteur de la Rédemption du monde.* » Ils retrouvaient le journal d'un autre, conservateur, désemparé par toutes les innovations du séminaire. « *Je ne parviens toujours pas à prier en français... Nous perdons un temps fou avec le travail manuel. Le chant grégorien me manque.* » Si j'avais développé le talent de l'humour dans ce genre d'improvisations tout au long de ma vie, je me serais certainement bien mieux porté ! *Castigat ridendo mores* (« Il assainit les mœurs par le rire »).

Je m'étais permis, dans la frénésie de la fête, d'interpeller avec une totale liberté le vicaire général et même le responsable international des prêtres de Saint-Sulpice. Un jour, je m'étais produit devant le cardinal Liénart, de passage au séminaire. À la fin, il vint me trouver et me dit : « *Je vous invite chez moi pour me faire rire ! L'Église a besoin d'humour ! Les rois avaient des fous, pourquoi pas les cardinaux ?* » Fou du cardinal... Quel beau métier !

Les clowns sont rarement à la fête. Je n'avais toujours pas de lumières sur mon avenir. J'avançais vers une licence de théologie et non vers une ordination. Je crevais de faim spirituellement. Je réclamais en vain de sécher des cours de sociologie, déjà suivis à Paris, pour les remplacer par des temps équivalents de prière, pour *survivre.* Mon cerveau se remplissait de connaissances, mais mon cœur sonnait creux. J'aurais tiré tant de profit des œuvres de Jean de la Croix ou François d'Assise, Maître Eckart ou Thérèse d'Avila. Mais, à Pontigny, on se méfiait de la mystique. Elle semblait un premier pas vers la *mystification.*

L'aspect le plus original de ce séminaire était la place importante donnée aux tâches manuelles. Nous y passions douze heures par semaine. Il y avait la forge, le jardin, le garage, la coiffure, la menuiserie, l'imprimerie, la cordonnerie, l'entretien général... M'estimant doué de talents artistiques, je demandai au supérieur l'autorisation de décorer certains couloirs tristes avec des scènes évangéliques, des dessins sobres inspirés de Matisse et de Rouault. L'idée ne fut pas retenue. Pourquoi ? Sans doute pour que mon tempérament artiste ne se développe pas au détriment d'une ouverture à d'autres réalités.

J'ai trouvé une grande joie à apprendre le travail de la menuiserie. La matière du bois qui, tour à tour, se prête et résiste, le maniement impitoyable de la scie à ruban, tout cela était un contrepoint assez concret aux études. Nous faisions des lits, des tables, des armoires, des fenêtres. *« L'homme se découvre quand il se mesure avec l'obstacle. Mais pour l'atteindre, il lui faut un outil. Il lui faut un rabot ou une charrue »* (Saint-Exupéry). Pierre, mon initiateur, était un menuisier chevronné. Ses coups de gueule lorsque les montants d'une fenêtre étaient mal ajustés faisaient ma joie. Pierre était un mystique du bois.

L'année suivante (1956-1957), je m'adonnai au travail de la coiffure. Cette activité permettait beaucoup de contacts. Les clients, professeurs et séminaristes, étaient disponibles, et la conversation avec eux toujours passionnante. Aux beaux jours, j'installai mon salon près d'un ruisseau, au milieu des chants d'oiseaux. Chacun livrait son monde de pensées et de souvenirs. J'aimais de plus en plus l'âme humaine *« plus ou moins vaste, avec ses climats, ses montagnes, ses déserts de silence, ses fontes des neiges, ses versants de fleurs, ses eaux dormantes, toute une caution invisible et monumentale » (Citadelle).*

Chaque dimanche, je me rendais à Auxerre à vélo, pour passer une journée avec les jeunes d'un centre de délinquants. J'accompagnais à la messe ceux qui désiraient y venir. Cela leur faisait une sortie : ils venaient tous. La crypte de l'église Saint-Germain était de toute beauté. Le directeur du centre, Paul, était un homme chaleureux. Je passais souvent la soirée chez lui. L'hiver, sa maison sentait bon le feu de bois. Je chantais près de la cheminée avec ses trois filles et son fils.

Paul, avec qui je suis resté en relation, se souvient encore de nos parties de foot, des journées de vendange, des longues marches dans la campagne. Un jour, nous avions donné une représentation à l'asile d'aliénés voisin. Les sketches où délinquants et aliénés jouaient ensemble furent un grand moment de bonheur. Paul m'a rappelé, il y a quelques mois, comment je m'étais payé un beau succès en chantant et en mimant : *« Tout va très bien, madame la marquise... »* Parfois, un ami du séminaire, Jacques, m'accompagnait. Je l'ai retrouvé récemment au bout du monde, marié et douloureux devant une Église qui *n'acceptait plus* l'ordination d'hommes mariés.

1956. Au cours des vacances de Pâques, je fus le chauffeur du vicaire général d'alors, le père Jean Vinatier. Je n'étais pas peu fier de piloter le grand chef dans une solide 11 CV Citroën. Lors d'un long périple, il m'invita à me joindre à ses rencontres avec certaines équipes, notamment celles du Limousin. J'étais stupéfait du contentieux entre les *revendications de la base* et les *directives d'Église.* Des paroles dures venaient frapper l'extraordinaire humilité de Jean Vinatier. On lui faisait endosser la fermeture du séminaire de Lisieux et d'autres mesures prises à Rome. Je me disais : *« Si l'on traite ainsi le bois tendre, que fera-t-on du bois sec ? »* J'avais du mal à assumer les situations de violence. Entre la langue de bois, où l'on cache les problèmes pour ne faire de peine à personne, et le mot tranchant comme une guillotine, n'y avait-il pas un juste milieu ? François d'Assise était lucide sur les infidélités des hommes d'Église. Mais sa méthode consista à se convertir lui-même, pour proposer un autre visage, et non pas à s'adonner au dénigrement permanent.

J'ai continué à correspondre avec Jean Vinatier jusqu'à sa mort, récente. Nous étions devenus des amis. Ce petit paysan, promu vicaire général, qui marchait souvent en sabots, était un passionné de Marc Sangnier et du cardinal Suhard.

Parmi ceux dont je fus le plus proche, il y eut Raymond et André. Tous deux sont morts peu de temps après leur ordination. Raymond était vibrant de perpétuelles interrogations, comme moi, comme tous ceux qui ne se pardonnaient pas de n'être pas nés dans une famille ouvrière. J'avais connu André dans la banlieue parisienne, lorsque nous animions ensemble des séances d'alphabétisation pour des immigrés maghrébins. Officier récemment sorti de Saint-Cyr, il avait quitté l'armée pour rejoindre Pontigny. Nous avions le même âge. Je partageais les mêmes allergies à certains cours du séminaire. *« Autant je crois absolument au temps du désert,* écrivait-il, *autant certains programmes m'apparaissent inutiles... Il faudrait un enracinement dans l'Évangile, l'histoire de l'Église et de l'humanité... Je possède au plus profond de moi l'indifférence du monde envers l'Église. »* Il nous avait fait sacrément rire lors d'une soirée de défoulement, déguisé en boy-scout et chantant : *Qu'est-ce que j'ai dans ma p'tite tête ?*, un des tubes du père Duval, jésuite compositeur. Sept ans plus tard, prêtre docker à Marseille, il fit une chute mortelle de sept mètres en déchargeant un cargo ! (À cette époque-là, il y avait en France, sur les chantiers et dans les usines, plus de quatre mille accidents mortels par an.)

La Mission de France n'envoyait pas ses prêtres uniquement dans les milieux ouvriers et paysans. Si je l'avais compris, j'y aurais trouvé ma place. Je n'aurais pas eu à piétiner les talents que j'avais reçus. Ils me portaient vers les milieux artistiques ou ceux de la culture, territoires tout aussi déchristianisés que les usines et les champs.

Une certaine idée qui m'était déjà très chère prenait de plus en plus tournure dans ma tête :

> Nous voyons trop souvent l'abandon de la pratique religieuse comme le signe de la déchristianisation. Cette vue est superficielle. *« Un épicier n'est pas chrétien parce qu'il y a un crucifix sur son mur, mais parce qu'il vend au juste prix. »* C'est sur l'amour concret que nous serons jugés, et non sur nos pratiques sacramentelles. Ces pratiques pourraient même nous condamner, puisqu'elles étaient censées être notre source d'énergie. Vérité, solidarité, fraternité sont des valeurs spirituelles que les ouvriers vivent. La vie chrétienne authentique commence lorsque nous sortons de l'église. C'est là que se réalisent les ambitions de Dieu sur nous.

S'il est un lieu où Dieu nous rejoint infailliblement, c'est bien dans les talents qu'Il a déposés en nous et dont Il espère qu'ils porteront des fruits. *« Soyez vous-même et soyez-le bien ! »* disait François de Sales. Les hommes passent leur temps à attendre des autres ce que ceux-ci ne sont pas aptes à donner. Comme si nous voulions trouver des pommes sur un cerisier ! Et, pendant ce temps-là, les cerises s'abîment.

La vie d'équipe était un des piliers de la formation du séminaire. Les relations humaines au sein du groupe de cinq dont je faisais partie étaient bâties sur la rudesse, l'exigence, la franchise sans concession. Certes, la fraternité se construit dans la discussion et l'affrontement ; le conflit est le signe même de la vie. Mais nous ne mettions guère de nuances dans nos échanges. Les personnalités étaient tranchées et les angles rudes. Par crainte des fausses mystiques et des sentiments fades, nous tenions parfois à l'écart la mystique véritable et la tendresse humaine. La vie d'équipe aurait nécessité un rodage de nos mentalités. Notre convivialité était l'occasion de rapports de force. Je revois les visages accablants de mes camarades parce que j'avais oublié un matin de sonner la cloche de l'abbatiale pour l'angélus. Je venais de parcourir quatre-vingts kilomètres à moto depuis cinq heures du matin. Je pensais à un gag vu au Jamboree 1947, dans le camp des scouts britanniques ; un squelette pendu à une potence et, au-dessous, le motif de la sentence : *« Il a laissé brûler le porridge ! »* On ne badine pas avec ce que le *clan* a transformé en absolu ! L'amitié devenait un piège ; elle renforçait la douleur devant les accusations. C'est parce que je les admirais qu'ils avaient le pouvoir de me faire aussi mal. Leurs reproches ne venaient pas de n'importe qui. Ils semblaient ne voir que mes limites. Ce qui me faisait vibrer les laissait froids. Du moins, c'est ainsi que je voyais les choses. Je creusais moi-même ma propre tombe.

Parmi des centaines de pages que j'écrivis là-bas, je relève ces lignes :

> J'admire immensément tous ces camarades. Ils sont exigeants à la mesure même de la très haute idée qu'ils se font de la Mission. Ils ont la même attitude avec les professeurs. Quiconque n'a pas le profil doit boucler sa valise et s'en aller.
>
> *« Ce qui sépare les êtres, ce qui les fait ennemis n'a peut-être aucune réalité profonde… La pire de nos infortunes est de ne pouvoir donner à autrui qu'une image de nous-même aussi pauvre ! »*
>
> Nos intentions et nos actes, passés au gabarit du regard des autres, deviennent des caricatures. C'est pire que les miroirs du musée Grévin ! Pour trouver son équilibre, il faut s'appuyer ailleurs. Où trouver quelqu'un qui sache lire la vraie beauté de notre âme et de notre vie à travers les expressions maladroites que nous pouvons en donner ?
>
> L'exigence semble interdire d'aimer l'autre dans le stade intermédiaire où il se trouve. Aimer l'autre à l'état de chry-

salide l'empêcherait-il de devenir un papillon ? Mais le prochain, *l'autre*, n'a pas un avenir tracé d'avance. Personne ne possède son plan de croissance. Il faut aimer son semblable dans cet état imparfait, sur son chemin imprévisible.

« L'ordre pour l'ordre est caricature de vie. » La réflexion tiendra peut-être une place plus grande dans ma vie que dans celle de mes compagnons. C'est pour cela que je mets plus de temps à trouver mon équilibre en ce domaine.

Je subissais une immense frustration lorsque, par ma propre différence, je décevais autrui. On ne cessait de me tenir rigueur de mes manques. Mon père avait attendu de moi ce que je ne pouvais donner. Au lieu de me reconnaître un droit à l'originalité, j'avais entériné le verdict de mon père et je me voyais avec ses yeux. Durant mon enfance, il avait été pour moi la mesure des valeurs. (Je force peut-être un peu le trait ! Il faudrait pouvoir tout écrire en demi-teintes.)

Je recommençais indéfiniment le même scénario : « Je suis un cerisier et tu me réclames à grands cris des pommes. J'ai beau forcer mon talent, je ne parviendrai jamais à répondre à ton attente. Et cela me fait mal. »

Lorsque je vivais au coude à coude avec des travailleurs, j'étais à l'aise. Dans les discussions de séminaire, je sentais parfois les camarades réticents à ma façon de sentir les choses. À leur goût, j'étais trop poète, trop littéraire, trop impatient de comprendre.

Les humains vous apprécient en fonction de l'admiration que vous leur inspirez. Les professeurs de mon enfance me jaugeaient d'après mes résultats scolaires. Mes parents cherchaient en moi une connivence avec l'esprit de famille. Mes camarades de Pontigny m'attendaient à une certaine vibration pour une même cause : solidarité avec la classe ouvrière, allergie au milieu bourgeois. Le plus souvent, *j'avais tout faux* !

Le thème favori de mon journal de bord était l'exclusion :

> Madame B. m'a raconté son enfance humiliée : vendeuse dans sa jeunesse, elle passait des journées à pleurer. Aujourd'hui, elle se passe les nerfs sur ses enfants. Comme si leur bonheur la rendait jalouse !
> Comment accepter de voir une mère se moquer de son propre enfant, un ami faire du tort à son ami, un mari rester indifférent aux confidences de son épouse ? Être brutalisé par une brute, il n'y a là rien d'étonnant. Ce qui m'étonne, c'est que l'on puisse refuser l'amour à l'être le plus proche. À force d'entendre crier sur les enfants, on croit que c'est normal ! Comment peut-on si peu s'indigner ? Qui écrira un livre sur le mal qui se transmet en cascade ? L'enfant humilié peut devenir un tyran. Projet fabuleux de Dieu sur chacun ! Il sait, Lui, le prix d'un être !

Je me posais de plus en plus la question : « Est-ce bien au sacerdoce que Dieu m'appelle ? » Plusieurs éléments me faisaient pencher vers une vie d'apôtre laïque. Je découvrais, de plus en plus, en creux, à quel point l'être humain a besoin d'être accueilli. Lorsque j'entendais dire d'un prêtre : *« C'est un vieux garçon ! »*, j'étais inquiet de le devenir un jour moi-même. Cela me semblait une sorte de risque du métier, comme la silicose pour le mineur.

La vie du séminaire provoquait une polarisation de mes facultés dans le sens de la réflexion. *« C'est le genre de gars qui se pose des problèmes ! »* avait dit de moi le curé dont dépendait mon stage en paroisse. J'avais la nostalgie d'une période de ma vie passée où l'action l'emportait sur la pensée : au centre de délinquants ou à l'hôpital. Mon père m'avait souvent reproché mon côté fantaisiste, désincarné, planant. C'était un homme au sens pratique extrêmement efficace, doublé d'une grande rapidité de jugement. J'imagine aujourd'hui ce que pouvait avoir d'exaspérant pour lui ce fils aux réactions trop lentes. Lorsque je retrouvais, de la part des autres, le même genre de reproches que les siens, je paniquais. Je me demandais si une tâche humaine, un métier, une épouse, une famille ne me remettraient pas les pieds sur terre. Le goût de l'absolu risquait de m'entraîner vers une fausse mystique. Dans le clergé, je craignais de ne pas savoir m'adapter aux hommes tels qu'ils sont, à la vie telle qu'elle est.

Toujours, toujours, j'écrivais pour tenter de ne pas me perdre en chemin :

> Pour être prêtre, il faut pouvoir assumer la solitude, la dépendance à l'égard d'une institution, la non-possession des biens, l'absence d'efficacité visible et immédiate. Si la solitude engendre l'orgueil, la suffisance et le découragement, si l'obéissance est source de crainte et de pusillanimité, si l'absence d'impact direct avec le réel engendre le manque de réalisme, alors Dieu ne peut pas nous avoir appelés. Lorsqu'Il confie à quelqu'un une tâche, Il lui en donne les moyens. Il faut trouver la forme de responsabilité où nos talents ne seront pas anesthésiés.
>
> Si le sacerdoce est trop grand pour moi, j'exercerai une tension trop forte pour parvenir à l'équilibre qu'il réclame. La fleur n'est pas vaniteuse d'être une fleur. C'est son rôle. Sans prêtres, pas d'apôtres laïcs. Sans apôtres laïcs, pas d'évangélisation. Le rouage qui manque le plus, aujourd'hui, c'est le second. Mais qui donnera aux laïcs la place qui leur revient ? Il y a des prototypes : Schweitzer, Bernanos, Claudel... Seuls des laïcs exceptionnels auraient-ils grâce d'état ? En attendant, faute d'un langage né de la vie, l'Évangile n'est pas transmis à ceux qui en sont les plus éloignés.

Il faut s'aimer assez pour pouvoir aimer le prochain comme soi-même, sans lui causer de tort. Je me culpabilise de l'échec de ce stage. Mon manque de diplomatie, de souplesse, d'adaptation a tout fait chavirer.

Ce n'est pas mon être véritable que les autres rejettent. C'est seulement le parasite que je nourris à mes dépens (comme un arbre nourrit le lierre qui l'étouffe). Cette suffisance, ce tapage, cet éclaboussement, ce n'est pas moi ! Dans l'éducation, il importe de faire comprendre à l'enfant que les reproches ne sont pas dirigés contre lui, mais contre ces parasites. L'ennemi de ton ennemi est ton meilleur allié. Il y a certainement un juste milieu entre l'orgueil et la pusillanimité : le Je véritable ne se nourrit que d'échange, de réciprocité, d'accueil, de don. Le faux moi est une baudruche, il se gonfle pour masquer son vide.

Que de fois ai-je prié : « Seigneur, enlevez-moi cette vocation si lourde ! » Mais, quand Dieu vous a fait partager un jour un peu de Son amour pour les hommes, on ne peut plus en guérir. Je connais les toxines du prêtre : se construire un univers abstrait. J'imagine celles du laïc : faire l'impasse sur la contemplation, oublier l'existence du péché, se satisfaire de l'activisme…

Je ressentais en moi un clivage entre ma raison et ma sensibilité, entre le cerveau et le cœur. Peut-être est-ce là notre misère commune. Si l'intelligence ne me conduisait pas vers la contemplation ou vers l'action, elle me semblait se trahir. Si l'action n'était pas accomplie avec un supplément d'âme, elle me laissait un goût de cendre.

À Pontigny, la place du travail manuel était déjà un progrès, mais je ne parvenais pas à trouver le minimum vital d'enracinement dans la contemplation de Dieu. L'allergie à la spiritualité-refuge me détournait de la vraie spiritualité. Nous répétions volontiers la phrase de l'Évangile : *« Ce ne sont pas ceux qui disent "Seigneur, Seigneur" qui entreront dans le Royaume, mais ceux qui font la volonté de Dieu »*, ou ce propos d'un père abbé : *« Rien ne dessèche le cœur comme l'égoïsme de la fausse piété »* (dom Delattre).

Je n'ai pas su trouver le levier spirituel qui m'aurait permis de situer ces obstacles, de tirer profit de ces crises en série... J'ai lu tout récemment un texte qui, quarante ans plus tôt, m'aurait, je pense, considérablement éclairé :

> *« Les crises sont là pour nous éviter le pire. Le pire, c'est bel et bien d'avoir traversé la vie sans naufrages, d'être resté à la surface des choses, de n'avoir jamais été précipité dans une autre dimension. Les crises, dans la société où nous vivons, elles sont vraiment ce qu'on a encore trouvé de mieux... pour entrer dans l'autre dimension... Quand on regarde en arrière, on s'aperçoit vraiment que les femmes, les hommes qui nous ont le plus fait souffrir sur cette terre sont nos maîtres véritables, et que les souffrances, les désespoirs, les maladies, les deuils ont été vraiment nos sœurs et nos frères sur le chemin »* (Christiane Singer).

« La vérité vous libérera », dit Jésus. J'avais une faim dévorante de vérité sur ce que j'étais en train de vivre. Il m'aurait fallu découvrir que l'acceptation de l'échec et de la souffrance ne signifiait pas nécessairement résignation et dolorisme. L'accès à la maturité passe par une longue série de deuils. Nos attachements les plus chers doivent être purifiés par l'épreuve. Et l'épreuve peut être féconde : *« L'art est une blessure devenue lumière »* (Georges Braque).

*

Je *louchais* sérieusement vers un véritable apostolat de laïc. Cela développerait en moi, pensais-je, le sens du concret, du relatif, du vécu, toutes choses dont je me sentais frustré. Cela me permettrait de vivre le plus près possible de ceux qui, dans la société, peuvent le mieux dénoncer ses tares parce qu'ils en sont les victimes.

Je voyais le prêtre comme ayant une chance d'être entendu auprès des seuls pratiquants. Pour un apostolat missionnaire en France, pour rejoindre les indifférents et les anticléricaux, le prêtre me semblait mal placé. Je tournais autour d'une intuition : Dieu aime les hommes, donc Il veut leur envoyer des messagers crédibles, selon le stade de leur évolution spirituelle. Mais je tombais dans une contradiction. L'état laïc comportait probablement le mariage, et les contraintes familiales entraînaient fatalement une moindre disponibilité. Et, surtout, la vie laïque empêchait d'être accrédité pour diffuser la Bonne Nouvelle et pour parler de Dieu ! Ce thème revenait souvent dans mes notes.

> Qui peut le mieux toucher le cœur de mes semblables ?
> Un prêtre ? Un sacrement l'accompagne ; il parle comme ayant autorité. Lorsque les hommes reconnaissent en lui la marque de Dieu, ils l'écoutent. Son célibat n'a de sens que pour intensifier cette marque. Sinon, c'est un imposteur.
> Un laïc ? Son témoignage peut avoir plus d'impact sur ceux dont la fibre religieuse est moins développée. Les consciences peuvent se fermer : *« C'est beau, mais ce n'est pas pour moi. »* Le laïc comprend mieux, par expérience, comment ajuster la vérité de l'Évangile au concret de l'existence.
>
> J'ai cru que le laïc pouvait annoncer la Bonne Nouvelle dans des conférences de quartier. On m'a répondu que ce serait inopportun, que cela ferait de l'ombre au prêtre. En réalité, il me semble que ni tel prêtre ni tel laïc ne peut suffire à être visage du Christ, mais l'ensemble des chrétiens : l'Église.

Isolés, les prêtres courent le risque de mériter ce reproche de Gabriel Marcel : *« Les prêtres ne savent pas toujours dépasser les limites d'une rhétorique, certes vénérable, mais qui peut sembler dépourvue de toute prise sur les malheurs trop visibles dont nous souffrons. »*

Saint Paul, dans sa première lettre aux Corinthiens, avait dressé un tableau des différents services (ministères) pour la communauté des croyants (l'Église). Dans un ordre hiérarchique, il désigne successivement *« les apôtres, les prophètes, les hommes chargés de l'enseignement »*, vient ensuite *« le don des miracles, puis de guérison, d'assistance, de direction... »*.

Que restait-il de cette superbe variété dans une Église où les prêtres monopolisaient tous les rôles ? Saint Paul avait utilisé la comparaison du corps et de ses différents membres : *« L'œil ne peut pas dire au pied : je n'ai pas besoin de toi. »* En 1956, nous avions un corps où l'œil faisait fonction de pied, de main, d'ouïe et d'odorat.

Pendant les vacances d'été, je fus embauché deux mois dans la Creuse chez un patron, un enragé du boulot. À son métier de garagiste Pierre ajoutait celui d'électricien et complétait avec le travail des champs. Il avait un employé à plein temps, et moi pour servir d'appoint durant l'été. Graissages, vidanges, réparations de crevaisons, changements de roues, pose de fils électriques dans un hospice en réfection, fauchage de l'herbe, nettoyage des écuries. Des pointes pour les foins et la moisson. J'inventais des astuces pour que le travail soit moins fastidieux. Cela rendait furieux mon compagnon : *« Tu vas plus vite, mais on n'aura pas moins de travail pour autant ! »*

J'aimais faucher l'herbe. Il y a un geste ample à donner, en tirant vigoureusement le manche de la faux vers l'arrière, de la main gauche. Et cette grande lame d'acier brille sur la prairie, en faisant tomber des milliers d'herbes d'un seul coup. Toutes les dix minutes, il faut affûter la lame comme je l'avais vu faire si souvent au Pays basque, dans mon enfance, avec une pierre qui fait chanter la faux. On garde la pierre dans un étui de bois attaché à la ceinture, garni d'herbe mouillée. Faucher, c'était un mouvement rythmé, presque une danse, une symbiose du corps et de l'esprit ! J'aimais aussi traire les vaches dans la chaleur de l'étable.

L'ouvrier agricole avec lequel je partageais des tâches aussi ingrates que de nettoyer les étables avait deux sujets de conversation : sa maîtresse durant sa captivité en Allemagne et les filles du coin. Chaque fois que deux ou trois passaient par là, il ne manquait jamais de lancer à la cantonade : *« Venez, mesdemoiselles ! Y a un gars, ici, qui n'a jamais servi !... »*

La pose des installations électriques nous obligeait à tenir durant des heures, cambrés en haut d'une échelle, collés au plafond comme des mouches.

J'ai retrouvé le double d'une lettre de quinze pages envoyée au supérieur du séminaire à la fin de l'été. En voici un extrait :

> Les couples paysans sont comme les bœufs attelés au même joug : ils n'ont pas le temps de se voir... Pierre est complètement enraciné dans un terroir. Patrimoine solide que la vie d'une famille, d'un métier, d'une terre dans un village de France. Cet espace est riche d'une épaisseur spirituelle. Dieu aime ces gens à travers la joie humaine de voir leurs enfants grandir, leur blé pousser.
>
> Les conversations de Pierre avec son commis portent le plus souvent sur les performances comparées du pneu X et du pneu Y. Depuis dix ans, Pierre n'a pas pris de vacances. Il se donne totalement à son travail. Les dieux qu'il sert sont

la renommée de son garage et la qualité de ses récoltes. Je n'ai jamais entendu Pierre parler d'une autre religion.

Lorsque j'avais à aimer des malades, en tant qu'infirmier, ou des délinquants, en tant qu'éducateur, c'était à ma mesure, à taille humaine. Je pouvais être pour eux ce qu'ils attendaient que je sois. La joie de les voir revivre me montrait que j'étais à ma place. La joie de les voir heureux d'être écoutés, compris, était la force où je puisais mon énergie. Ici, avec ces travailleurs manuels, la situation est plus complexe. Ils attendent de moi une compétence qui nécessite un apprivoisement. L'évangélisation des personnes trop différentes par l'éducation et la culture exige une naturalisation qui ne m'est pas naturelle… Le travail est une formidable école de réalisme.

Sur le plan des relations humaines, ce fut plutôt frustrant. Neuf dixièmes des conversations portaient sur la technique, les outils, les moteurs, les fils électriques. Je n'ai pas encore appris à goûter la saveur particulière de ces conversations. *« Rien n'a de sens si on n'y a mêlé son corps et son esprit. »*

J'ai porté dans mon cœur et dans ma prière les blessures de ces gens avec lesquels je vivais.

J'ai mal de l'écart entre la dignité de leur vie dans le rêve de Dieu et le démenti de leur réalité quotidienne ; le plus souvent, c'est l'abrutissement.

Un jour, douloureux de ma solitude, j'ai été tenir compagnie au Christ dans la petite église du village. Je répétais : « Mais qu'est-ce que je fous ici ? » Je L'entendais me dire : « Et Moi donc ! »

*

Je suis retourné quarante ans plus tard revoir mon patron. Nous sommes tombés dans les bras l'un de l'autre. Durant l'été de 1956, nous n'en étions pas là ! C'est plus facile d'aimer l'autre lorsqu'on n'est pas sous sa coupe !

Je pensais : « Si je veux rejoindre ce monde rural pour lui faire entrevoir un reflet de la tendresse de Dieu, le sacerdoce sera un obstacle plus qu'une passerelle. » Pierre, le patron, lorsqu'il me voyait charger maladroitement la charrette de foin, me disait : *« On ne peut pas être curé et paysan. Va falloir choisir ! »* Et pourtant ! Avec quel enthousiasme j'accueillais les bottes de foin hérissées d'épines que l'on me lançait de trois endroits différents. Après une bonne engueulade, mon char avait tenu bon. C'est celui de mon compère qui s'était renversé. On avait ri de moi un peu trop tôt.

Le curé du lieu m'avait dit : *« Il y aura bal pour le 14 Juillet, il faut que tu viennes danser. »* Un curé demandant à un séminariste d'aller au bal, c'était un ton nouveau dans l'Église. Cela ne me déplaisait pas. Après la première danse, le curé me prit à part : *« Tu n'es pas obligé d'inviter la prostituée du coin ! »*

Les jours de congé, je partais dans la lande. Je m'enivrais de silence et de beauté. Cette campagne de la Creuse était si belle avec ses bruyères, ses rochers, ses fougères, ses arbres, ses rivières, son silence… Je lisais la première mouture, inédite, de *L'Action* de Blondel, et plus que jamais j'écrivais.

> Existe-t-il quelque part quelqu'un à qui confier le mystère de ma destinée ? N'avoir personne, c'est cela la solitude. Il faut être porté dans le cœur d'un autre pour être délivré de soi-même. C'est la condition pour ne verser ni dans la vanité ni dans la dépréciation de soi. Aux professeurs on peut demander quelques conseils, aux amis quelques moments de détente, à Dieu seul ou à une épouse on peut demander un appui, une confirmation du

bien-fondé du chemin qu'on a choisi ! Qui pourrait porter avec nous le poids de notre mystère ? Comme Dieu est lointain ! Comment un être humain, si replié sur luimême, pourrait-il communiquer avec un Dieu qui n'est qu'ouverture ?

Mes amis croient que le christianisme est masochiste. C'est faux. Tailler la vigne, ce n'est pas la tuer. Nous sommes invités à faire un tri parmi nos besoins. La croix pour la croix n'a pas de sens. Les croix non suivies de résurrection ne sont pas chrétiennes. Tout amour conduit à des choix. On ne renonce pas pour renoncer. Mais si on aime, il y a des attachements qui deviendront impossibles. *«J'ai au cœur la blessure de mon peuple»*, dit Jérémie. C'est cela, mon chemin.

Je comprends mieux la grandeur de Dieu Créateur en contemplant un rocher couvert de mousse baigné de soleil, ou un galet sur une plage, qu'en assistant à un cours sur la Création. Mais j'ai besoin d'une parole qui donne sens. *«Le coup de pioche du bagnard n'est pas le même que celui du prospecteur»* (Saint-Exupéry). Le geste manuel comme de faucher ou de soulever du fumier m'anime le cœur et l'esprit. Ce geste, qui semblait matériel, devient alors prière. Si je n'avais pas pensé, dans le recueillement, à la signification du travail, ce geste demeurerait fade et ennuyeux. J'agirais alors comme un robot. Je travaillerais parce que tout le monde le fait ou pour toucher une paie.

Trois façons de concevoir la vie :

– la vie à l'état brut (telle que Gide ou Giono la décrivent : pure sensation) ;
– la vie interprétée, mise en théories (Hegel, Marx) ;
– la signification mystique de cette vie (éclairée par l'Évangile) !

*

Lors d'une kermesse au bourg voisin, j'avais chanté des chansons de Brassens et de Mouloudji : nostalgie d'un monde réconcilié où l'amour ne sera plus trahi. Comme les chansons de cette époque étaient précieuses pour préparer les cœurs à entendre la Bonne Nouvelle !

Un samedi, deux séminaristes de Bayonne m'avaient demandé de les accompagner à la gare la plus proche, à environ trente kilomètres ; le curé m'avait prêté sa vieille 2 CV. En route, nous plaisantions gaiement à propos de tout et de rien. L'un d'eux me dit : *« Chiche que tu nous amènes jusqu'à Bayonne ! »* Je téléphone au curé pour lui demander s'il y voit un inconvénient. Croyant à un canular, il me répond : *« Vas-y, bien sûr ! »* Et me voilà parti pour un aller et retour de mille kilomètres. Je me suis permis de faire encore un petit crochet pour embrasser mes parents à Saint-Jean-de-Luz. Au retour, pour éviter de m'endormir au volant, je ne cessais de chanter. J'étais dans une totale euphorie !

Je vous laisse imaginer la tête du curé, à mon retour dans la Creuse... Ah ! Comme je l'ai aimé, ce prêtre si proche des gens ! Les villageois l'auraient voulu comme maire... Aucun d'eux, pourtant, n'était croyant ! Il écrivit au supérieur du séminaire un rapport très positif à mon sujet. Il m'en envoya un double. C'était l'enquête canonique précédant l'accès à l'état de « tonsuré », premier pas vers le sacerdoce :

– Vie de prière : il y consacre de longs moments.
– Enseignement de la doctrine chrétienne : oui, surtout par sa vie. Il a remis un récit extrêmement fouillé de son stage.
– Avec les jeunes filles : comme un garçon normal et sans complexes.
– Impression générale : ayant le respect des petits et des humbles. Refusant de tirer gloriole de talents remarquables. A mis en confiance une population très démunie.

Un de mes amis, jeune père de famille, fut appelé sous les drapeaux pour *servir* en Algérie. J'estimais odieux que ce garçon puisse manquer à son épouse et à sa fille alors que j'étais là, inutile et traînant mes doutes comme des *casseroles*.

Je lui téléphonai : « J'ai honte de vivre ici ma vie falote, hors des risques de là-bas. Accepterais-tu que je te remplace si l'armée donne le *feu vert* ? »

Avec son autorisation, j'écrivis au général commandant sa région militaire :

> « Mon général, je suis sergent dans le service de santé, adapté au climat africain. Durant ce temps de guerre, les soins aux blessés sont sans doute une priorité. À l'armée, un homme en vaut un autre. Accepteriez-vous que je remplace M. X. ? »

Je me heurtai à un refus. L'administration n'a guère d'états d'âme. Une générosité de jeune qui ne calcule pas se mêlait au désir très intéressé de retrouver la vie concrète, les visages vivants, les souffrances réelles. Autant le service militaire classique m'était apparu comme une parodie d'existence, autant, en cette période extrêmement troublée, partir pour l'Algérie et soigner des blessés me semblait une urgence. J'avais beaucoup aimé une phrase d'un de nos professeurs : *« Pour le chrétien, il n'y a plus de patrie, il y a Jésus-Christ qui appelle au secours ! »*

À la rentrée d'octobre 1956, le cœur n'y était plus. Ce stage venait de me montrer ce que serait bientôt mon avenir, un enfouissement total dans les terres les plus opaques à la Révélation.

Les cours de théologie étaient pour moi d'autant plus fascinants qu'ils pouvaient décider de mon futur. Que de pages et de pages sur les rapports de la Nature et de la Grâce ! Comment relier ces deux réalités l'une à l'autre, en respectant la hiérarchie de leur valeur propre ? *« La grâce ne détruit pas la nature, elle la perfectionne.* » L'ordre naturel était le territoire du laïc, l'ordre surnaturel était la chasse gardée du prêtre. L'ordre naturel était blessé, l'ordre surnaturel était là pour le guérir. Il m'apparaissait de plus en plus que seules des équipes où travailleraient des laïcs et des prêtres pourraient construire une saine théologie. Sinon, le levain serait toujours loin de la pâte… et la pâte privée de levain serait trop lourde.

« *Ta lèpre, c'est de l'amour inemployé.* » Personne n'en voulait donc, de cet amour ? Je réalisais avec angoisse combien il me serait difficile de trouver ma place dans l'Église. Je me voyais mal dans le clergé diocésain. Les paroisses me semblaient des ghettos, des regroupements artificiels de pratiquants du dimanche qui ne se connaissent pas. En dehors de la Mission de France, je percevais l'Église comme n'étant pas à l'écoute du monde. Je la voyais prisonnière de ses querelles de lutrin, de son langage artificiel et moralisateur, de ses combats d'arrière-garde et de ses controverses desséchantes. Pour ou contre la soutane ? Pour ou contre la messe face au peuple ? Pour ou contre le latin ? Pour ou contre la confirmation à douze ans ?

La Bonne Nouvelle était une question de vie ou de mort pour des milliards d'humains qui déprimaient de ne pas trouver de sens à la vie, et nous avions encore du temps et de l'énergie pour penser à des babioles. Ah ! Ce réel pseudo-humain, avec ses polémiques pour des queues de cerises ! Je ne voulais pas devenir un professionnel de la religion. Le Christ avait dénoncé avec une fermeté sans pareille les *filtreurs de moustiques* et les *avaleurs de chameaux*, ceux pour qui les valeurs secondes sont mises au premier plan, les valeurs essentielles devenant secondes ! Par quelle aberration les communautés chrétiennes semblaient-elles être le bouillon de culture de ces maladies ? (Ces jugements sont très injustes, bien sûr, mais le cœur des jeunes gens n'est-il pas pétri de jugements injustes ?)

J'avais découvert, ébloui, le Dieu vivant, un Dieu qui nous invite à ne pas nous résigner devant les malheurs du monde. Il réveillait notre dignité. Il rappelait que tout individu est plus grand que l'univers entier, qu'en chacun de nous il y a bien plus que Mozart. Il disait que *« le Sabbat est fait pour l'homme et non l'homme pour le Sabbat »*. Il nous invitait à vivre, toutes voiles dehors, dans le grand vent du large. C'est bien la passion pour ce visage de Dieu qui m'avait conduit vers Pontigny.

Être prêtre de la Mission était une entreprise de kamikaze. Vivre au coude à coude avec les anticléricaux et les indifférents, et s'entendre répéter : *« L'Église a empêché les gens de croire librement. L'Église a culpabilisé les désirs charnels. L'Église a placé partout des interdits. L'Église a fermé les yeux devant les injustices... »*, c'est dur ! Le risque était grand de basculer insensiblement hors de l'Église pour ne pas être perçu comme un faux frère !

Chaque jour, je me demandais un peu plus si ce n'était pas l'orientation vers le sacerdoce qui était faussée. C'est l'Évangile qui m'intéressait ; le sacerdoce n'était qu'une mission parmi d'autres pour faire connaître le Christ. C'était la possibilité d'aider mes semblables à trouver le sens de leur vie qui me tenait à cœur. De plus en plus mal dans ma peau d'apprenti curé, je songeais sérieusement à retrouver la vie civile, la vie *normale*. La condition cléricale, trop séparée, m'apparaissait contradictoire avec l'apostolat dans un monde redevenu païen ou jamais évangélisé. Les seuls qui me semblaient assez immergés dans la vie réelle des hommes étaient les prêtres de la Mission de France. Mais je ne parvenais pas à les suivre. Ils avaient choisi de ne faire qu'un avec un peuple. Pour entrer dans ce peuple, il m'aurait fallu un long apprivoisement et beaucoup plus de confiance en moi ou d'Espérance que je n'en avais.

Une parole d'un camarade d'équipe m'avait secoué comme un électrochoc : *« La classe ouvrière n'a rien à faire d'un artiste dans ton genre !* » Je songeais sérieusement à demander deux années de travail en usine pour me laisser apprivoiser par ce monde ouvrier, objet de toutes nos préoccupations. Je vivais mon passage à Pontigny comme ces apprentis pilotes de jadis, remplis d'attente sacrée en voyant leurs aînés revenir d'une mission, les yeux rougis d'avoir été fouettés par le vent. La Mission de France nous formait pour nous envoyer créer des liens entre deux univers qui s'ignoraient : L'Église et le monde du travail. La vie avait une cohérence. Tout était ressenti, pensé, en fonction de ce souci : « *Rejoindre ceux qui sont le plus loin.* » C'était une formidable aventure. Comme dans les débuts de l'Aéropostale, certains y avaient laissé leur vie. Le drame des prêtres ouvriers était la toile de fond de toutes nos pensées.

La sympathie à l'égard du marxisme était grande chez un certain nombre de camarades. Cela peut sembler anachronique aujourd'hui, où l'on ne cesse de parler des quatre-vingts millions de victimes du marxisme. En 1955, le courant français du socialisme s'appuyait sur une indignation profonde face aux injustices dont souffrait *la classe ouvrière*. Pour de nombreux prêtres de la Mission de Paris et de la Mission de France, la tâche prioritaire de l'Église était de faire passer dans les mentalités et les institutions un esprit de justice clairement exprimé au chapitre 58 du prophète Isaïe : « *Déliez les chaînes. Faites cesser les aliénations...* » Ce n'était pas, à cette époque-là, le courant de pensée dominant dans l'Église. Durant le concile Vatican II, dix ans plus tard, ce souci devint majoritaire. « *L'Église se convertit* », disait le cardinal Marty...

Pour maintenir un mât vertical, les matelots tirent ensemble sur bâbord et sur tribord. Puisqu'il y avait tant de spiritualistes dans l'Église, il fallait bien tirer dans l'autre sens.

Auprès des *bourgeois*, je soulignais la générosité de tel ou tel militant marxiste qui sacrifiait sa vie pour plus de justice. Vis-à-vis des sympathisants marxistes, je me montrais assez dur. « Le communisme est le fils naturel du capitalisme. C'est un monstre engendré par un monstre. » Je ne savais pas gérer les situations conflictuelles, et je m'ingéniais à les fabriquer ! Je provoquais l'autre pour l'amener à se dévoiler davantage !

Un ouvrier de trente ans, séminariste à Pontigny, m'avait prêté son *journal*, le carnet de bord d'un manœuvre de la mine saisi par Jésus-Christ. Cette trace de Dieu dans une vie d'homme me bouleversait. Mais j'étais malheureux de n'être pas cet homme-là, de n'avoir pas connu le travail de la mine.

Un jour, à Pontigny, j'avais réalisé en argile la sculpture du visage d'une fillette de dix ans. Son père, sachant que je sculptais à mes heures, me l'avait demandée. Le visage était grandeur nature. Le père de la petite fille était enthousiasmé. L'idée saugrenue me prit d'en effectuer un moulage avec du plomb. Lorsque le plomb liquide arriva sur le visage préalablement garni de talc et d'huile et entouré d'un solide rebord, le visage vola en mille éclats. Cette image n'a cessé de me poursuivre : lorsqu'on veut la saisir avec des concepts, la vie se volatilise.

Parmi les souvenirs les plus forts de Pontigny, il y a surtout des marches dans la campagne environnante, en conversation avec l'un ou l'autre. Mon conseiller spirituel aimait profiter de nos échanges pour s'aérer un peu. Les balades dans le bois voisin, au clair de lune, étaient un enchantement. Lors d'une nuit où la température était descendue à – 10 °C, j'avais recueilli deux ramiers gelés, tombés dans la neige. Je me souviens aussi de marches pour réciter le chapelet à deux ou trois dans les champs, le long de l'abbatiale, vaisseau roman de toute beauté. Marie était la seule femme qui avait le droit de pénétrer dans l'enceinte du séminaire.

Ah, non ! j'oubliais, il y avait aussi Fanny, une fillette de cinq ans qui venait toute seule et m'appelait à ma fenêtre sous divers prétextes, comme de réparer sa poupée. Les copains me criaient : *« Stan, ta fiancée t'attend ! »*

Il y avait à Pontigny une recherche permanente pour réconcilier l'amour de Dieu et l'amour de l'homme. Teilhard, prêtre et savant, aurait pu être notre guide, lui qui écrivait : *« Par éducation et formation, j'appartiens aux enfants du Ciel. Par tempérament et par étude, je suis un enfant de la Terre. Placé au confluent des deux mondes, je n'ai dressé aucune cloison... Après trente ans, une synthèse s'est opérée. Ceci a renforcé cela. Aujourd'hui, je crois plus que jamais en Dieu. Je crois plus que jamais au monde. »*

Lorsqu'on lit l'Évangile, on voit que le sacré est au cœur du profane. Il ne s'agit pas de fuir ce monde pour aimer Dieu. Il faut partir de la vie quotidienne et apprendre à y reconnaître Jésus-Christ.

Plus l'aventure de la Mission de France me semblait élevée, plus je désespérais de pouvoir me hisser jusque-là ! Plus ma conscience était vive de la qualité humaine de mes camarades de Pontigny, plus je souffrais de ne pas leur arriver à la cheville.

Un événement imprévisible m'obligea bientôt à quitter Pontigny.

Quelques mois après mon départ, j'écrivais sur mon cahier :

> Je mesure à sa juste valeur le privilège inouï d'avoir vécu si proche d'une soixantaine de jeunes d'une générosité peu commune ! Ce que j'ai découvert par eux, il me faudra un jour en témoigner !

Trente ans plus tard, je publiai une interview de treize prêtres de la Mission, représentatifs d'une grande variété d'apostolats. C'était pour moi une façon d'exprimer ma gratitude envers ceux dont j'avais tant reçu.

4

L'amour est un feu de Dieu

« Seigneur, faites de lui un homme blessé
parce qu'une fois en cette vie, il a vu la figure d'un ange. »

PAUL CLAUDEL

Lorsque ma mère me présentait à des inconnus, elle employait toujours la même expression : *« C'est un phénomène. »* Je trouvais ce terme plutôt affectueux. Mais le ton exprimait son sentiment d'être déroutée. Un jour, avant que je songe au séminaire, je fus comblé de l'entendre me dire : *« C'est toi qui feras nos plus beaux petits-enfants ! On te réserve pour la graine ! »*

Nous venons au monde par une femme, et ce sera peut-être toujours par une femme que nous ouvrirons les yeux au monde. Ma mère a quitté cette planète bleue depuis près de vingt ans. Aujourd'hui, je me régale en relisant ses lettres. Je recherche les moindres échos de celle dont je n'entends plus la voix. J'erre sur le quai du port de Saint-Jean-de-Luz avec la sensation que je vais la rencontrer, avec son chevalet et ses pinceaux. La relation avec une mère est décisive pour l'avenir d'un homme. Si nous pouvions le savoir, nous traiterions avec le soin le plus extrême la qualité de ce lien. L'enfant ne doit pas demander à sa mère d'être Dieu. Il doit l'accueillir avec une immense gratitude. C'est à cette femme, celle-ci, unique au monde, qu'il doit d'être vivant. Il est tissé d'elle, chair de sa chair. Deux cent soixante-dix jours et autant de nuits, tout ce que sa mère ressentait a retenti sur lui. Le cœur de sa mère a battu, les neuf premiers mois de sa vie, tout proche du sien. Le sang de sa mère coule dans ses veines. Peut-être que les fondements de notre personnalité s'enracinent durant ces neuf mois où les joies et les tourments de notre mère sont enregistrés dans nos fibres les plus secrètes.

J'aimerais retrouver le temps où ma mère était là, avec sa machine à coudre, ou ses paniers à provisions, ou un sécateur pour tailler ses rosiers. J'aimerais lui dire combien je l'aime et combien je lui suis reconnaissant de ce cadeau inimaginable de la vie. J'aime la contempler sur des petites photos jaunies. Ici, elle a sept ans. Elle joue avec un grand chien des Pyrénées. Là, elle en a dix-huit, la tête posée sur la poitrine de son père. Je donnerais n'importe quoi pour rencontrer cette jeune fille qu'elle a été !

Depuis la seconde moitié de sa longue histoire, l'Église a choisi de recruter son clergé parmi ceux qui consentiraient à vivre dans le célibat. Dans les raisons de ce choix se retrouvent des motivations diverses : témoigner de l'absolu de Dieu, s'abstenir de l'exercice d'une sexualité qui serait à la vie contemplative ce que les sacs de sable sont à la montgolfière, empêcher que les biens d'Église passent aux enfants des prêtres, être tout à tous… L'argument le plus souvent invoqué par les théologiens qui ont écrit à ce sujet entre le IVe et le VIIe siècle est le suivant : *« Il y a une incompatibilité entre les relations sexuelles et la participation aux rites sacrés. »* Dans un ouvrage consacré à la question, j'avais lu : *« Comment le prêtre pourrait-il toucher le corps du Christ après avoir touché celui d'une épouse ?»* Saint Clément d'Alexandrie avait présenté l'état de mariage comme supérieur à celui de virginité. Par la suite, d'autres théologiens, comme Origène et Tertullien, furent d'un avis contraire. Sans doute les abus dans le monde gréco-romain en ce domaine étaient-ils si grands que le succès des influences platoniciennes pouvait s'expliquer. *« Ceux qui usent des plaisirs de l'amour sont dans la souillure »*, répétait Origène en parlant des laïcs mariés. Il s'appuyait notamment sur un verset de l'Exode où Moïse demande aux hommes de se purifier en vue de la théophanie qui va avoir lieu au Sinaï : *« Tenez-vous prêts pour après-demain ; ne vous approchez pas de la femme ! »* (Exode 19, 15.)

Nous savions tout cela dans les séminaires, bien sûr. Mais on tenait l'exigence du célibat en très haute estime sur d'autres critères : avoir son affectivité orientée vers Dieu et ses préoccupations disponibles pour tous. Les séminaristes étaient donc invités à se poser la question : ai-je reçu le charisme du célibat ? Suis-je apte à ce renoncement ? Pourrai-je être équilibré dans la solitude du cœur ?

Depuis l'âge de douze ans, j'avais une prédilection pour les amitiés féminines. Il y avait de temps en temps une préférée. Nos relations étaient toujours platoniques, sans aucun mérite de notre part. Nous passions des nuits entières à nous raconter nos visions du monde, nos révoltes, nos rêves, nos lectures, nos peurs, nos espoirs démesurés. Nous consacrions des journées à arpenter des sentiers de montagne. À aucun moment il n'était question de se parler autrement qu'avec des mots, des regards, des sourires, des silences. Cette voix, ces regards, ces sourires, ces silences étaient des expressions de tout l'être, corps et âme. Mais, à ce niveau, le corps était un assez bon *conducteur* de l'esprit.

Lorsque j'avais entre dix-sept et dix-neuf ans, le groupe de scouts routiers auquel j'appartenais faisait la guerre au flirt comme on fait aujourd'hui la guerre à la pollution de la nature. Lorsque nous allions en soirée dansante (en *boum*), des conventions nous protégeaient. Celui qui voyait un compagnon tenir sa joue trop proche de celle de sa *cavalière* était tenu de lui donner deux petites tapes sur l'épaule.

À l'âge de dix-neuf ans, je reçus dans ma chambre, sous les toits, une amie de seize ans, Françoise, avec laquelle je passai trois jours et trois nuits. Elle avait fait quatre cents kilomètres pour venir me voir. Ce furent des moments de joie totale. Le moindre flirt aurait tout compliqué, tout gâché peut-être. Le soir, nous lisions les *Pièces noires* ou les *Pièces roses* d'Anouilh, tenant tour à tour le rôle de tel ou tel personnage. Ensuite, chacun regagnait sagement son lit, après un baiser d'amitié sur le front. Le lendemain, je jubilais en croisant dans l'immeuble les regards des locataires que je connaissais bien. Ils semblaient consternés par mon *inconduite*. J'étais fier comme celui qui aurait dormi dans la cage d'un lion sans une égratignure au matin.

> Que signifie la pureté sinon cette rare et merveilleuse harmonie entre le corps et sa signification, entre la fleur et le printemps, le visage et l'émotion, l'étreinte et l'amour ? Séparer une réalité de son sens – c'est cela, ne plus avoir le cœur pur. Traiter l'autre comme un moyen pour se rassurer sur son propre pouvoir de séduction ne mène nulle part. Le regard perd alors sa transparence.

J'aimais écouter mes amies. Elles me faisaient voyager dans leurs mystérieux royaumes. Elles semblaient bien plus douées que nous autres garçons pour initier leur entourage au prix des êtres, à leur intériorité. Les jeunes filles avec lesquelles j'entrais en relation me donnaient le sentiment d'être dans le réel. Les visions du monde vers lesquelles me conduisait mon devoir d'état étaient abstraites. Le réel, c'était la contemplation d'un visage, l'intensité de la vie, l'épaisseur presque tangible d'une âme, le caractère unique d'un lien, la qualité de la communication.

Les femmes ont l'art de rencontrer, d'accueillir, de porter la vie vers son achèvement. Elles ont le goût d'entrer en résonance avec les êtres. Parfois, nos entretiens se déroulaient dans des lieux cocasses. Je pense à cette nuit au bord d'une piscine avec une élève infirmière. Nous avions pénétré dans la propriété voisine par effraction, en escaladant le mur. Elle avait choisi cet endroit pour que nous puissions nous tremper de temps en temps, par une brûlante nuit d'été. Le charme de sa voix comblait ma soif de cet élément féminin que Claudel nomme *anima.* Se laisser prendre à un autre sortilège eût entraîné peut-être quelque cataclysme. Je ne voulais pas risquer de perdre une si belle amitié pour quelques frissons.

J'entretenais des correspondances avec quatre, cinq, six amies à la fois. Nos lettres remplissaient souvent plus de dix pages. Je prenais un double des miennes au papier carbone. J'avais réalisé par expérience combien on peut ne rien comprendre à une lettre lorsqu'on n'a pas sous les yeux les propos auxquels l'autre réagit.

On présentait parfois le célibat comme une option banale. J'avais le pressentiment que le mariage et la paternité étaient la vocation la plus naturelle de l'homme. Il fallait des raisons graves pour s'échapper ainsi de la condition humaine. Celui qui ne respecte pas les lois de la nature peut y laisser son équilibre et sa vie. *« Il n'est pas bon que l'homme soit seul »*, dit la Bible. Il fallait guetter les signes, donner à l'amour humain ses chances. Entrer au séminaire comme on met un wagon sur des rails ne me semblait pas très réaliste. De plus, j'admettais, au moins intellectuellement, que le prêtre ait à demeurer chaste et solitaire, mais cela impliquait-il pour autant une rupture avec l'univers féminin ?

L'être humain complet, ce n'est ni l'homme seul, ni la femme seule, c'est l'harmonie de ces deux partitions. Durant des millénaires, la culture dominante fut celle des mâles. Cela a provoqué une surcharge de certaines valeurs : la chasse, la guerre, la technique, l'analyse, l'argumentation sans prise sur le réel, l'exploitation outrancière de la nature... L'apport spécifique des femmes est demeuré dans l'ombre. La tendresse a été humiliée, le sentiment caricaturé, la sensibilité déshonorée. La volonté l'a emporté sur le désir, le raisonnement sur l'intuition. L'homme a ainsi étouffé la plus belle part de son être. Comment la dimension féminine pourrait-elle se développer sans la rencontre, d'égal à égale, de femmes précises, mère, sœur, épouse, amie... ? La proportion des ouvrages émanant de femmes dans nos humanités était de 1 %. Donnait-on la parole à une seule femme dans les séminaires ?

Étais-je injuste envers ces jeunes filles dont l'amitié était parfois amoureuse ? Elles me savaient en *recherche d'orientation.* Je mettais entre parenthèses l'attrait qu'elles exerçaient sur moi. L'une d'elles m'en fit le reproche. *« Tu ne t'intéresses qu'à mon âme ! J'ai un corps aussi ! »* Je ne sus répondre que par un éclat de rire.

Peu après, je lui écrivis :

> « Le miracle de l'amitié est de pouvoir communiquer avec un être dans ce qu'il a d'éternel. Personne ne soupçonne les trésors que cet être porte. As-tu déjà songé à la place de la femme dans l'humanité ? La femme est en communication avec les sources de la vie et de la fécondité. Sans la femme, la créativité de l'homme demeure pure technique ou intellectualisation. Regarde ceux qui n'ont reçu

ni l'influence d'une mère, ni celle d'une sœur, ni celle d'une amie. J'aimerais trouver un livre sur le rôle de la femme dans l'Histoire.

« Dieu ne nous a-t-Il pas créés pour nous faire partager Sa joie ? Il nous a créés différents pour que nous puissions avoir besoin les uns des autres.

« As-tu remarqué que, lorsqu'on aime quelqu'un, on aime le regarder dans les yeux ? Alors, on découvre l'infini dans ce regard. Chaque être humain est transfiguré par son éternité, déjà là ! Comme une femme enceinte depuis peu de temps est *habitée* d'un petit être de quelques millimètres, mais qui la dépasse. »

Un séminariste, à moins d'être bègue ou borgne, est souvent attrayant pour une jeune fille en quête d'écoute et de compréhension. Le feu de sa passion pour Dieu met de la lumière dans son regard. La source à laquelle il s'abreuve donne une fraîcheur à ses propos. Il serait tentant pour lui de séduire. Or, ce mouvement instinctif lui sera désormais interdit. Les êtres qui subissent son attraction devront ricocher sur lui. Je me hasarde à utiliser une image. Lorsqu'on veut envoyer un petit laboratoire spatial au-delà de notre système solaire, hors du plan équinoxial, on utilise la gravitation de Saturne ou de Neptune. Toute l'astuce pour le satellite consistera à prendre de la vitesse grâce à cette force, puis à éviter d'être absorbé par Saturne ou Neptune.

Les séminaristes devraient crier comme Jean-Baptiste : *« C'est Lui que vous cherchez. Je ne suis même pas digne de dénouer la courroie de Ses sandales… Qu'Il prenne la place dans votre cœur et que je m'efface !… »*

L'amour entre un homme et une femme, s'il n'est pas une vocation, une mission confiée, un sacrement, risque d'être un mirage. Un mirage exerce une fascination. Mais lorsqu'on est perdu dans le désert, le temps que l'on passe à marcher dans sa direction n'étanche pas la soif, il l'exacerbe.

L'union d'un homme et d'une femme, telle que je l'imaginais dans mes rêves, était une sorte de pacte définitif de non-agression, une célébration de l'amour si parfaite qu'elle rendait désormais impossible toute mésentente durable. Je voyais autour de moi des couples habitués à vivre côte à côte comme deux associés d'une entreprise. Je voyais des époux qui semblaient avoir des droits l'un sur l'autre ; tout se passait comme si leur intimité se transformait en familiarité ou en reproches ! Le célèbre roman *Autant en emporte le vent*, que j'avais dévoré l'année de mes seize ans, n'avait pas été étranger à cette impression. Scarlett O'Hara et Rhett Butler se détruisaient dans la mesure même où ils étaient attachés l'un à l'autre.

Durant l'hiver 1956, lors d'un camp de jeunes à La Bourboule, le monde bascula pour moi. Tout commença avec un court extrait de la *Cantate à trois voix*, de Claudel, déposé sur un piano :

> *« Mais toi, mon âme, dis :*
> *Je ne suis pas née en vain et celui qui est appelé à me cueillir existe !*
> *S'il n'était loin de moi, le besoin qu'il a de moi ne serait pas aussi grand.*
> *Car ce n'est aucune molle complaisance qui nous unit et l'étreinte d'une minute seule,*
> *Mais la force qui attache la pierre à sa base…*
> *Dieu m'a posée sa gardienne.*
> *Moi qui suis faite pour l'aider, vais-je être son entrave ?*
> *Moi qui suis faite pour être son port et son arsenal et sa tour,*
> *Vais-je être sa prison ?*
> *La force qui lui reste, vais-je la lui retirer ?… »*

L'écriture était féminine et exprimait une profonde sensibilité. Je lisais et relisais indéfiniment ce texte, à la fois troublé et transporté. Qui donc l'avait recopié et déposé sur ce piano ?

Lors d'une sortie en montagne, parvenu sur un petit sommet enneigé, j'avais chaussé mes skis et crié : « Qui m'aime me suive ! » Sarah, une jeune fille du groupe, s'était plantée derrière moi, me serrant la taille avec ses bras, les pieds posés sur mes skis. Nous avions ainsi descendu la pente et terminé par une belle chute. Difficile d'oublier ce visage éclaboussé de neige et de lumière, transfiguré par la joie. Le soir même, c'était la Saint-Sylvestre. Trois jeunes filles du groupe lurent la *Cantate à trois voix*. Sarah connaissait sa partition par cœur. Le texte posé sur le piano, c'était donc elle qui l'avait recopié. À minuit, nous nous souhaitions la bonne année à la lueur des bougies. Elle me regarda intensément, en silence, et ajouta avec émotion : *« Que Dieu vous bénisse ! »* Je fus bouleversé par ce regard, cette voix, ce message inhabituel. Un regard d'amour fou, d'amour éperdu. Jamais personne ne m'avait regardé de cette façon-là. Je dansai pendant plusieurs heures avec toutes les jeunes filles du groupe, sauf elle, pour ne pas souffler sur un feu que je ne pourrais peut-être pas éteindre.

Au milieu de la nuit, constatant son absence, je me mis à sa recherche. Entendant pleurer dans l'escalier, je n'eus pas besoin d'explication. Je quittai le groupe deux jours avant la fin de notre camp. Je partis pour Bordeaux afin de rendre visite à mes parents.

Souvenir inoubliable d'un voyage en train, les yeux rivés sur les paysages de neige. Je ne voyais derrière la vitre que ce regard de jeune fille de vingt ans ! La beauté des plaines blanches n'existait plus que comme un écrin. Un visage s'y dessinait, dont l'existence faisait chavirer le monde. J'étais intrigué par la dédicace écrite de sa main sur un livre offert par le groupe (encore une citation de Claudel !). De mémoire, c'était à peu près ceci : *« Le but de la vie n'est pas de vivre mais de mourir, et non point de charpenter la Croix, mais d'y monter et de donner ce que nous avons, en riant. Là est la Joie, là est la liberté, là est la grâce, là est la jeunesse éternelle... »*

Arrivé à Bordeaux, je lui envoyai une carte postale de Samivel où un alpiniste est assis sur une corniche de neige, balcon fragile sur le vide. Au-dessous était imprimée une courte légende : *« Le bonheur des purs. »* Au moment où cette carte tombait dans la boîte, le destin changeait de cap. Mon subconscient en était averti. Une avalanche était déclenchée ! Je voulus retirer la carte et n'y parvins pas.

L'amour humain, quel grand mystère ! C'est comme si Dieu entrait dans nos vies incognito et par effraction ! On aime pour la musique d'une voix, une certaine vibration des émotions sur un visage, l'infini qui se dévoile dans un regard, un pressentiment de ce que pourrait être la vie éternelle, un temps suspendu où tout est offert. Le reste semble n'exister que pour préparer cette plénitude. Aucune logique, aucun raisonnement, aucun détour de rationalité. L'arrivée soudaine d'une évidence : quelqu'un de plus précieux que l'univers est en train de faire irruption dans votre âme.

L'amour humain, quel prodige ! Comme si le Ciel, un instant, rejoignait la terre. Un être prend à nos yeux l'importance qu'il a dans le cœur de Dieu. Il est porteur d'un message venu de bien plus loin que lui-même : *« Je ne suis pas ton Dieu, mais c'est Lui qui m'a fait ! »* Il rappelle le mystère de l'Être d'avant le temps, d'avant la Création. Il annonce les réalités à venir. Dans le Royaume vers lequel courent les aiguilles des horloges et les ombres des cadrans solaires, il n'y aura plus que la Relation. *« Au commencement était le Verbe. »* Au commencement était le Dabar ! *Dabar*, mot hébreu qui dit la relation en acte, la parole qui s'élance de quelqu'un vers quelqu'un. Dieu est Cela, cette étreinte éternelle où l'un et l'autre se livrent tout entiers l'Un à l'Autre.

Même lorsque tout va mal dans notre vie, ce mystère de la Trinité à sa source est inaltérable. Il me suffit d'en contempler la beauté pour que mes larmes d'amertume se changent en larmes de joie.

Sarah m'entraîna dans une correspondance régulière. Ses lettres étaient impressionnantes de beauté et de profondeur. J'allais à la chapelle du séminaire pour les lire, le cœur battant. Il n'y était question que de Dieu, de Son amour infini, de la prière, de la tendresse humaine. Même lorsqu'elle disait à propos de Dieu des choses que je savais, j'avais le sentiment de les entendre pour la première fois. Jusque-là, j'étais comme l'auteur de l'Apocalypse disant : *« Je pleurais beaucoup de ne pouvoir lire le Livre. »*

De mon côté, je lui parlais de l'importance de chaque personne de son entourage. Nous avions des amis communs. Son jugement sur eux était sévère parfois. Je l'invitais à regarder les êtres avec plus d'indulgence.

Ce courrier fut pour l'un et l'autre un *« Sésame, ouvre-toi »*. Les réalités de l'Évangile retransmises par cette jeune fille devenaient vivantes. Je me demande, aujourd'hui, si mon changement à l'égard de la Parole de Dieu n'est pas le propre de l'intervention de l'Esprit saint. *« Il vous fera comprendre tout ce que Je vous ai dit... »*

Sarah recopiait des morceaux choisis de la Bible. En les lisant, j'étais emporté vers une intensité de bonheur à en pleurer :

> *« N'aie pas peur... Tu oublieras la honte de ta jeunesse.*
> *Car ton époux, ce sera ton Créateur...*
> *Les montagnes peuvent disparaître et les collines s'ébranler,*
> *mais Mon Amour pour toi ne s'en ira jamais... »*
>
> *« Comme un jeune homme met sa joie en celle qu'il aime,*
> *Je mettrai Ma joie en toi »* (Isaïe 53/1, 5-54).

Les plus beaux textes d'Osée, de Jérémie, d'Isaïe, d'Ézéchiel, des Psaumes m'étaient proposés. Elle intervenait de temps en temps avec un élan venu de l'âme, une exclamation de ferveur, de joie et d'enthousiasme :

> *« Qu'aimer en soi ? Qu'est-ce qui est en nous ? Seule existe l'âme créée à l'image de Dieu. Chacun incarne une image de Dieu, une image différente. Et cette âme nous est aussi peu sensible que Dieu même. À quel point nous sommes charnels !*
>
> *Nous passons à côté de la Lumière, en aveugles ; à côté de la Vie, en morts ! C'est à ceux dont les yeux s'entrouvrent de crier jusqu'à l'épuisement : nous ne voyons pas, mais la Lumière existe. C'est à cause de la dureté de notre cœur que nous ne voyons pas. Nous devons aller à la recherche de Dieu et de notre âme, et de l'âme de nos frères... »*
>
> *« Dieu sait ce qu'il y a dans le cœur de l'homme... En face de Lui, sommes-nous autre chose qu'un cri, une soif, un élan d'amour, une plainte ? Nous prenons trop souvent la forme, la couleur pour la substance. La substance, c'est l'image de Dieu. La matière, la couleur l'incarnent. Nous soignons avec beaucoup d'attention cette matière. En nous et dans les autres, nous oublions l'image de Dieu. »*

Je retrouvais là les accents de celui qui m'avait éveillé au drame de notre époque, Antoine de Saint-Exupéry. *« Le recul religieux est un désastre. » « Les âmes aujourd'hui deviennent de corne. » « Il faut réveiller l'archange qui dort sur son fumier. »* Cette fois, ce n'était plus un écrivain, si prestigieux soit-il, qui s'adressait à mon âme, c'était un être de chair et de sang.

> *« Rien de ce qui nous arrive ne se fait sans la volonté de Dieu. Appliquons-nous à voir dans chaque événement le sceau de Son Amour... Je ne sais ce qu'il nous demande à l'un et à l'autre, peut-être seulement de nous encourager l'un l'autre à progresser dans Son amour. Je sais qu'il ne faut pas aller plus vite que la grâce, et que Satan, le "Prince de l'Équivoque", n'a pas de mal, dociles que nous sommes à sa voix, à nous suggérer que les élans de notre égoïsme sont des élans de l'Esprit saint. »*

« Ce que Dieu veut pour nous, c'est infiniment plus que ce que nous désirons de mieux pour nous-mêmes. Ah ! Comme le bonheur que Dieu veut pour nous doit être grand pour que ses prémices nous coupent déjà le souffle ! Dieu veut s'incarner en chacun de nous pour Se donner au monde. Dieu agit par celui qui se laisse prendre, celui qui accepte de se perdre en Son Amour. »

« Je saisis la puissante beauté du mariage : reconquête de l'unité première. Dieu créa l'Homme "homme et femme", et cette unité fut brisée par le péché. Toute l'affaire du mariage est de rétablir le lien, le dialogue entre l'homme et la femme. C'est sans doute pour cela que le mariage est un sacrement qui se donne chaque jour, que l'amour n'est jamais épuisé, qu'il doit croître jusqu'à l'union parfaite, telle que Dieu l'a voulue dès le début. Comme les pensées de Dieu sont vastes et insondables ! Connaissez-vous un livre plus beau que le Cantique des Cantiques ? »

« Oh ! Nous sommes faits pour l'amour ! Chacun a en lui une petite étincelle d'amour qui n'attend qu'un souffle, une bouffée d'air frais, pour jaillir en un feu gigantesque, un feu d'amour qui transforme tout en feu ! Comme le monde a besoin du Nom du Seigneur, comme il attend Sa venue ! Chacun des enfants du Père doit être la bouffée d'air frais pour son frère ! Que Dieu est grand ! »

En relisant ces lignes pour les recopier, je suis encore ébloui aujourd'hui, comme je l'étais hier.

J'écrivais sur mon carnet de bord :

Comment se fait-il que j'aie pu vivre en dehors de cet émerveillement ? Comment ai-je pu vivre en noir et blanc ? Cette enfant de Dieu a le pouvoir de me faire vivre en couleurs ! La différence entre ma vie étriquée, rabougrie, encombrée de synthèses mortes, et cette vie chaude, vibrante, c'est bien plus qu'une différence de degré, c'est une différence de nature.

L'intensité, la passion, la ferveur, la fantaisie, les voilà ! Depuis quatre ans, je fais semblant de vivre. Je suis devenu un cerveau dans lequel on déverse un savoir. Comment peut-on se laisser aliéner à ce point ? *« Ce qui glorifie Dieu, c'est l'homme vivant. »* Je suis devenu une coquille vide... Quand je fais rire les autres, quelle sorte de gaieté y a-t-il en moi ? Quand je bûche jusqu'à minuit pour étudier des documents, il n'y a là qu'un travail de tri et de mémoire. Ce qui m'a été dit par les prêtres durant mon stage en paroisse : *« C'est tout ton être qui est à refondre »*, c'était vrai. Pourquoi l'ont-ils dit avec une telle ironie ? Ont-ils voulu régler des comptes avec le séminariste qu'ils ont été jadis ? Leur agressivité m'empêchait de les entendre. Ils me semblaient plus atteints que moi. Est-ce qu'on se moque d'un infirme pour l'inviter à consulter le médecin ? Ils n'étaient parvenus qu'à un seul résultat : me donner honte de moi-même. Lorsqu'on ne s'aime pas soi-même, on meurt à petit feu, on se dessèche sur place.

Sous le souffle vivifiant des paroles de la Bible, rendues limpides par la foi de Sarah, quelque chose en moi se mit à naître, à chanter, à danser dans la lumière. Mon âme prisonnière s'évadait d'un cachot. Le ciel s'ouvrait. Je me sentais justifié d'exister. À travers la coquille d'un intellectuel activiste, un être de relation et de communion venait au monde.

Le Dieu que révèle Jésus-Christ n'est pas le Grand Manitou replié sur Sa Gloire, régissant l'univers avec un sceptre de fer. Il est don total de soi-même, accueil, transparence. Le Père n'est Lui-même qu'en Se donnant. Le Fils tient tout son être d'un autre. Et le Souffle saint de leur amour cherche sur notre terre des relais, des points d'ancrage. Pour descendre sur notre monde, l'Amour n'a que nos cœurs.

Mieux vaut devenir, par le sacrement du mariage, l'antenne d'un Dieu d'Amour que d'être le serviteur célibataire d'un dieu de crainte.

Je communiquai quelques-unes de ses lettres à mon guide spirituel, le père Gritti. Il m'interrogea : *« Le signe que tu attends depuis si longtemps pour savoir quel sera ton avenir, ne le voilà-t-il pas ? »* Ma lutte épuisante pour trouver ma place avait-elle enfin trouvé son terme ? J'allai voir un autre professeur du séminaire, lui montrai aussi quelques lettres de Sarah ; il fut encore plus enthousiaste. Tous les deux me voyaient volontiers œuvrant dans les médias ou la culture populaire.

Parfois, je m'acharnais à démystifier l'événement :

> Sarah agit comme toutes les amoureuses : elles parlent de littérature à un garçon qui prépare l'agrégation de lettres, de politique à un étudiant de Sciences-Po, de peinture à un étudiant des Beaux-Arts. Elles agissent ainsi par instinct. Sarah me croit doté des qualités dont elle a besoin. Et pour gagner mon cœur, elle se pare de qualités mystiques !...

À plusieurs reprises, la mort dans l'âme, je demandai à Sarah de cesser notre correspondance. Je n'osais pas lui avouer la cause de cette décision. La réponse désespérée qu'elle fit à cette proposition me poussa à poursuivre notre échange. Alors que j'étais en retraite à La Pierre qui vire, je lui adressai le même jour deux lettres contradictoires, expressions de deux moments différents.

> «Je désire rejoindre ceux que les prêtres ne peuvent pas rejoindre. La plupart de mes amis bouffent du curé et ce sont pourtant des mystiques qui s'ignorent. C'est auprès d'eux que je vois mon rôle dans l'avenir.
>
> « Le prêtre qui accompagne ma recherche me pousse dans ce sens. Il me trouve des affinités avec Bernanos. Cela me fait doucement rigoler. Je cherche une vie d'apôtre laïc, c'est vrai. Seul, est-ce possible ? Je veux partager le sort des hommes les plus humiliés et, à partir de là, méditer la Parole de Dieu pour voir comment elle peut libérer

l'enchaîné. *"Le laïc peut être mandaté par l'Église enseignante au même titre que le prêtre. C'est au nom de la hiérarchie qu'il agit. Les conversations, au hasard des rencontres, sont un véritable enseignement. Dans de nombreux cas, le laïc seul peut le donner."* Il y a là quelque chose de nouveau qui s'ébauche et m'émerveille, mais tout ce qui est nouveau est appelé à se heurter à une forte opposition. Quelle jeune fille serait assez folle pour me suivre sur ce chemin non tracé ?

« Il faut que la Bonne Nouvelle soit entendue jusqu'aux extrémités de la terre, pas seulement sur la terre géographique, mais dans le monde de la culture. Il y a des mentalités qui dénaturent le Message évangélique comme le vinaigre fait cailler le lait. Les chrétiens, sans le savoir, donnent de Dieu une image *imbuvable. "Immense domaine entre la tradition dogmatique de l'Église et les problèmes les plus actuels des hommes : un domaine où la cause de la foi demande que des médiations soient activement tentées. C'est là le champ des laïcs"* (Congar).

« Suis-je compétent pour ce genre de tâche ? Mieux vaut être un bon laïc qu'un mauvais prêtre ! Mais l'inverse est vrai aussi !

« Vous m'avez écrit un mot qui m'a bouleversé : *"Ce n'est pas par hasard si Dieu a croisé nos chemins. Je ne sais ce qu'Il nous demande à l'un et à l'autre. Peut-être seulement de nous encourager l'un l'autre à progresser dans la découverte de Son Amour. N'allons pas plus vite que Sa grâce !"*

« Nous sommes appelés là où notre égoïsme peut le mieux mourir, là où notre générosité peut le mieux se donner. Quelle que soit la forme que prendra notre lien d'amitié, il ne peut durer que sur le roc du renoncement. Ce n'est pas là du masochisme, mais de la fidélité au réel.

« Que la volonté de Dieu soit faite et non la nôtre !... »

Ma conscience m'avertissait que cette lettre était grave. Je pensais que je devrais la montrer à un moine ou au supérieur du séminaire. Comme c'était difficile d'oser ouvrir son cœur à des conseillers qui me semblaient à des années-lumière de ces réalités ! Je voulus donner à Sarah un contrepoids par une seconde lettre. Celle-là exprimait sur douze pages la nécessité d'une rupture de nos échanges :

> « Même laïc, ma vie sera polarisée par les autres. Pas question d'avoir une famille, des enfants. Trop d'êtres souffrent. Trop d'injustices écrasent les hommes en ce monde. Toutes mes hésitations viennent de ce que je ne laisse pas Dieu devenir le cœur de ma vie. Je suis dévoré par la religion du siècle : le culte de l'homme. Votre regard a percé l'illusion. Il semblait me faire un reproche : *"Comment voulez-vous révéler Dieu, L'ayant vous-même perdu ?..."* Par votre foi peu commune, vous m'avez sauvé la vie. Ce que vous avez été pour moi, c'est cela que je veux essayer de devenir pour les autres... Aimer le prochain d'un amour si fort que cela le réveille et lui permette d'entendre l'appel de Dieu, c'est une tâche sacerdotale. Par vous, j'en suis devenu enfin capable... »

À ces deux lettres arrivées ensemble, elle répondit par un coup de téléphone m'enjoignant de venir la rencontrer le jour même par un train dont elle me précisait l'horaire. Il y avait quelqu'un dans la pièce où je recevais la communication. Impossible de m'expliquer. J'acceptai. J'allai voir le supérieur pour obtenir l'autorisation de m'absenter vingt-quatre heures. Je lui résumai la situation. Il avait de quoi être surpris ! Il ne m'a pas retenu ! Il m'a seulement dit : *« L'apostolat d'un laïc exige de lui qu'il soit engagé dans un métier humain et qu'il y soit très qualifié. L'esthétisme à la Guy de Larigaudie, ça ne va pas loin ! »* Il ajouta : *« Attention ! Il ne s'agit pas, avec cette jeune fille, de se donner pour retirer ensuite son épingle du jeu. »* Il était difficile d'être plus clair en peu de mots !

Quelle angoisse, quelle panique dans ce train qui m'emportait vers Paris-gare de Lyon !... Je tremblais comme une feuille. Un passage de saint Paul traversa mon esprit : *« Satan parfois se déguise en ange de lumière. »* (La formation que j'avais reçue me portait à beaucoup penser à cet esprit malveillant qui cherche à nous faire désespérer de nous-mêmes.)

J'écrivis une sorte de testament. J'avais le pressentiment que j'allais perdre connaissance, ou céder trop tôt, dire *oui* sans que ce *oui* soit libre, ou mourir même sous la force de l'émotion.

L'entrevue se déroula sur un quai de la Seine, puis dans un troquet près de la tour Saint-Jacques. Je parlais *rédemption*, elle répondait *création*. Je disais *croix*, elle avançait *résurrection*. J'évoquais le sacrifice d'Isaac. Elle répondait, en riant de mon ignorance, que Dieu n'avait jamais demandé cela à Abraham. Elle citait Isaïe : *« Aimer Dieu de tout son cœur et le prochain comme soi-même valent mieux que tous les sacrifices. »* Elle me lut quelques pages d'un cahier intime de sa mère décédée dix ans plus tôt. Ce texte était d'une qualité spirituelle unique. Dans les écrits de Thérèse de Lisieux découverts par la suite, j'ai retrouvé ce ton-là, cette douceur, cette confiance absolue en Dieu. Ainsi donc, une simple mère de famille pouvait accéder aux sommets de la vie mystique. Tout convergeait vers la signification que Sarah donnait aux événements.

Au juke-box, la voix de Dalida couvrait les bruits de la salle. *« Et chante, et chante sur ta mandoline, mon petit bambino... », « Laissons l'avenir venir ! »* Mon amie parlait plus près avec une voix qui transfigurait ce café parisien, les visages tout autour, le serveur, ma vie, le monde entier :

« Les humains mènent une vie tiède, vulgaire, monotone. Ils ne sont pas vivants. Ils font semblant. Jamais je ne me résignerai à les voir gâcher leur vie. Les hommes ne peuvent pas s'accomplir dans la médiocrité. Je ne veux pas qu'ils se contentent de trop peu. C'est dans la clarté de notre témoignage qu'ils reconnaîtront à quelle grandeur ils

sont appelés. C'est lorsqu'on est soi-même transfiguré par l'amour que l'on peut reconnaître les autres... »

Je buvais dans ses yeux la substance même du réel : l'âme de la vie. Son regard et ses paroles me faisaient naître.

« Stan, ne passez pas à côté de la vie. Je vous en prie, ce serait si beau de bâtir ensemble un monde d'amour à la gloire de Dieu ! »

Cette jeune fille portait en elle les intuitions qui m'étaient les plus chères, les plus vitales. Des pensées se bousculaient en moi avec une puissance extrême. Sarah était en train de me révéler depuis trois mois une vérité décisive : l'homme peut dépenser toutes ses énergies à des tâches prodigieuses ; s'il n'est pas animé par l'amour, c'est du vent ! Hors de l'amour, tout devient gris, terne, creux, insipide. L'amour suscite l'âme et l'âme donne sens à tout ce qu'elle touche. Saint Paul martèle de façon inoubliable cette conviction : *« Si je n'ai pas l'amour, je suis un bruit de cymbales. Si je n'ai pas l'amour, je ne suis rien... »*

Ce que Sarah disait au sujet d'Isaac était vrai. Abraham avait été élevé dans une religion où le meurtre sacrificiel du premier-né était tout naturel, incontournable ; c'était un rite, une action de grâce. Le Dieu nouveau qui Se manifeste à Abraham semble d'abord encourager ce cérémonial infâme. En réalité, il s'agit de rendre inoubliable la nouveauté de l'avenir : *« Plus jamais ça ! »* On ne devrait donc pas parler du sacrifice d'Isaac, mais du *non-sacrifice* d'Isaac !

Je faisais fausse route dans l'obsession de l'efficacité. Le prêtre n'est pas le militant d'un parti ; il n'est pas le capitaine d'un bataillon. C'est un cœur amoureux comme celui de Marie, un cœur habité, un cœur en qui bat le cœur de Dieu. Cet amour humain était providentiel. *« La nature a horreur du vide »*, le cœur humain plus encore. J'avais demandé aux autorités du séminaire de me dispenser d'un cours déjà suivi auparavant pour pouvoir me consacrer aux ouvrages des contemplatifs. Je ressentais un désir impérieux de m'initier à la contemplation. Je voulais entrer dans une autre dimension : celle de la prière, de la fréquentation des mystiques tels que Catherine de Sienne, Thérèse d'Avila, Jean de la Croix et François d'Assise. Je n'ai pas su présenter ma requête. Elle fut refusée. Comment ai-je pu négliger une inspiration intérieure aussi forte ?

Ce soir-là, dans ce bar parisien, mes défenses tombaient les unes après les autres. Au bout de trois heures, Sarah avait gagné. Je répondis par une phrase d'une pièce de Claudel : *«À mesure que tu parles, j'existe !»* Je la voyais comme l'ange envoyé sur le chemin de Tobie pour le guider, parce que la route est encore longue, dure, incertaine. J'étais submergé par une conviction : cette jeune fille tenait entre ses mains la clé d'une qualité d'être hors de laquelle l'existence me semblait vide. Jusqu'ici, je mourais de soif au bord d'un puits.

Je n'avais pas plutôt mis ma main dans la sienne en sortant sur le boulevard qu'un clochard m'arrêta : *« T'aurais pas une cigarette ? »* Je lui proposai de s'asseoir. «Je n'en ai pas, mais on peut toujours causer un moment tous les trois. » C'était au bord de ce square où se trouve enracinée depuis des siècles la tour Saint-Jacques. Je ne sais plus de quoi nous avons parlé. J'étais tellement heureux de réchauffer celui qui a froid. Au bout d'un quart d'heure, mon amie me tira discrètement par la manche en me disant : *« Vous venez ? »* Cet événement revint souvent dans mes pensées les jours et les mois suivants. Le visage de cet homme me faisait signe. Jusqu'où peut-on aller dans la solidarité avec les plus souffrants lorsqu'on partage l'existence d'un compagnon ou d'une compagne qui n'a peut-être pas reçu le même appel ? *« Celui qui est marié a le souci de plaire à sa femme, et le voilà partagé ! »* La fameuse parole de saint Paul ne prenait-elle pas un sens tout à coup ?

Dieu, Tu étais là, dans le regard triste de cet homme qui mendiait deux sous d'amour, à moi le milliardaire. Tu étais là, et je ne le savais pas ! Quelques minutes après, un passant me remit un tract : une invitation pour un cabaret d'exhibitions pornographiques ! Cela aussi était un signe ! Je revoyais les visages de mes compagnons de chambrée à Toulon. Comment les jeunes croiront-ils à la beauté de l'union des corps si on ne leur en montre qu'une parodie ?

Après avoir accompagné Sarah dans sa lointaine banlieue, je repensai à des propos de Saint-Exupéry : *« Si tu veux grandir, use-toi contre tes litiges : ils conduisent d'abord vers Dieu, c'est la seule route qui soit au monde. Et de là vient que la souffrance te grandit quand tu l'acceptes... Mais il est des hommes qui ne peuvent se surmonter. D'un bonheur médiocre ils font leur bonheur après avoir suicidé leur grande part... Ils se sont avortés eux-mêmes... La voix de Dieu qui est besoin, recherche et soif inexprimable, ils renoncent à l'entendre » (Citadelle).*

Pour rester dormir à Paris, cette nuit-là, je me rendis dans une des nombreuses familles amies que je connaissais. La clé était toujours sous le paillasson. Je m'étendis sur un divan du salon, cherchant le sommeil. Solange, une jeune fille de dix-huit ans, rentra peu après, vers deux heures du matin, avec son petit ami. Tous deux *firent l'amour* sans amour assez bruyamment derrière une mince cloison. Ces gémissements furent une épreuve. Quoi ? Était-ce donc pour cela que je quitterais le chemin escarpé du sacerdoce ? J'éprouvais de la tristesse, comme Ésaü lorsqu'il échangea son droit d'aînesse contre un plat de lentilles. Je me disais que j'aimerais bien vivre un *mariage blanc*, comme Joseph et Marie. Le plus fabuleux de l'amour n'était-il pas l'amitié ? La vraie soif de l'autre n'était-elle pas d'ordre spirituel ? Ce qui rend la femme si nécessaire à l'homme, ce n'est pas son corps, c'est son âme. Les cordes de la harpe ou du violon transmettent l'inspiration de Mozart. Elles sont au service de cette inspiration. Si Mozart disposait d'un autre pouvoir pour la partager, il n'en aurait plus besoin !

Au matin, je rentrai à Pontigny. Je retrouvai dans ma poche le feuillet rédigé la veille avant d'arriver à Paris. Il se terminait ainsi : « Toute décision prise aujourd'hui sera nulle. » J'étais effaré de ce qui venait d'arriver. Je me disais que le démon avait un satané culot d'utiliser une jeune fille si pure et si droite pour piéger un garçon peut-être naïf, mais de bonne volonté. Ma tête et mon cœur étaient un champ de bataille. La ligne de front n'était pas claire. Alliés et ennemis portaient le même uniforme.

Une part de moi s'enthousiasmait devant la perspective d'un amour tout neuf. Je notais sur mon cahier des centaines de pages pour me repérer dans ce labyrinthe :

> L'amour humain est le secret de l'Univers. *« Dieu fit l'homme à Son image : homme et femme, Il les fit. » « Il n'est pas bon que l'homme soit seul. »* L'amour vrai guérit l'homme de ses blessures : nervosités, susceptibilités, doutes sur lui-même, manques de jugement…
>
> Du haut de ce sommet qu'est l'amour, comme le monde est beau ! Tous les repères prennent place. Les pires contrariétés deviennent acceptables. Les injures passent comme les rides sur l'eau d'un étang. Pourquoi la Source divine de l'amour a-t-elle si peu d'emprise sur nous alors que son écho est si parlant ? La lumière blanche ne nous émeut guère. Ayant traversé un prisme de cristal, elle devient magique, avec son bleu indigo, son soleil rouge, tout son arc-en-ciel.
>
> Notre misère, c'est la place de Dieu encore inoccupée. Notre faiblesse devient notre force. L'amour humain nous permet d'être riche de nos limites. Jusque-là, nous avions mal de notre inachèvement. Et voilà qu'un autre être, si

semblable et si différent, *épouse* nos manques, comme un tissu *épouse* la forme d'un corps.

L'amour s'impose à moi comme l'unique réalité qui permette de vivre, la perle de grand prix qui mérite qu'on abandonne toutes les autres. Parmi les perles que je laisse volontiers se trouve l'inquiétude. Je m'étais fait un devoir d'être inquiet, pour fuir le simplisme des satisfaits.

Ah ! Cela vaudrait la peine d'errer pendant des siècles, de séjourner cinquante ans au bagne, si ces épreuves permettaient de conduire à cet enchantement ! Je sais désormais que la joie existe, image de l'Être absolu, reflet de la Tendresse divine, écho terrestre des relations éternelles. Comment renoncer à cela sans que ce renoncement soit un suicide ? Rien ne peut mieux révéler aux hommes le visage de Dieu, Son secret, le pourquoi de l'existence, le sens de la vie ! L'amour permet d'en finir avec l'angoisse.

Hélas ! La peur de voir cet amour humain s'évanouir un jour dans un double égoïsme revient inexorablement parasiter mes rêves. Dieu parle avec un accent irrésistible à travers son chef-d'œuvre, mais ce chemin est-il *mon* chemin ? Je retrouve l'objection cent fois entendue : *« Il faut être réaliste, le mariage et la famille absorbent les trois quarts des énergies d'un homme. »*

Une autre part de moi se cramponnait aux repères classiques :

Le sacerdoce est un cadeau de Dieu aux hommes. Il ne m'appartient pas de décider si j'ai envie de le porter ou non. Les apôtres n'ont pas dit : *« Envoyez quelqu'un d'autre ! »* Si Dieu veut me faire dépositaire d'un Message, ai-je un seul mot à dire pour refuser cette mission ? Aucun sacrifice n'est trop coûteux pour pouvoir, si peu que ce soit, diminuer la douleur humaine. Le mal a trop d'avance. Les hommes sont trop privés de leur raison d'être.

Comme le renard de la fable, je cherchais à relativiser la grandeur du fruit convoité.

> Aimer de cet amour trop humain, c'est se livrer pieds et poings liés à une personne qui, désormais, mènera votre barque. Elle décidera pour vous de la pluie et du beau temps. Elle décidera même de l'orage ! Aimer de cet amour trop humain, c'est donner à quelqu'un un pouvoir illimité sur vous. La parole méprisante d'un étranger vous ferait hausser les épaules, celle de l'être aimé vous poignardera. La femme la plus aimante peut, par jalousie, par frustration ou par étroitesse d'esprit, tuer celui qu'elle aime de la pire des morts : à petit feu.

> Comment pourras-tu assurer la subsistance de tes enfants ? Comment pourras-tu trouver du temps pour la prière et l'annonce de la Bonne Nouvelle ? Si par hasard il y a eu faute de ta part dans cette orientation vers un *« moins haut service »* [comme on disait à l'époque], Dieu te le fera payer très cher. Il stérilisera tout ce que tu prétendras faire pour Lui !

Je portais avec de plus en plus d'angoisse la question : « Où donc est ma place ? » Dans la perspective d'un apostolat de laïc, tout serait à inventer. Je n'avais guère confiance en moi. Là était peut-être le cœur du problème. L'amour de Sarah suffirait-il à créer cette confiance ? Ses fragilités ne s'ajouteraient-elles pas aux miennes ? J'éprouvais aussi une panique légitime devant cet élan trop passionné. Il était entré dans ma vie comme la foudre dans ma chambre d'enfant, faisant sauter toutes les cloisons.

L'amour est un feu insatiable qui transforme en feu tout ce qu'il touche, même le métal. C'est un écho terrestre du mystère de Dieu. L'amour existait avant que le monde soit. Là réside une part du sacré véritable. Yves Prigent, dans son livre *L'Existence amoureuse*, décrit le coup de foudre comme un *big bang*. Cela me semble bien être le mot juste. De même que l'univers tout entier dérive de cette première seconde de la Création, de même la personne peut voir, dans l'amour qu'elle reçoit et dans celui qu'elle donne, son acte de naissance. Bien des années plus tard, elle vit encore dans la lumière et la chaleur résiduelle de cet instant !

Cet amour, ignoré par moi jusque-là, changeait radicalement les données de mon existence. Il multipliait par cent l'intensité de mes émotions. Mais les émotions sont-elles une boussole crédible pour orienter une vie ? L'enchantement de l'amour peut blesser celui ou celle qu'il vient visiter. Nous réalisons que jamais nous ne serons à la mesure d'un tel présent. Il faudra, par la suite, regagner dans la banalité du quotidien l'extase qui est ici donnée.

Les images que j'avais sur l'amour humain me montraient cet état comme passager. La littérature et les exemples de la vie unissaient leurs diagnostics. L'espace où l'amour pouvait déployer ses ailes n'était pas le mariage ; c'était dans un *ailleurs* mythique : Tristan et Iseult, Roméo et Juliette, Heathcliff et Catherine… Dans les liens du mariage, la possessivité rongerait peut-être l'amour de l'intérieur. L'habitude le rendrait monotone. On se réveillerait, un jour, à côté d'une étrangère, qui vous contesterait peut-être le droit d'exister avec votre originalité et serait une entrave à votre mission.

Mon regard peut sembler pessimiste, mais il n'était pas dénué de réalisme. Il me désignait l'amour humain comme ayant besoin d'un Sauveur. Et cette guérison, qui la donnerait sinon Jésus-Christ ?

5

L'écartèlement

« Le combat spirituel est aussi brutal que la bataille d'hommes. Dure nuit ! Le sang séché fume sur ma face. »

ARTHUR RIMBAUD

La sensation d'exister à plein ne dura que quelques jours. Des rêves orientaient mes pensées vers de sombres horizons. Une nuit, je rêvai de noces dans une église de campagne. Les oiseaux chantaient. Les cloches sonnaient à toute volée. Rien ne manquait, pas même les pommiers en fleur. Et le jeune marié portant dans ses bras un corps souple, enivrant, c'était moi. C'était aussi beau que le songe de Jacob. Les anges m'entraînaient sur leur échelle jusqu'au septième ciel. Puis la séquence changeait brusquement. Des pas résonnaient dans un cachot. Des enfants cramponnés à des barreaux les secouaient en hurlant : « Pourquoi on est là ? On n'a rien fait ! Et toi, tu ne vas pas fuir vers ton bonheur pendant qu'on moisit là-dedans pour rien ? » Des visages suppliaient : « Venge-nous ! Démasque le mal qui nous a écrasés. Va dire à ceux qui sont forts que leur force est pour nous, que leur intelligence, leur imagination, leurs talents sont au service de notre délivrance... En ce qui nous concerne, c'est peut-être trop tard. Nos blessures sont devenues inguérissables. Mais la machine à broyer les âmes continuera encore à faire son ouvrage. Pense aux paumés, aux aigris, aux déçus, aux désespérés de demain. Ne garde pas pour toi ce que tu as reçu pour nous. Le mal, il faut aller le vaincre là où il prend racine, là où les hommes apprennent à devenir cruels ! »

Dans la Bible, Dieu parle aux hommes à travers des songes. Réveillé dans le silence de la nuit, je me mis à écrire :

> Le prêtre lutte contre le mal à sa source, là où *« la Parole de Dieu agit comme une épée à deux tranchants à la jointure de l'âme »*, là où la Parole de Dieu déchire l'enveloppe dure des cœurs. Au prêtre est confié le sacrement du Pardon qui place la hache à la racine de la haine, du mépris, de l'esprit de domination. Le prêtre n'a pas besoin de talents particuliers. Il est porteur de Parole et de guérison comme le facteur est dépositaire de mandats et de lettres d'amour.
>
> Et que m'est-il demandé pour cela ? M'arracher du cœur cet amour terrestre qui m'interdit l'accès de la prêtrise. En comparaison des malheurs de ce temps, on pourrait exiger davantage ! Les résistants sous l'Occupation ont enduré beaucoup plus ! On ne leur a pas demandé s'ils acceptaient ou non de quitter les bras si doux qui étaient devenus leur royaume ! L'amour même qu'une femme leur portait commandait cette séparation. Le Christ n'a-t-Il pas quitté le bonheur absolu, au cœur radieux de la Trinité, pour nous rejoindre et nous guérir de notre lèpre ?...

Mon guide spirituel était un prêtre méridional, décontracté. Il me disait : *« Il faut démonter les mécanismes de ta vocation. »* Devant l'épaisseur de mon tourment, il me conduisait imperceptiblement à creuser l'éventualité d'un apostolat laïc. *« Ta personnalité est trop prononcée. Le sacerdoce est peut-être un vêtement trop serré pour toi ! Je te verrais bien dans la culture populaire ou le journalisme. »*

Il évoquait l'itinéraire de Bernanos, qui, après avoir eu le désir du sacerdoce, y avait renoncé : *« Un laïc peut lutter sur bien des terrains où l'ecclésiastique ne peut pas grand-chose »* (Bernanos).

Un autre prêtre, avec lequel je correspondais, m'aiguillait lui aussi sur cette piste. *« C'est l'Église qui s'exprime dans le prêtre. Le laïc peut se permettre d'avoir des sentiments personnels, une sensibilité personnelle, pas le prêtre ! »* Le projet d'un apostolat de laïc me travaillait depuis longtemps. Je venais de dévorer un livre de cinq cents pages du père Congar, *Jalons pour une théologie du laïcat.*

Des amis me tiraient en sens inverse : *« Ce n'est pas possible d'être apôtre et marié. Saint Paul le dit bien. Regarde, tu verras qu'il n'y a pas de monsieur et madame François d'Assise, ni de monsieur et madame Jean de la Croix ! »*

Comble d'ironie en cette période-là : des cours nous furent donnés sur le sacrement de mariage. Les exposés me semblèrent d'un intellectualisme desséchant. Les finalités du mariage étaient rangées en trois tiroirs : *aide mutuelle, remède à la concupiscence, procréation.* Ces mots nous semblaient réducteurs, sans poésie, sans cœur, sans âme ! Nous nous demandions s'il ne s'agissait pas de jeter un grand seau d'eau glacée sur nos nostalgies de jeunes gens bâtis pour l'amour humain !

Ma pensée vagabondait : « Remède à la concupiscence ? »... Le désir d'un autre être n'a-t-il pas été posé en nous par le Créateur ? Ce penchant est-il une *maladie* à laquelle il faudrait un *remède* ? Peut-on se lier à quelqu'un pour qu'il soit votre médicament ? Puis-je imaginer mon père présenter ma mère à un de ses collègues en disant : *« Voici le remède à ma concupiscence ! »*

Les lettres que j'écrivais à Sarah se voulaient aussi neutres que celles destinées à mes autres amies :

> « Que signifie le besoin d'être aimé ? Chaque être est fatigué, excédé de porter seul le mystère qu'il est pour lui-même. L'ami(e), c'est celui (celle) qui vous accueille, qui vous donne de vos propres pensées, de vos propres projets, une signification, une clé. L'être humain ne se connaît pas

lui-même. Il ne peut pas se prendre par les cheveux pour se sortir d'un marécage. L'œil n'est pas fait pour se regarder. Il est fenêtre ouverte et non miroir. L'oreille n'est pas apte à entendre la voix de celui qui la porte. L'être humain ne se connaît que par l'écho de ses actes. Mais le jugement d'autrui est souvent aussi infirme que le nôtre... »

« André Gide se prétend l'ami d'Antoine de Saint-Exupéry, et pourtant il le dissuade d'écrire *Citadelle*, qu'il considère comme un livre prétentieux... Saint-Exupéry a passé sa vie à mendier une amitié qui ne lui était donnée que par bribes. Les procès d'intention l'ont achevé moralement. L'ami est celui dont le point de vue réveille, stimule, éclaire. Il vous aide aux moments clés de votre vie, pour connaître votre rôle, votre place, votre vocation. L'ami, l'être qui vous aime, vous délivre du sentiment de solitude. C'est difficile de porter seul l'angoisse existentielle, cette question très particulière : qui suis-je ? pourquoi suis-je là sur cette terre ? qu'ai-je à vivre ? »

« Peut-être Dieu nous dit-Il : "Ta solitude ? C'est Ma place !" En même temps, Dieu ne guérit pas cette solitude ! Depuis que je suis né, le goût de ce lien singulier que l'on nomme *amour* ou *amitié* m'a fait tendre vers Dieu, comme ces plantes nées dans une cave, qui cherchent infailliblement la lumière. »

Toute ma vie avait convergé vers une seule réalité : l'amour que tu reçois te permet d'exister, selon ce que tu es, dans ta vérité profonde ; là est l'unique source de l'être. L'indifférence, le rejet, le mépris t'enfoncent dans des comportements factices ou mortifères. Là est la cause des plus grands malheurs. De là viennent les vices les plus destructeurs. Cette réalité d'ordre psychologique me semblait être la clé de toutes les vérités, le fondement de tout. « Tu m'aimes, donc je suis. » Mais cette intuition m'apparaissait fragile. Elle n'était pas reconnue par l'entourage ou par l'intelligentsia en place. Le Christ et Son Évangile me donnèrent à ce sujet une caution irréfutable. Le Christ nous sauve en portant sur notre mal le diagnostic le plus précis. Sur la croix, tout homme renié, bafoué, humilié crie : *« Pourquoi me faire tant de mal ? »* Le Christ, par une seule de Ses paroles, un seul de Ses regards, réhabilite les êtres disgraciés, les exclus.

L'Évangile était bien plus qu'une approbation de mon intuition. Le soleil n'est pas une simple approbation du rayon de lumière, il l'engendre. C'est parce que l'Esprit de Jésus soufflait dans ce sens que je pensais, éprouvais, ressentais les choses ainsi. Et cet Esprit *était en moi plus moi-même que moi !* Je ne pouvais rien faire d'autre de ma vie, sinon vivre ce message et le contempler pour ne pas le laisser s'échapper, pour le traduire à mes contemporains, le leur faire connaître. C'était trop beau, c'était trop grand ! Il fallait, toutes affaires cessantes, transmettre ce secret ignoré avec les mots les plus transparents. Si l'Évangile dit : *« Il faut se renier soi-même »*, il est facile de mal interpréter et de se piétiner bêtement. Comment exprimer qu'il s'agit de mettre en veilleuse son égoïsme, la part de soi qui demeure sourde aux battements du cœur de l'autre ? *« Ce qu'il y a de plus personnel en nous, c'est ce qu'il y a de plus donné… ce qui demeure quand, dans l'amour, on a renoncé à tout et qu'on s'est totalement oublié… C'est cet éclair qui subsiste au cœur de l'éternel »* (Jean Onimus).

Je me trouvais pris dans un dilemme : ou bien tu seras dans un vêtement à ta taille, mais tu ne recevras pas mission d'apôtre, ou bien tu auras reçu cette mission, mais tu ne seras pas dans un vêtement à ta taille.

Pour mieux annoncer, avec les mots d'aujourd'hui, l'Évangile de toujours, j'aurais été, en tant que laïc, moins *gêné aux entournures. « Seul celui qui est épanoui peut faire du bien »*, dit un sage bouddhiste.

L'épreuve représentait, à cette époque-là, un bon critère de fidélité. Cela me détournait de suivre une thérapie :

« Nous ne valons que par notre puissance de rédemption et la taille de notre croix mesure notre grandeur » (J. d'Arnoux). Éclairera-t-on un jour les causes de cette sacralisation de la douleur ? Nous avions délaissé les conseils de sagesse de la Bible. Ben Sira signale que, Dieu ayant créé le médecin, l'homme sensé ne méprise pas ses remèdes. On a mal compris le sens de la Croix ! Obnubilés par les clous, nous n'avons pas vu l'amour de Jésus pour les mal-aimés. Nous avons cru que le salut résidait dans le sang, alors qu'il surgissait de l'amour.

La psychanalyse a-t-elle une autre ambition que de mettre un peu de clarté dans nos vies ? Pourquoi garder un caillou dans sa chaussure s'il nous fait trouver laid le paysage et insupportable la route ? Je réclamai quelques entretiens avec un psychiatre. Le docteur S., spécialisé dans l'aide aux séminaristes en difficulté, fut accueillant, valorisant, chaleureux. Il était à mes yeux l'incarnation du père idéal. Il me dissuada de suivre une psychanalyse. *« Vous avez une légère névrose d'abandon. La blessure est sublimée. Elle s'est transformée en solidarité avec les êtres blessés. »* Il insistait sur le risque de ratage de la plupart des couples, surtout lorsqu'il y a chez l'un des deux une ouverture aux autres plus large qu'envers sa propre famille. Avec les yeux d'un père qui regarde son fils, il me répétait : *« Votre tourment est la trace d'une exigence. Vous le portez avec sérénité. »*

Inconsciemment, si j'avais souhaité rencontrer ce médecin, c'était pour qu'il me dise que je n'étais pas taillé pour le célibat. Je lui disais : « Mon cerveau se développe et mon cœur se dessèche. Sous le charme de cet amour humain, j'ai l'impression de *renaître* ! »

Pas de chance ! Il me répétait : *« Votre sensibilité est un atout assez rare. Dans le sacerdoce, elle donnera une fécondité plus grande que dans le mariage. »* Il touchait là un point sensible. La fécondité d'une parole capable de délivrer des êtres de leur solitude, voilà en effet ce qui m'importait plus que tout.

À l'époque, les préventions étaient nombreuses envers la psychanalyse. *« Si on avait psychanalysé Beethoven,* disait-on, *nous n'aurions eu ni la* Septième *ni la* Neuvième *Symphonie ! »*

La psychanalyse déculpabilise le pire, mais elle risque aussi de caricaturer le meilleur. Une certaine conception scientifique de la vie affective relève de ce genre de réduction. Aux yeux de la Science, qui oserait encore dire à une femme : *« Je t'aime »* ? Deux cent cinquante substances chimiques entrent en jeu, qui suffisent largement à expliquer l'attraction du masculin et du féminin.

Un être jeune n'a pas d'expérience de la vie. Il navigue à vue avec des cartes souvent périmées et des boussoles parfois défaillantes. Cette avancée, sans savoir où l'on va, ressemble à l'aventure d'Abraham. Si notre Créateur ne nous inspirait pas, incognito, quelques orientations, où irions-nous ?

J'ai pris au sérieux – parfois au tragique – les rouspétances, remontrances et doléances des mal lunés et des perfectionnistes. Au lieu de songer à leur blessure, à leur solitude, à leurs frustrations, je me remettais en question. Je prenais le reproche à mon compte. L'accusation mettait la relation en péril. Même aux époques fulgurantes de ma vie, lorsque j'étais le plus à même de jubiler, de rendre grâce, voilà que des critiques, parfois totalement absurdes, sans aucun fondement, me *mettaient par terre.* Elles étaient signes de vie, pourtant. Les mouches ne s'acharnent-elles pas davantage sur un cheval en sueur que sur un cheval au paddock ?

Une prière aujourd'hui monte en moi : « Seigneur, donne-moi d'écouter avec le plus grand soin les reproches intelligents. Donne-moi de ne pas prendre au sérieux les remarques lancées à la légère. Et surtout, donne-moi la sagesse de savoir faire la différence ! »

Lorsqu'on a de soi-même une image négative, lorsqu'on se voit laid ou égoïste dans le regard des autres, le moindre reproche pèse alors des tonnes. Si tu ne crois pas en toi, personne n'y croira à ta place.

Lorsque le passé parasite le présent, la psychanalyse tente de faire revivre ce passé mal vécu. Par la psychanalyse on défait, à chaud, des plis qu'il ne servirait à rien de prétendre défaire à froid.

En écrivant ce récit, je cherche surtout à m'émerveiller d'une Présence invisible. N'était-il pas prodigieux d'être si amoché lorsqu'on est tellement aimé par Dieu ? Aurais-je été ébloui par la tendresse de Dieu si celle des humains m'avait été donnée à profusion ?

Même si j'avais souffert cent mille fois plus, je ne voudrais pas gâcher la paix de mon âme par une rancœur quelconque. Les ouvrages de sagesse de la Bible nous recommandent de ne pas mettre notre confiance dans l'homme. Dieu compare souvent l'homme à la brume du matin. Nous ne sommes pas innocents de nos déceptions.

Lorsque nous avons le sentiment de n'être pas reconnu, qu'est-ce qui souffre en nous ? Je repense à l'histoire de ce psychiatre qui recevait d'un de ses malades un crachat en plein visage à chaque consultation. Une secrétaire, témoin de la scène, manifesta sa surprise : *« Docteur, pourquoi est-ce que vous ne dites rien ? Pourquoi vous contentez-vous d'essuyer votre joue ? »* Le médecin avait répondu en souriant : *« C'est son problème ! »*

Certaines cruautés ne sont rien d'autre que les symptômes du mal-être de celui qui vous les jette à la figure. À sa façon il en appelle à votre tendresse. Il veut en vérifier la présence.

*

Plus tard, j'ai tenté auprès d'un psychanalyste une autre démarche :

« Vous avez endossé et intériorisé une image négative de vous ! conclut-il. *Tout être humain a de lui-même une image valorisante. Elle vous fait défaut. Vous attendez des autres qu'ils remplacent ce manque. Vous leur laissez décider si vous êtes valable ou non. C'est à vous de croire en vous-même, pas aux autres. Si vous revenez me voir, vous allez attendre de moi que je vous donne la vérité objective sur vous-même. Personne ne détient cette vérité. Elle est en vous seul... Ce n'est pas une tare d'avoir besoin d'un minimum d'accueil de la part des autres... Vous craignez d'être narcissique. Vous ne l'êtes pas assez. Vous vivez par tiers interposé. Votre moi n'est pas en vous ; il est dans l'autre. C'est cela, l'"aliénation" ! Dans les situations de conflit, il faudrait n'être ni celui qui ressent trop les paroles agressives, ni celui qui les prononce pour résoudre ses problèmes, mais à l'écart, en spectateur des deux... »*

Qu'ai-je souhaité trouver dans les clés de la psychanalyse ? Je voulais devenir authentique. Avais-je eu, oui ou non, des traumatismes qui m'auraient poussé à fuir la vie ordinaire ? Avais-je cherché dans la vocation religieuse une construction susceptible de me mettre à l'abri des reproches ? Dieu peut nous suggérer de mettre à profit nos fragilités, mais un minimum d'équilibre est requis pour le sacerdoce. Un myope n'a certainement pas vocation à être pilote de ligne.

Fabuleuse aventure que notre vie. Inimaginable irruption hors du néant ! *« Nous avons été choisis de toute éternité. »* Mais de quelles angoisses se paie le privilège d'être homme ! Nous voilà écartelés entre un esprit rêvant d'absolu, d'harmonie, de paix, et un psychisme qui semble décider de tout, alors qu'il ne sait rien. À vingt-cinq ans, nous ne savons rien ni sur nous-mêmes ni sur le monde, et il nous faut prendre notre rôle dans ce monde ! Autant demander à un matériau de nature inconnue de trouver sa place dans un édifice inconnu ! Une existence, quel mystère ! Qu'est-ce qui dépend de nous ? Les grands choix de la vie se prennent-ils en connaissance de cause ? Il me fallait choisir entre deux routes incertaines : un laïcat privé d'autorisation de parler de Dieu, un sacerdoce galvaudé par excès de solitude et d'intellectualisme.

J'étais aussi meurtri que Jacob après son combat avec l'ange, sur les rives du Yaboq. Je réclamai de Sarah le silence complet entre nous :

> « Je ne veux pas risquer, en t'écrivant, de laisser apparaître une tendresse qui déborde. J'étais en balance lorsque je t'ai rencontrée. Tu as fait, malgré toi, pencher prématurément un des plateaux. Lorsque Dieu Se fait connaître plus profondément à quelqu'un, ce n'est pas pour lui seul. Il est impensable de neutraliser un message qui n'appartient qu'aux autres. La conscience aiguë de leurs souffrances et de leurs manques peut nous amener à être fidèles... Le point de vue de Dieu sur les événements doit être notre seul souci...
>
> « Nous ne pourrions pas aimer les autres à la mesure de leur faim d'être aimés, dans le respect profond de ce qu'ils sont, si nous ne cherchions pas avant tout à vivre dans la lumière de Dieu... »

Une lettre d'elle fut plus émouvante que toute autre :

> *« Ma prière et mon travail supplieront chaque jour le Seigneur, appelleront sans cesse Sa paix sur toi et sur ceux vers qui Il veut Se porter à travers toi, tous ceux-là qu'Il veut rassasier de Sa douceur et de Sa paix.*
>
> *« "On t'a fait savoir, homme, où est le bien, ce que Dieu attend de toi : que tu pratiques la justice, que tu aimes avec tendresse, que tu marches humblement devant ton Dieu..."* (Michée 6, 6). »

Je me mis à dépérir, à perdre le sommeil. Je fus en proie à de fortes douleurs d'estomac. Je quittai le séminaire pour subir des examens dans divers hôpitaux. Des spécialistes de renom détectèrent des maladies répertoriées : amibiase, colite, ulcère... On ne me demandait pas d'évoquer mon histoire. J'étais bien incapable de parler le premier de la cause de mon malaise : le déchirement devant un impossible choix...

Je fus hébergé par mes parents. Mes cauchemars agités les inquiétaient. Ils tenaient des propos durs sur les prêtres du séminaire, qui, pourtant, n'y étaient pour rien. Leurs réactions étant fondées davantage sur l'émotion que sur des repères solides, il me semblait impossible de leur confier ce que mon guide spirituel nommait la *composante affective du problème.* (J'admire le lyrisme de cette formule !)

J'allai voir quelques apôtres laïcs. Je pouvais légitimement penser que l'annonce de l'Évangile était leur préoccupation majeure. La plupart ne tenaient pas le mariage en très haute estime. *« Lorsque le souci d'apostolat est dévorant, il ne faut pas se marier. J'ai vu trop de couples militants se défaire ! »* me dit l'écrivain Paul-André Lesort. Si j'avais croisé la route de Jacques et Laurence de Bourbon-Busset, peut-être les choses auraient-elles tourné autrement.

Parmi les personnes rencontrées, il y eut une femme de cinquante-six ans, Marguerite H., épouse et mère de famille, à l'origine d'un grand mouvement d'apostolat. Elle se sentait triplement marginalisée dans l'Église : en tant que femme, en tant qu'épouse, en tant que laïque. Elle m'apprit à lire positivement mon itinéraire. Ma passion pour Dieu la touchait. Je me souviens approximativement de ses propos : *« Vous ne pourrez pas tout avoir. Chaque chemin a ses chances et ses risques. Le sacerdoce, c'est ceci. L'apostolat du laïc, c'est cela. Le mariage, c'est encore autre chose. Voyez ce que Dieu vous demande, en connaissance de cause, c'est-à-dire d'après vos aptitudes. Avez-vous pris la mesure de ce qu'implique la solitude du célibat ? Avez-vous pris la mesure de ce que réclame une vie à deux avec une même personne, vingt-quatre heures sur vingt-quatre, pendant cinquante ou soixante ans ? Avez-vous évalué les limites qu'impose à l'apostolat une vraie vie de famille ?* »

L'avenir dira combien cette femme aura été une pionnière dans l'Église et une conseillère avisée pour des milliers de personnes. Elle ne m'influença ni dans un sens ni dans un autre. Grâce à elle, je me sentis dépositaire d'une *vocation à l'amour* bien plus précieuse que tel ou tel statut de sacerdoce ou de laïcat. Cette femme savait que l'amour est la seule réalité qui bat dans le cœur de Dieu et que l'être humain est vivant par son aptitude à aimer et à être aimé. Sa certitude consolidait mon intuition. C'était déjà beaucoup.

J'aurai encore l'occasion d'évoquer son aide précieuse. Elle n'a jamais cessé de m'accompagner de sa sollicitude.

Mai 1957. Je vins habiter dans un presbytère parisien. Je lisais avec passion *Partage de midi*, *Le Soulier de satin* et d'autres œuvres de Paul Claudel. Cette littérature intensifiait les sentiments qui se bousculaient en moi.

> « *Il n'y aurait pas ce désir vers nous et cette bouche sur notre bouche dans le noir… Si cet être qui dit qu'il est bien pour toujours entre nos bras et qui ne veut plus à jamais s'en arracher…*
>
> « *Du fond de sa cause en Dieu nous demandait autre chose que l'éternité !* » (Claudel, *Feuilles de saints.*)

Le dialogue de Prouhèze et de son ange gardien (troisième journée, scène 8) me portait vers une véritable extase. Claudel ne célébrait l'amour humain que pour mieux lui tourner le dos. Ses personnages vivaient un amour porté au paroxysme. Mais bientôt il leur faudrait y renoncer. Ils s'ouvraient l'un l'autre à leur devoir le plus sacré, puis ils s'effaçaient : mission accomplie ! Le quotidien du mariage dans une histoire humble et concrète était absent. Sarah, à qui j'envoyais ces textes, me criait : *« Je ne suis pas une héroïne de Claudel, moi ! Je suis une femme ! Seulement une femme ! »* N'était-ce pas elle, pourtant, qui avait mis Claudel sur mon chemin ?

Le jeune Claudel, récemment converti, oblat au monastère de Ligugé, avait été éconduit dans son désir d'être moine. Aussitôt après, sur le bateau qui l'emmenait en Chine, il fit la rencontre de Rosalie Veitch. Cette liaison interdite (Rosalie était mariée) dura plusieurs années. C'est elle qui y mit un terme, car elle percevait des remords de conscience chez le nouveau converti. J'ai su cela par des confidences de la fille qu'ils eurent ensemble, Louise. Elle me montra plusieurs photographies de sa mère à l'époque de sa liaison avec Paul Claudel. Ni Grace Kelly ni Rita Hayworth n'auraient pu, selon moi, rivaliser en beauté avec Rosalie Veitch.

Juin. Une amie me donna un billet de chemin de fer à destination de la Drôme. Elle m'avait inscrit, sans me demander mon avis, à une retraite spirituelle d'une semaine dans un *Foyer de charité*. Dans le brouillard où je me trouvais, j'aurais consenti à n'importe quelle suggestion. Le père Finet, qui prêchait cette retraite, avait une spiritualité très marquée par Thérèse de Lisieux. *« Ne parlez pas de la Justice de Dieu. Dites : Son amour est juste. Ne parlez pas de Sa Toute-Puissance. Dites : Son amour est tout-puissant. »* Il s'indignait devant le dolorisme trop répandu à son goût : *« Si la souffrance avait quelque puissance par elle-même, le centre de la Rédemption serait l'enfer. Nous avons trop présenté la Croix comme un but. Elle n'est qu'un moyen. »* J'éprouvais une joie immense devant ces propos. Ce que j'entendais faisait sourdre ma propre parole. Mes cahiers se remplissaient à vue d'œil :

> À l'égard de tout, j'ai une attitude qui ne convient qu'à l'Absolu. Père, mère, frère, sœur, ami, tout est là pour nous décevoir lorsqu'on y cherche ce que Dieu seul peut donner. C'est une grande injustice d'attendre de l'être humain ce qu'il ne peut transmettre. J'ai faim à en mourir de vie contemplative. *« La vie éternelle, c'est qu'ils Te connaissent, Toi. »*

Au cours de cette retraite, je rendis visite à Marthe Robin, femme de quarante ans, stigmatisée, paralysée depuis vingt ans et aveugle aux neuf dixièmes. Elle avait déjà une immense réputation de sagesse ; c'est tout ce que je savais d'elle. J'entrai dans sa chambre. L'obscurité y était presque complète. Chaque visiteur était prévenu. Le moindre rai de lumière aurait déclenché de terribles migraines (ce qui prouvait qu'elle ne recherchait pas la souffrance comme le prétendaient les mauvaises langues). Elle ne pouvait absorber aucune nourriture.

Comment ne pas penser à son sujet à ce passage de *Pilote de guerre* :

« Dans telle petite ville silencieuse, j'aperçois une infirme cloîtrée qui médite contre sa fenêtre.

Qui est-elle ? Qu'en a-t-on fait ?

Je jugerai, moi, la civilisation de la petite ville à la densité de cette présence.

Que valons-nous immobiles ? »

Comment ai-je bien pu lui décrire ma situation ? J'imagine mes propos : « Je suis au séminaire, mais je m'interroge sur mon avenir. J'ai rencontré une jeune fille. Nous sommes très épris l'un de l'autre... »

Je n'ai pas retenu ses paroles, assez banales, me sembla-t-il. Je m'apprêtais à la quitter, un peu déçu. Elle ne m'avait pas apporté l'oracle que j'espérais. Sa dernière parole me fit sursauter : *« Au revoir, monsieur l'abbé ! »* Pas une seule fois quelqu'un n'avait eu l'idée de m'appeler ainsi. Je n'avais pas encore franchi le premier pas de l'état de laïc vers celui de clerc. Je n'avais jamais porté l'ombre d'une soutane. En sortant de chez elle, je pleurais en répétant : *« Tu m'as séduit, Seigneur, et je me suis laissé séduire ! Tu m'as saisi et Tu l'as emporté. »* (Jérémie 20/7.) En termes moins choisis, je traduisais : « Je suis fait comme un rat ! »

J'allai voir le père Finet, qui connaissait bien Marthe Robin, dont il était le confesseur et le confident. Il me dit :

« Toute âme généreuse est appelée, comme Marie, à vivre un amour particulier et un amour universel. Vous avez deux vocations : l'une au mariage, l'autre au sacerdoce. L'Église va sans doute inventer ou retrouver un état de vie qui correspondrait à ce que Dieu a mis en vous. Mais quand ? »

Son sourire laissait supposer que ce n'était probablement pas pour demain.

Nous nous trompions largement. Cinq ans plus tard seulement, s'ouvrait le concile Vatican II, qui allait restaurer l'ordination au diaconat pour des hommes mariés. Personne, absolument personne, en 1957, n'aurait pu imaginer une telle audace.

En 1990, l'épouse d'un diacre écrivait dans une revue sur les vocations :

> *« Ce que nous vivons, mon époux et moi, c'est le diaconat qui nous le révèle au jour le jour, un peu comme ce visage de Jésus serviteur qu'on découvre au fil des Écritures jusqu'à l'accomplissement du service ultime sur la croix...*

« Pour nous deux, si différents par nos cultures, notre éducation, nos tempéraments, le sacrement de mariage est un ciment indispensable, une grâce vitale ! Mais l'ordination diaconale d'Alain est la consécration d'un appel à servir qui nous révèle notre mission…

« Ces jeunes fiancés loin de l'Église, ces familles immigrées, déracinées, qui demandent le baptême, ces situations de souffrance, de rejet, qui nous arrivent, quêtant un peu de chaleur, sont pour nous sources de vie et nous laissent souvent en contemplation devant l'immense richesse de Dieu. »

Je ne me prononce pas sur le fait de savoir s'il était opportun ou non d'ordonner diacres des hommes mariés. Seuls les évêques ont grâce d'état pour discerner les *signes des temps.* Je constate qu'en 1964 un virage historique a été pris. La vie de couple, d'un seul coup, n'apparaissait plus comme un obstacle ni à la profondeur spirituelle ni à la fécondité apostolique. J'imagine combien d'impasses et de souffrances furent le prix de cette *bousculade* de l'Esprit saint.

Le diaconat des hommes mariés est un sacrement ! Il est une participation au sacerdoce plénier de l'évêque, au même titre que l'ordination des prêtres. Comment le diacre marié entend-il aujourd'hui les propos de saint Paul : *« Ceux qui se marient connaîtront des tourments dans leur chair, et moi, je veux vous les épargner. Je vous veux sans inquiétude. Le non-marié se préoccupe des réalités de Dieu et des moyens de plaire à Dieu. Et le mari s'inquiète des réalités du monde et des moyens de plaire à la femme. Il est partagé… »* (I Corinthiens 7.) ?

Le privilège de pouvoir servir Jésus-Christ dans le sacerdoce relativise n'importe quel renoncement. *Témoin,* en grec, se dit *martyr.* La fécondité de l'apostolat ne repose-t-elle pas sur la qualité de notre lien au Christ ? Et ce lien au Christ, nécessairement, comporte des déchirements. Dieu n'y est pour rien. Entre la souffrance qu'un jeune homme impose à une jeune fille parce qu'il marche vers le sacerdoce et celle qu'elle aurait endurée pour accompagner son époux dans une générosité difficile, qui peut départager ? Le cadeau que Jésus-Christ fait à l'humanité par le sacerdoce est si grand ! Pour faire contrepoids à l'énormité d'une telle mission, la demande d'un renoncement à l'amour humain dans le mariage est-elle tellement aberrante ?

J'écrivis au supérieur de Pontigny :

« Lorsqu'on nourrit en nous la hantise de transmettre la Bonne Nouvelle à ceux qui sont séparés de l'Église, faut-il s'étonner que ce souci nous empêche de dormir ?...

« J'ai vécu en symbiose avec des jeunes nourris d'humanisme athée. Je me suis moi-même longtemps débattu devant cette tentation. J'ai compris bien tard que Jésus-Christ est le seul nom qui puisse donner un sens à la vie. Nous sommes nombreux à avoir bénéficié de l'influence d'Emmanuel Mounier, un apôtre laïc. Cet homme m'a donné le désir de travailler aux côtés de ceux qui veulent *rendre la culture au Christ*...

« Pour certains de nos contemporains, l'annonce de l'Évangile est neutralisée. L'Évangile, à leurs yeux, est déformé dès l'instant qu'il est annoncé par des prêtres. Les incroyants ont des idées toutes faites sur les curés : *"Ce sont des inutiles, leurs discours répétitifs sont creux. Ils nous détournent de prendre notre sort en main !"*

« Des témoins laïcs pourraient devenir des relais et contribuer à faire tomber ces malentendus. Sans quoi les prêtres essaieront de replâtrer une maison qui tombe en ruine. Je ressens cela avec force.

« Si c'est un appel, un appel à quoi ? Je ne veux pas apparaître comme un farceur qui répète *"Dieu vous aime"* à des gens dont on voit la détresse et pour lesquels on ne fait rien. De là me vient ce désir d'utiliser les dons de Dieu pour contribuer à promouvoir un peu de joie humaine sur cette terre...

« Je sais que vous partagez ce souci bien plus intensément que moi. L'Église est une mère qui pleure l'absence des enfants qui ne la reconnaissent pas. Le Christ nous dit : *"N'ayez pas peur !"* Mais Il dit aussi : *"Les enfants des ténèbres sont plus ingénieux que les fils de lumière !"* Vous êtes, père, la courroie de transmission de la volonté de Dieu sur moi. Je vous en prie, orientez mon intelligence. Un problème bien posé est à moitié résolu.

« Où puis-je être un meilleur serviteur de l'Église ? Les prêtres et l'Action catholique épuisent-ils toute la fonction de l'Évangélisation ? À partir de certains métiers (enseignant, éducateur, orienteur professionnel...), est-il possible d'assurer un service d'annonce explicite de l'Évangile ? Est-ce un rêve utopique de penser que des couples pourraient un jour se rendre disponibles pour permettre à l'Église de retrouver ses enfants perdus ? »

Il me fixa un rendez-vous. Pour des raisons de santé, je ne pus m'y rendre.

Je passai deux mois de l'été 1957 en famille à Lugrin, sur les rives du Léman. Un de mes frères, récemment marié, venait d'avoir deux enfants attachants et beaux. Je passais des heures à jouer avec eux, à les contempler, à les dessiner. Jamais je n'avais réalisé à quel point la famille est le plus grand cadeau et la plus belle mission que Dieu puisse proposer aux hommes.

Mes pensées tournaient autour de la même question :

Par quelle aberration ou quelle grandiose inspiration prophétique l'Église demande-t-elle à ses prêtres un renoncement aussi fou ? Mariage et paternité (maternité) ne sont-ils pas les deux plus nobles aventures de la condition humaine ? Ce sacrifice m'attire par son caractère de générosité extrême. Les hommes manquent de vie spirituelle à en mourir. Et, en même temps, ils semblent si bien s'en passer ! Quel signe peuvent-ils recevoir pour enfin se poser des questions et se tourner vers leur Source ? N'est-ce pas ce renoncement-là justement qui les intrigue le plus ?

Mais, en réalité, qui est intrigué ? Les hommes neutralisent ce témoignage. Ils disent : *« Certains n'aiment pas le caviar, c'est leur droit ! Pour le mariage, c'est pareil !... Au fond, les prêtres sont bien plus tranquilles ! »* Le célibat n'est pas interprété comme une folie d'amour, pour eux, pour leur bonheur... Il apparaît comme un égoïsme de luxe ! C'est une option dont on respecte ou dont on suspecte la bizarrerie.

Pourquoi l'Église ne propose-t-elle pas des témoins qui donneraient d'autres signes ? Ils feraient vœu de miséricorde ou de bonté, ou vœu de douceur ou d'écoute envers ceux qui pensent autrement qu'eux-mêmes ! Le célibat que l'on exige des prêtres est un héroïsme perçu comme une infirmité...

Je ne souscrirais pas, aujourd'hui, aux jugements péremptoires que j'écrivais à vingt-six ans. J'ai connu de très nombreux prêtres bien plus équilibrés dans leur célibat que la moyenne des hommes dans leur mariage.

Dans ma famille et avec mes amis, je ne laissais rien filtrer de mon débat intérieur. Ma mère semblait flairer quelque chose. Un jour, je lui fis part d'un désir de partir pour les Pyrénées. Sarah m'avait supplié de venir l'y rejoindre dans un camp de jeunes. Je ne confiai pas ma véritable motivation à ma mère, bien sûr. Elle me dit : *« Dans ton état de santé, il n'en est pas question. »*

Au lieu d'envisager de rejoindre Sarah, je lui écrivis :

« Je relis souvent un passage d'une de tes lettres :

"Ne te fais pas d'inquiétude ni pour toi ni pour moi. Aie confiance en moi comme j'ai confiance en toi. Aie confiance en Dieu qui nous accompagne de Son amour jusque dans nos faiblesses et nos égarements.

"Je me connais, je ne suis ni prudente, ni docile, ni patiente, alors je demande à Dieu de barrer d'épines bien piquantes les chemins qui ne mènent pas vers Lui. Et comme mon cœur est sourd à Sa voix et mes membres lourds, je Lui demande d'être violent, de me prendre malgré moi, de me conduire au désert, là où il y a seulement Sa voix afin que je ne puisse pas me tromper !... Si le Seigneur veut nous réunir, Il s'arrangera bien pour nous le faire savoir !"

« Je veux être fidèle à un appel qui me dépasse et dont je ne sais pas le nom. Ceux qui souffrent et ceux qui s'abîment doivent leur détresse à la démission de ceux qui n'ont pas répondu... L'amour doit triompher d'un adversaire qui ne peut supporter sa présence. À quelle œuvre notre amour pourra-t-il s'atteler ? De quelles contraintes et de quels renoncements cette tâche s'accompagnera-t-elle ? As-tu pris la mesure de tout cela ? J'ai confiance en toi, Sarah. C'est bien ma hantise du bonheur des autres que tu aimes en moi.

« Je suis en quête d'une culture qui pourrait développer chez les jeunes la conscience de l'urgence de l'amour. Imagines-tu ce qu'il me faudra de compétences pour promouvoir cela ? Et si, au bout de deux ou trois ans, je réalisais que je ne les avais pas ? Un prêtre aumônier de l'École normale, par exemple, serait un multiplicateur de vocations pour une culture qui réveille l'âme, pour une connaissance qui conduit à aimer.

« Nous ne nous aimerions pas tant si nous n'aimions pas la vérité davantage... »

Que serais-je devenu si je n'avais pas connu *Citadelle*, de Saint-Exupéry ? Depuis l'âge de dix-huit ans, c'était un de mes livres de chevet. La quête du sens et la nostalgie de Dieu revenaient presque à chaque page. Saint-Exupéry désignait ces feuilles comme son *« œuvre posthume »*, son *« testament spirituel »*.

Je continuais à y chercher mes repères.

« Bienheureux ton déchirement qui te fait t'accoucher de toi-même ; car aucune vérité ne se démontre et ne s'atteint dans l'évidence.

« Toute contradiction sans solution, tout irréparable litige t'oblige de grandir pour l'absorber. Et dans les nœuds de tes racines, tu prends la terre sans visage et ses silex et son humus et tu bâtis un cèdre à la Gloire de Dieu...

« Mais il est des arbres débiles que le vent de sable ne pétrit point. Il est des hommes débiles qui ne peuvent se surmonter. D'un bonheur médiocre, ils font leur bonheur après avoir suicidé leur grande part. Ils s'arrêtent dans une auberge pour la vie. Ils se sont avortés eux-mêmes... La voix de Dieu qui est besoin, recherche et soif inexprimables, ils renoncent à l'entendre... » (Saint-Exupéry, *Citadelle*.)

Je feignais d'être de bonne humeur pour faire rire mon père. Il n'était pas très gai. Il me disait : *« On voit que tu n'as pas de soucis. »* La discussion avec lui était difficile. Si je parlais des humiliations du prolétariat, il s'énervait : *« Tes curés te font tout voir par le petit bout de la lorgnette. Tu me rends athée ! »*

J'allais chaque matin à la messe. Là, je retrouvais Celui dont la solitude rejoignait la mienne. *« Les renards ont des tanières, les oiseaux des nids. Le Fils de l'Homme n'a pas d'endroit où reposer Sa tête ! »*

J'écrivais des pages et des pages, des dizaines de cahiers d'intuitions sur les mêmes thèmes :

> Tout amour humain est guetté par son envers. C'est très beau de dire : *« L'amour (reçu ou donné) va me guérir de la solitude »*, mais il faudrait d'abord guérir l'amour de l'instinct de possession.
>
> Lorsque Jean-Baptiste demande si Jésus est bien le Messie, Jésus répond avec des actes : *« Les boiteux marchent, les aveugles voient, les sourds entendent. »* À une époque, l'Église a inventé les hôpitaux. Aujourd'hui, une détresse crie : l'enseignement, qui a pour mission d'éveiller les esprits, les endort. Emmanuel Mounier a lutté sur ce terrain. Voilà le chantier qui m'intéresse...
>
> N'y avait-il pas plusieurs formes de services dans le peuple de l'Alliance : *« Jamais le prêtre ne perdra la Loi, ni le sage le Conseil, ni le prophète la Parole »* (Jérémie 18, 18).
>
> Le laïc apôtre est une courroie indispensable. Elle manque pour que le prêtre puisse bien réaliser sa mission.
>
> Le sens du célibat : c'est avec la force et la tendresse de Dieu que le prêtre doit aimer chacun... C'est aussi un geste prophétique : même si plus personne ne t'accueille, Dieu, Lui, ne te fera jamais défaut.
>
> J'ai trouvé un article sur l'immaturité de certains candidats au sacerdoce :
>
> *« Le problème sexuel est vital avant d'être cérébral. Il faut prendre l'exacte mesure des forces qu'on porte en soi et transformer en puissance harmonieuse et féconde un courant qui, laissé à lui-même, peut entraîner le chaos... Chez tel candidat, les puissances vitales sont*

refoulées. Il semble qu'il ne soit plus qu'un cerveau. Vient le jour où il s'aperçoit qu'il a un cœur, qu'il était fait pour vivre plus que pour penser. Croyant aimer Dieu, il n'a aimé que des idées. Qui peut garantir que cela n'explosera pas ?»

L'amour humain est dans ses débuts une énergie dont la valeur est ambiguë. Il en va ainsi de toutes les réalités humaines. La passion commence avant l'amour vrai... Passion : passivité. On est habité par une force qui vous est donnée. Voilà ce qu'il y a de plus personnel en moi, croit-on. Mais l'amour devient personnel et profond à mesure qu'il se vit, à mesure qu'il se soumet à la réalité unique de l'autre. Au début, l'autre est désiré plus qu'aimé. Il est désiré comme reflet intense de la beauté de Dieu. À cause de l'intensité de ce désir, il y a un risque d'égoïsme. Il ne faut pas refuser ce don du Ciel. Mais il y aurait un danger mortel à ne faire que recevoir.

Afin de devenir source de vie pour l'autre, il faut être soi-même intimement associé à la Source. Il n'y a pas de plus solide préparation à l'amour que de développer en soi le meilleur de soi-même. Cela ne peut se réaliser pleinement que dans une intimité de plus en plus grande avec Dieu.

Mariage ou sacerdoce, d'un côté comme de l'autre, le renoncement sera grand. Pour qui donc est la promesse : *«Je ferai ta postérité nombreuse comme le sable de la mer»* ?

Je veux monnayer la beauté du Message évangélique dans des romans, des journaux, et surtout dans des consciences. Chaque être humain est un infini. Si les témoins du Dieu vivant ne proposent pas un sens à la vie, la vie des hommes sombrera dans l'ennui.

La plupart des humains ne souffrent pas du manque de l'essentiel. Comment réveiller la soif de la soif ? Devenir adulte, c'est souvent pactiser avec la tiédeur. Demandant le moins possible à la vie, on sera moins déçu ! On s'intéresse à ce qui rassure : film policier, vie des stars, recettes de cuisine et chiffons...

Prêtre ou laïc ? Aller là où je serai sans cesse ramené à la profondeur du besoin d'éternité dans le cœur des hommes. Seul le saint atteint ce but. *« Dieu ne suscite les saints que pour combler le monde par eux de la joie divine. »*

Sorti des mains de Dieu, l'homme avait soif d'aimer.
Désormais, il accapare ou revendique.
Sorti des mains de Dieu, l'homme voulait comprendre.
Désormais, il complique le réel et le rétrécit à sa mesure.
Sorti des mains de Dieu, l'homme voulait se donner à un être qui se donnerait à lui.
Désormais, il veut mettre le grappin sur l'autre et l'annexer.
Sorti des mains de Dieu, l'homme voulait aider ses semblables à se réaliser.
Désormais, il ramène le prochain à sa propre mesure.

L'apôtre est un géologue. Il veut dégager le *diamant* qui se cache sous la *gangue*. Immergé dans le quotidien, je ne saurai plus voir la grandeur des aspirations humaines. Mon Dieu, si Tu ne veux pas que je sois prêtre, je ne pourrai être qu'écrivain. Je veux décrire l'intervalle entre l'homme et Toi, après avoir contemplé Ta beauté et celle de l'homme.

Est-ce une tentation ou une vocation ? Si je veux écrire, la vie recluse d'un presbytère ou d'un couvent tarira l'inspiration. L'écrivain doit apprendre à travailler les mots comme le peintre travaille les couleurs. Le prêtre doit être transparent. Il doit se méfier des séductions de l'art.

Je ne me fais pas d'illusions, ces trois pages ne sauraient rendre compte des centaines que j'écrivis cet été-là. Mission impossible.

J'ai vécu cette période dans une grande solitude. Mais pas un instant je ne me suis senti abandonné de Dieu. Je comprenais que la décision à prendre était grave. J'éprouvais le besoin de faire confiance à ceux qui avaient pour mission de m'éclairer.

Comment ai-je vu le monde durant cet été où le sacerdoce semblait un projet trop fou ? Tout se décolorait. J'étais privé de la beauté du monde. Il s'était défait, *« le nœud divin qui noue les choses »*. N'était-ce pas là un signe ? Comme la gazelle de Cap Juby enfermée dans son enclos de grillage. *« Que lui manque-t-il ? Elle veut danser sa danse à cent kilomètres/heure. Et peu importe la griffe du lion. »* (Saint-Exupéry, *Terre des hommes.*)

6

Ombres et lumières

« L'homme n'existe que par son âme.
À la tête de ma cité j'installerai
des poètes et des prêtres.
Ils feront s'épanouir le cœur des hommes. »

ANTOINE DE SAINT-EXUPÉRY

Septembre 1957. Après ces deux mois au bord du Léman, je partis suivre une retraite de deux semaines auprès d'un père jésuite, maître des novices. Il ne voulut rien entendre au sujet de mon débat intérieur. *« Lorsqu'un bocal est rempli d'eau sale,* me dit-il, *il faut laisser la boue se déposer au fond. Votre souffrance fait obstacle à une vraie liberté. Il faut tout oublier. Plongez-vous dans les "Exercices" de saint Ignace. »* Il me confia à un novice de vingt-neuf ans qui venait de se convertir à la façon de Charles de Foucauld. Dieu avait laissé dans son regard la trace de Son passage. J'aimais beaucoup la trame des *Exercices* : *« Les autres choses qui sont sur la face de la terre sont pour l'homme, pour l'aider à poursuivre la fin pour laquelle il est créé... »* Tout doit être considéré sous cet angle. Saint Ignace nous invite à une saine indifférence qui, ensuite, nous permet de considérer avec le moins d'illusions possible ce qui est le meilleur pour apprendre à aimer. Si le mariage devait renforcer mon égoïsme, Dieu m'appelait à un autre état de vie. Si le célibat me repliait sur moi-même, c'est que Dieu ne m'y invitait pas...

Au fond, je n'avais pas d'idées très claires ou très justes sur l'une ou l'autre de ces deux voies. J'en connaissais surtout l'idéalisation et la caricature. Sans doute l'hésitation en était-elle augmentée de ce fait. Mon cahier me servait à m'adresser au Seigneur. Depuis longtemps déjà, Dieu était mon premier et, le plus souvent, mon seul confident.

La rencontre de l'homme avec Toi est, à mes yeux, l'aventure la plus décisive. Là est l'enjeu d'une existence. Mystère inouï : l'homme se désintéresse de ce qui pourrait jouer le plus grand rôle dans sa vie. Pourquoi ?

La foi est un don de Dieu. *« Je ne l'ai pas reçue »*, me disent en souriant mes amis agnostiques, se sentant comme débarrassés d'une fioriture encombrante. À qui Te refuserais-Tu ? Tu te proposes à tous, mais sommes-nous réceptifs ? Un avion n'atterrit dans la jungle que si on a taillé une clairière et tracé une piste. Le désir et le silence peuvent dégager le terrain pour Ta venue.

« En Toi nous vivons, nous nous mouvons, nous existons. » L'apôtre doit être à l'affût du travail de Ton Esprit. Entre Toi et celui que je rencontre, il y a une histoire sacrée qui a commencé depuis déjà bien longtemps.

Ce mouvement vers Toi que Tu as greffé en l'homme est tellement pathétique ! C'est ce mouvement, comme celui de la plante vers la lumière, qui fait la beauté souveraine de chaque existence. Dans le pire assassin vibre cette note unique, ce cri informulé vers Toi.

Prétendre se mettre à Ton service sans se greffer sur Toi est une voie sans issue. Se livrer aux créatures, si c'est pour s'en émerveiller, oui, c'est un chemin *possible* sans Toi. Mais se mettre sans Toi au service de Tes enfants, quelle folie !

Voilà peut-être une des clés de mon année de stage. Tu m'as laissé mordre la poussière. *« Vois combien il est mauvais et amer d'abandonner le Seigneur, ton Dieu.* » J'ai désespéré des autres et de moi-même. J'ai touché du doigt la fragilité des appuis humains. Ils me cachaient Ton visage.

Le père maître, jésuite, me dit que je suis trop usé pour envisager d'entrer au séminaire en octobre. Peu importe ! Je suis disponible comme un bouchon sur l'eau. De toute façon, je ne peux pas souffrir davantage que jusqu'à présent !

Je demeurais dans le silence d'un grand parc ou dans ma cellule. Pour toute nourriture à ma méditation, je recevais des billets de dix lignes rédigés d'une minuscule écriture par le novice qui m'*accompagnait*. Je lisais aussi des textes de Claudel recopiés sur un cahier.

« Ah ! Je sais maintenant ce que c'est que l'amour ! Et je sais ce que Vous avez enduré sur Votre croix, dans Ton cœur... Si Vous avez aimé chacun de nous, terriblement, comme j'ai aimé cette femme, et le râle, et l'asphyxie, et l'étau ! » (Claudel, *Le Partage de midi.*)

Au bout de deux semaines de silence et de prière, je me réveillai une nuit vers quatre heures du matin et écrivis d'une traite, dans une sorte d'état second, un texte dont voici des extraits.

Pourquoi les taudis, les haines, les guerres ? Parce que ceux auxquels Dieu a confié des talents ne les ont pas fait fructifier. Ce qui a été inemployé a pourri, faute d'usage. Séparés de Dieu, leur Source, les hommes se sont transformés en citernes fêlées. Leur amour devient sensiblerie, leur intelligence rationalisme, l'autorité oppression... Et les affamés de Dieu nous crient jusque dans nos rêves : *« Qu'as-tu fait de ce pain que Dieu t'avait confié pour moi ? »*

Je crains que le bonheur me rende sourd aux détresses des hommes. Comment alors ne pas avoir honte de soi ? Il faut accepter les limites de la condition humaine. Si la beauté de Dieu s'imposait à nous, où serait la liberté, où serait l'amour ? L'essentiel, c'est l'Esprit de Dieu qui travaille dans l'invisible.

Le prêtre est invité à devenir une *hostie vivante*. C'est sa participation au sacrifice du Christ qui sauve. J'accepte dans la paix ce qui, hier, me portait à la révolte : passer pour un bourreau aux yeux de l'être humain qui m'est plus cher que tout au monde. Ma vocation est de proposer à quelques vies humaines, de la part de Dieu, une clé de voûte, une âme, une signification.

Celui qui, sous des pressions diverses (lâchetés, limites humaines ou quelque autre démon…), a vu sa générosité diminuer, celui-là devant toute souffrance connaîtra la honte.

Il me faudra désormais accepter les limites inhérentes au sacerdoce. Il me faudra consentir à passer pour quelqu'un qui ne comprend pas, qui ne partage pas l'humaine condition, qui ne parle pas la langue de tous. Cela me permettra d'être plus humble et de savoir que l'Esprit saint, lorsqu'il s'agit de Foi, d'Espérance ou d'Amour, accomplit mieux sa tâche dans notre pauvreté.

« Les fruits de l'Esprit sont l'amour, la joie, la paix, la patience, la bonté, la confiance dans les autres, la douceur, la maîtrise de soi » (Galates 5, 22).

Ce sont bien là les sentiments qui, en cet instant précis, l'emportent !

Je voulus faire part au père maître de ce que je venais de vivre.

« Alors, de quel côté cela penche-t-il ? »
J'avouai : « Le sacerdoce. »
« *Et quel sentiment éprouvez-vous ?*
– Une joie immense pour moi, mais une douleur très

grande pour celle dont j'ai peut-être compromis l'avenir. Elle m'a souvent dit : *"Je suis comme l'agave qui ne fleurit qu'une fois..."* J'ai peur que ce soit vrai. »

Alors, la voix du père maître s'éleva, précise, nette comme un couperet :

« J'ai la ferme conviction que Dieu ne vous appelle pas au sacerdoce. S'Il vous appelait, cette histoire ne pèserait pas plus qu'une plume. Vous ne vous sentiriez pas à ce point concerné par les souffrances de votre amie. Votre générosité vous a entraîné trop loin. Votre sensibilité multiplie à l'excès les coups durs de la vie... »

À cet instant, il sortit de son tiroir une grande photo d'un prêtre au visage défiguré par un lupus. Il continua son plaidoyer :

« Les douleurs morales de cet homme ont été pires que ses souffrances physiques. Être prêtre, c'est premièrement souffrir, deuxièmement souffrir, troisièmement souffrir. Être prêtre, c'est ne rien voir, ne rien savoir au sujet de l'efficacité de nos paroles et de nos actes. Tout se passe dans la nuit de la foi... Vous avez trop besoin d'agir et de toucher du doigt l'efficacité de l'action. Allez, partez rejoindre cette jeune fille. Dites-lui que son cauchemar est terminé. Si vous avez des démêlés avec le Père éternel au soir de votre vie, je serai là ! »

Je regrette qu'il n'ait pas accepté de lire mes notes de la nuit. Il aurait peut-être pu m'indiquer comment traduire cet appel intérieur à l'apostolat dans une vie autre que sacerdotale.

Je partis aussitôt, en auto-stop, retrouver Sarah. Oserai-je employer ses propres termes de *fiançailles* ? Tout ce qui venait d'elle m'enchantait. Alors que nous allions ensemble faire le marché, elle laissa tomber une bouteille de lait qui se brisa sur le trottoir. « Cela porte bonheur », m'écriai-je en jubilant. Je la contemplais, alors qu'elle bûchait ses cours de médecine. Je jouais à l'examinateur en lui posant des colles sur les chapitres qu'elle étudiait. Je voulais voir par ses yeux, respirer par sa poitrine, toucher par ses mains. J'éprouvais un sentiment d'euphorie. Je connaîtrai un jour à nouveau un sentiment semblable, et bien plus intense même, après la mort. Cette fois, ce sera le Bien absolu que j'accueillerai. « Le voilà. C'est Lui. Je Le reconnais. C'est Lui que j'attendais sans le savoir. C'est parce qu'Il me manquait que j'éprouvais un tel sentiment d'exil sur cette terre ! »

Je me disais : « Je suis prêt à terrasser n'importe quel dragon pour me rendre apte à aimer Sarah. » J'accédais à un nouveau mode d'existence, une autre dimension. Je voyais chaque être comme une merveille dont il faut permettre l'éclosion. Je débordais de gratitude envers Dieu qui avait créé Sarah et qui nous avait donné de nous rencontrer ! Je ressuscitais. Je savais bien déjà dans ma tête que la relation vraie et profonde nous fait accéder à notre véritable identité. Cela devenait bien plus qu'un savoir : une conviction. C'était plus qu'une expérience : une certitude.

Le lendemain, nous rendîmes visite à ses voisins du dessus, un pasteur anglican et son épouse. Cette rencontre, dont elle avait eu l'initiative, n'était probablement pas innocente. Sarah voulait-elle que je devienne pasteur de cette Église si proche de l'Église catholique, et où les ministres sont mariés ? Puis nous allâmes ensemble à la messe. De temps en temps, nous lisions les Psaumes :

« Dieu comble son bien-aimé qui dort.
C'est un cadeau de Dieu que des enfants…
C'est une grâce de Dieu que des fils » (Psaume 126).

« Ton épouse est comme une vigne aux lourdes grappes dans l'intimité de ta maison » (Psaume 127).

Dieu nous aimait à la folie. Parce qu'Il était une Relation d'Amour en Lui-même, il avait inventé le couple, traduction de Son Être.

Sarah blottissait sa tête contre mon cœur. Je l'écoutais citer de mémoire, avec sa voix de paradis, des versets du Cantique des Cantiques :

« J'ai trouvé celui que mon cœur aime.
Je l'ai trouvé et je ne le lâcherai pas…

Pose-moi comme un sceau sur ton cœur,
comme un sceau sur ton bras…

Aucun torrent ne pourra éteindre l'amour
ni aucun fleuve le submerger, car l'amour est le feu de Dieu,
l'amour est fort comme la mort… »

Comme ce petit livre de la Bible devenait immense, soudain ! Il contenait le cœur du monde, son ultime secret. Si Dieu nous aimait aussi fort que le plus amoureux des hommes aime sa bien-aimée, il n'y avait plus aucune tristesse au monde ! Je savais désormais ce que l'amour de Dieu pour nous pouvait représenter ! Les perspectives changeaient. Il ne s'agissait plus de voir dans la religion chrétienne un programme socioculturel pour humaniser des mentalités. Il n'était plus question de devenir le *permanent* d'une institution qui gère des célébrations et des sacrements. Le christianisme n'était plus ni une doctrine ni une vision du monde. Il s'agissait d'aimer Celui qui nous aime, de demeurer auprès de Lui pour se laisser transfigurer par Sa Présence. Et cet amour, tout naturellement, déborderait ensuite sur Ses créatures en commençant par les plus disgraciées. N'était-ce pas cela, le Royaume de Dieu ?

Qu'allais-je faire de cette découverte ? Où me conduirait-elle ?

La dimension que l'on nomme *physique* de l'attrait amoureux était pour moi trop nouvelle, trop inattendue, trop envoûtante, trop *culpabilisée* surtout. Tout était *trop* en ce domaine ! Dans ma tête, la confusion régnait. J'avais quinze ou vingt siècles de puritanisme dans le sang. Rien ne m'avait aidé à reconnaître le versant mystique du lien charnel ! Je suppliais mon amie de laisser de côté cette part de nous-mêmes « pour ne pas *brouiller les cartes* ». Il m'était répondu avec une simplicité désarmante : *« Je ne peux pas aimer comme les anges, mais seulement comme une femme. Pourquoi se scinder : le corps ici, l'âme là-bas ? Si Dieu a créé le désir, ce n'est pas pour que l'homme le renie. Tu veux faire l'ange et tu fais l'âne, tu te cérébralises. Dieu est création et non pas répression ! »* Je me défendais en citant Claudel : *« Ce n'est pas avec de la boue que l'on épouse l'étoile du matin. »* J'ajoutais : « On ne rejoint pas l'autre d'abord dans son corps. Le corps n'est qu'un écho de l'âme. »

Au-dedans de moi, je pensais : « D'où vient ce bonheur si grand à tenir un être aimé entre ses bras ? Qui a inventé ce prodige, la relation humaine, le dialogue d'un *Je* et d'un *Tu* ? N'est-ce pas là une véritable icône de Dieu en ce monde ? »

Nos étreintes demeuraient chastes. Sublimées, elles n'en étaient que plus sublimes. À un certain degré de tendresse, le désir se transforme en délicatesse, en émerveillement, en enthousiasme, en contemplation, en ferveur. Comme je comprends l'Église d'inviter les jeunes à ce temps d'apprivoisement que sont les fiançailles ! Mais pourquoi pense-t-elle devoir le faire en termes d'interdits et de peur, alors qu'il s'agit de sagesse et de bonheur ? Nos corps se rapprochaient comme ces mains jointes dessinées par Albrecht Dürer, ou celles sculptées par Rodin en forme de cathédrale. Cela me semblait parfois la plus noble des prières. Visage contre visage, nous ne nous lassions pas de nous fondre dans les yeux l'un de l'autre. Je contemplais son regard, son sourire, le moindre frémissement de ses narines, de ses lèvres, de ses paupières.

Je découvrais une réalité à la fois simple et cachée : le corps n'est pas là pour nous retenir dans un camp retranché. Il est un *corps de relation,* semblable à l'arbre qui se nourrit de la terre et qui donne ses fruits. Il existe pour accueillir et pour donner. Splendeur du corps. Il porte vers le dehors le chant intérieur de l'âme. Il reçoit aussi la musique de l'être aimé. Jusque-là, je ne connaissais du corps humain que l'aptitude aux performances sportives. Quel délice de se sentir glisser sur des skis dans la neige poudreuse entre les sapins, ou d'affronter les vagues puissantes de l'océan, ou de se jeter au triple galop sur un pur-sang qui vous obéit ! Mais le corps-de-relation, le corps-de-rencontre, le corps-de-langage, je ne le connaissais pas ! Ayant été enfermé dans la bulle des abstractions, j'en sortais avec le sentiment d'atterrir enfin sur la terre ferme.

Dans la lumière de l'amour, la beauté spirituelle de Sarah était plus vivement ressentie. Dieu me prêtait Ses yeux pour mieux la voir. L'amoureux, dans l'instant où il aime, sait que l'être aimé ne peut pas mourir. Une étoile peut s'éteindre, par usure des éléments qui la composent ; l'amour, lui, ne s'éteindra jamais. Il éternise tout ce qu'il touche.

« Il n'est pas bon que l'homme soit seul ! » avait dit Dieu au moment de créer la femme. Sarah m'apparaissait comme celle qui pouvait me rattacher à la terre. Y a-t-il plus belle merveille au monde que le visage de l'être aimé ? Mon cœur me semblait bien étroit pour accueillir un mystère aussi infini. Petit enfant perdu dans un pays sans limites et sans repères. Lumignon allumé posé sur une barque de papier, emportée sur un fleuve inconnu.

*

Les croyants n'ont pas à baisser les yeux et à rougir de ces instants. Ce septième ciel s'ouvre réellement sur l'Éternité dont il est le signe. J'écrivais :

> Certains se demandent de quoi le Paradis sera fait. Les amoureux n'ont plus besoin de se poser cette question. Ils savent. Comme Tu dois être grand pour avoir créé une réalité aussi sublime ! C'est Toi qui es l'Amour, l'échange, la communion. J'ai été transporté au cœur même de Ton éternelle Trinité.

Un homme et une femme s'aiment : une fenêtre s'ouvre sur la fontaine éternelle de la vie. Galaxies et planètes sont nées d'un débordement de la joie d'aimer au cœur de la Trinité. C'est la réponse de Dieu à Job dans son malheur : « Regarde la beauté de l'univers. Celui qui a créé tant de splendeurs ne peut pas te vouloir de mal », semble-t-il dire. Les Hébreux nomment Gloire le rayonnement de Dieu et l'extase qui l'accompagne. *« Je sais un homme qui fut ravi jusqu'au paradis et qui entendit des paroles ineffables. Pour que la fulgurance de cette révélation ne m'enorgueillisse pas, il m'a été planté une écharde dans ma chair : un ange de Satan pour m'humilier... »* (II Corinthiens 12, 2.)

Lorsqu'on aborde aux rivages de l'amour humain avec la soif d'Absolu d'un chercheur de Dieu, on est pris dans une singulière aventure. L'amour pour l'autre est l'image de l'amour éternel que le Père porte au Fils, et que le Fils porte au Père dans l'émerveillement de l'Esprit. *« Dieu fit l'homme à Son image : homme et femme Il les fit. »* L'attraction qui s'exerce au cœur de l'amour humain est de même nature que celle qui se donne au cœur de la Trinité.

*

La fulgurance de cette révélation dura peu de temps. L'ange de Satan ne tarda pas à venir me gifler. Quelques jours plus tard, très loin de Sarah, assis sur un rocher face à l'océan, j'écrivis sur mon cahier :

> J'éprouve un grand malaise. Comme si je m'étais évadé d'un champ de bataille couvert de blessés. Je vois en pensée des visages douloureux qui m'accusent. Je ne comprends rien à ce qui m'arrive !

En effet, si j'épousais Sarah, qu'allait devenir ce désir irrépressible de faire connaître un Dieu si mal connu ? Être marié, c'était être laïc. Être laïc, c'était être non-prêtre. Les simples baptisés n'étaient pas accrédités pour dire Dieu, annoncer l'Évangile. Seuls les prêtres pouvaient parler de Dieu dans l'Église catholique. Ce problème peut sembler stupide aujourd'hui : les trois quarts des porteurs de la Bonne Nouvelle sont de simples baptisés !

Le laïcat trouva bientôt une place dans l'apostolat. L'après-concile vit fleurir une cohorte d'hommes et de femmes qui, forts de leur *sacerdoce de baptisés*, devinrent témoins de la foi : aumôniers de lycées, aumôniers d'hôpitaux, responsables des centres de préparation au mariage, prédicateurs de retraites spirituelles, animateurs de communautés…

Qui, en 1957, aurait pu soupçonner une telle évolution ? Répandre la Bonne Nouvelle était la mission du sacerdoce et de lui seul. Le changement s'est opéré dans l'Église de façon telle qu'on ne s'est aperçu de rien. Aujourd'hui, des couples sont même en charge de paroisses, l'homme et la femme ensemble. Comment pouvais-je choisir une place dans l'Église ? Celle qui semblait me convenir n'existait pas. Elle n'existait pas encore !

De temps en temps, une réflexion de Sarah me faisait craindre que ce ne soit pas là son chemin. J'étais, pour ma part, très enclin aux relations humaines ; elle, de son côté, semblait plutôt contemplative. Lorsque je projetais de faire de notre maison un havre pour les paumés, elle disait, avec un bon sens que je prenais pour de l'égoïsme : *« Je ne veux pas être la cinquième roue du carrosse.* » Riant pour masquer mon inquiétude, je répondais : « Mais non, puisque tu seras avec moi un des chevaux de l'attelage ! » Consentirait-elle à une vie de renoncement ? Encouragerait-elle cette voie ? Elle semblait indifférente à la façon particulière dont j'envisageais mon chemin ! Du moins, je le croyais ! C'était peut-être de sa part une forme de discrétion et de respect. Aimer un être, n'est-ce pas avant tout être le gardien de sa solitude ?

Je craignais que le bonheur d'être aimé et d'aimer ne me mette *sur la touche.* Marié, père de quatre ou cinq enfants, que deviendrait ma solidarité envers les êtres les plus blessés ? À la lueur de cet amour trop beau, trop grand, la solitude des cœurs mal assortis prenait un relief insoutenable. Il y avait un paradoxe : plus l'amour humain me montrait la splendeur de l'existence, plus j'étais brûlé du désir de faire découvrir au plus grand nombre la beauté de Dieu ! Du cœur de ce foyer, je regardais le monde. À travers les carreaux de ma nouvelle maison, les couples désunis, les enfants humiliés, les êtres aigris, acharnés contre ceux qu'ils ne parviennent pas à aimer, semblaient me dévisager : « Et s'il y avait un lien entre ton trop grand bonheur et notre trop grande détresse ? Ne peux-tu pas renoncer à cet amour particulier pour nous qui sommes des multitudes ? »

Je n'ai pas su confier cette intuition déroutante à celle qui en était l'inspiratrice. Était-il possible de partager un tel secret avec une jeune fille plongée dans ses livres de médecine ? Il était si étrange déjà pour moi-même !

Le bonheur que donne l'amour humain est-il transmissible à d'autres ? Cette question ne me laissait pas tranquille. Le clochard près de la tour Saint-Jacques que nous avions rencontré, Sarah et moi, n'était-il pas un signe ? Je n'avais pas pu faire partager à cet homme mon bonheur puisque la source de ce bonheur était Sarah.

Je reçus une lettre de Marguerite H. :

« La souffrance a creusé en vous une grande capacité d'amour. C'est bien là la marque des vrais disciples de Jésus. Marqué d'un signe d'une telle authenticité, je voudrais vous voir établi dans la paix. Sera-ce le sacerdoce ou le laïcat ? Vous ne le savez pas encore. Mais j'ai la certitude que le Seigneur vous appelle à Le faire connaître et aimer.

« La précision des moyens vous sera donnée quand Dieu le jugera bon, sans doute lorsque vous aurez été affermi par l'épreuve. Une nature aussi riche que la vôtre a besoin d'être trempée au feu. Que votre Espérance soit à la mesure de l'Amour dont vous êtes aimé. J'ai parlé de vous au père Dujardin. Vous pourrez le rencontrer à Cahors où il prêche une retraite. »

Je partis pour Cahors en auto-stop.

Le père Dujardin m'écouta une demi-heure et conclut : *« Peut-être n'avez-vous pas été très chic avec le Seigneur. Alors, ne soyez pas surpris qu'Il vous fasse attendre Sa réponse… Quoi qu'il en soit, vous pouvez vous présenter dans un noviciat. Le plus tôt serait le mieux. »* Quatre jours d'auto-stop et deux nuits dehors pour accueillir cet oracle ! Je fus attristé qu'il n'ait pas eu le temps de m'entendre davantage. Les maîtres spirituels sont si rares en Occident, pensais-je, qu'ils ne peuvent vous accorder que des miettes de leur temps. Encore un motif pour ne pas *déserter*.

Je remplissais des pages et des pages, pauvres repères pour tenter de comprendre mes contradictions, pauvres cailloux pour revenir sur mes pas si jamais je me trompais de chemin :

> Je ne veux pas combler trop facilement le creux de la solitude. Je ne veux pas laisser remplir cette béance. Ma solitude, c'est Ta place ! Par le célibat, le prêtre se met en état de dépouillement, de manque, de vulnérabilité. Tu combles son cœur par Ta présence, au centuple. Cette joie est un signe, une trace irréfutable de Ton passage. Renoncer à l'amour humain et demeurer un vivant, c'est témoigner que Ta tendresse est offerte aux esseulés, aux mal mariés, aux mal assortis, aux mal-aimés, aux orphelins du cœur. Le docteur Bombard a prouvé que l'on pouvait survivre à un naufrage. Il aurait pu échouer, agoniser en plein océan dans d'atroces souffrances ! On se serait moqué de sa folie. Le prêtre veut prouver que l'on peut survivre dans un océan de solitude avec l'amour de Toi pour seule embarcation ! Seigneur, Tu veux rejoindre les plus déshérités des hommes, ceux qui ont faim d'amour à en crier. Je n'irai pas vers eux, de Ta part, comblé d'amour humain. C'est Ta tendresse que je pourrai leur partager. Toi seul es partageable.
>
> Le métier n'est qu'un moyen. Comment lutter le plus efficacement contre le mal ?... Par la médecine ? Elle s'attaque à une forme de malheur qui n'est pas la pire. Les plus grands malheurs se nomment solitude, incompréhension des événements, privation du sens de la vie, absurdité de l'Histoire quand la foi ne l'éclaire plus...
> Créer un centre pour jeunes délinquants ? Cela ne traite pas le malheur dans ses causes, mais dans ses effets. Il faut agir sur les consciences pour qu'il n'y ait plus de délinquants.
> Le journalisme ? Les intelligences se laissent émouvoir un instant et chacun retourne à son train-train. Le baromètre n'a aucune action sur le temps qu'il fait.

Un métier me tente : créer des *écoles d'humanisme*, permettre au plus grand nombre un accès aux auteurs qui donnent le goût de méditer dans le silence. Certains livres ou films soulignent la grandeur de notre destinée. Certains écrivains, comme Saint-Exupéry, Bernanos, savent présenter l'urgence de l'amour par la description de sa plénitude ou la douleur de son absence. L'école les aborde de façon trop scolaire. Elle vaccine plus qu'elle n'éveille. Les maisons de la culture s'occupent-elles de prendre en compte cette dimension de l'être humain ?

Lorsque l'on rencontre un responsable de haut niveau dont les décisions engagent le bonheur ou le malheur des multitudes, comment le rejoindre ? Par des paroles d'homme ? Il y faudrait du génie ! Par des paroles divines ? Sans doute, mais qui les donnera si ceux qui sont appelés se dérobent ? La transparence suffit, et peut-être aussi la grâce d'un sacrement. C'est au prêtre que revient la tâche d'être le relais entre la Révélation et les consciences. Le plus grand besoin des hommes est d'avoir accès aux sentiments qui habitent le cœur de Dieu, de parvenir à regarder l'être humain comme Dieu le voit, d'aimer le prochain comme Dieu l'aime. Une pesanteur intérieure nous entraîne à désespérer de nous, des autres, de Dieu. Qui va faire voler en éclats cette désespérance ? Qui va rétablir la confiance ? Qui nous délivrera ? Jamais Dieu ne donne autant au monde que par Ses prêtres. Ils sont Sa miséricorde et Sa lumière, actualisées dans le monde d'aujourd'hui.

Travailler à la santé des corps, à l'ouverture des intelligences, à l'harmonie des rapports sociaux, à la solidarité internationale, c'est grand, c'est immensément grand. Mais le prêtre est porteur d'une autre dimension. Il oriente ses semblables vers la qualité de bonheur du Sermon sur la Montagne.

Les événements m'ont sensibilisé à l'absence de l'Essentiel (absence d'amour, absence de Dieu). Quel est l'appel que les hommes adressent à l'Église ? Êtes-vous Jésus-Christ parmi nous ou devons-nous en attendre un Autre ? Il guérissait. Nous sommes aliénés par une culture sclérosée. Il réhabilitait. Notre âme bâillonnée étouffe... Que faites-vous pour nous délivrer ? Que faites-vous pour qu'il y ait davantage d'amour et d'intériorité en ce monde ?

Mon cœur a goûté l'infini de Dieu. Il ne pourra plus s'alimenter qu'en Lui.

« Lorsque l'humaine volonté
s'est vu toucher de Dieu Lui-même,
rien ne peut plus la contenter
qui soit moins que le Dieu qu'elle aime »
(saint Jean de la Croix).

C'est par la souffrance que l'on se greffe le plus au Christ sauveur. Être avec Lui, être Son ami, voilà qui est plus grand que tout ! C'est par la souffrance que Dieu me guérit. C'est par le désert qu'Il m'assoiffe... *« L'homme a des endroits de son cœur qui n'existent pas encore et où la douleur entre afin qu'ils soient »* (Léon Bloy).

J'éprouvais le besoin d'être épaulé par des personnes compétentes. J'allai voir l'aumônier des étudiants en médecine ; il me dit :

« Il ne faut pas croire que l'apostolat puisse prendre beaucoup de place dans la vie d'un laïc. C'est d'abord une question de temps. Et puis, les gens ne le prendraient pas au sérieux. Ou bien il faudrait avoir une vocation d'écrivain, ce qui n'est pas donné à tout le monde et demande à être regardé de très près. »

Je notais toujours scrupuleusement toutes les conversations importantes. Parmi ceux auxquels j'allai demander conseil, il y eut Philippe, le père dominicain dont la foi m'avait ébloui durant l'été de 1952 (Tome 1, page 237) :

« Stan, ta soif d'absolu te dévore. Tu es irréaliste. Tu juges les choses dans l'abstrait et tu t'emballes. Ensuite, les limites étroites du réel te sont intolérables. Tu as été obnubilé par les limites du sacerdoce, parce que le prêtre n'est rien pour la plupart des gens. Tu as rêvé de conditions idéales d'apostolat. Tu ne les trouveras nulle part. Tu seras toujours un inquiet. Tu auras toujours soif de plus. Et dans le laïcat et le mariage, tu trouveras encore plus de limites... Tu n'arrives pas à choisir, à renoncer à certaines possibilités. Tu veux tout... Le prêtre ne peut pas être seulement un frère humain parmi les hommes. Il est là pour "déranger". Car le Christ est venu pour nous "déranger". Le prêtre est porteur d'une exigence. S'il n'était pas là, les hommes s'endormiraient. On en a marre souvent d'être ce "réveilleur". On crie "Laisse-nous, Seigneur, être des leurs, partager leurs joies et leurs soucis". »

Oui, Père, bien sûr, mais le laïc apôtre peut vivre un autre aspect du Christ : une tendresse efficace, des gestes de guérison. Avec l'aveugle-né, le Christ n'a pas fait de discours sur l'origine du Mal. Il n'a eu qu'une chose à dire : *« Te voilà guéri ! »* Je ne pourrai jamais dire à quelqu'un qui souffre « Dieu t'aime » si je n'en apporte pas la preuve tangible. Les paroles des prêtres seront vaines s'il n'y a pas des gestes concrets de lutte contre tout ce qui écrase l'homme.

« Stan, tu sais bien ceci : chaque fois que les hommes veulent voir dans le Christ un sauveur temporel, Il se retire. Il est porteur d'autre chose. Il est l'appel vers une autre Patrie. Ses apôtres s'attachent à Lui au point de ne pas supporter l'idée d'une absence. Le Christ sait qu'Il les aimera davantage en les quittant pour aller vers le Père. Mais je reconnais que l'amitié uniquement donnée au Christ est terrible pour un prêtre. Il y a en nous un tel besoin de présence sensible ! Le plus grand besoin de l'homme, c'est cette présence de l'autre. C'est pour cela qu'il est fait. Nous avons un besoin fou d'une voix qu'on puisse entendre, d'un regard qui nous dise "Je t'aime", de quelqu'un que l'on puisse serrer dans ses bras. Sur le plan humain, le prêtre est totalement seul. "Pas une pierre où reposer sa tête." Il n'a personne qui soit son lieu, personne à qui il soit indispensable et qui lui soit indispensable... »

Si Dieu nous fait signe, comment Lui échapper !

« Je monte au plus haut des cieux, Tu es là !
Je descends dans les tombeaux, je T'y retrouve !
Comment ferais-je pour me séparer de Toi ? » (Psaume 138.)

À cette époque, je vis deux films : *Senso* de Visconti et *Le Christ de bronze.* Dans *Senso,* un officier déserte. Sa patrie est en guerre. Les supplications de la femme qu'il aime l'ont incité à demeurer auprès d'elle. Bientôt, il se méprise de piétiner ainsi son sens du devoir. La femme pour laquelle il s'est dérobé semble lui dire : *« Je te préfère à moi sans âme plutôt que généreux loin de moi. »* Peu à peu, il se met à la haïr.

Le Christ de bronze évoque un événement historique. Au XVIe siècle, au Japon, les chrétiens sont soumis à un choix : abjurer ou mourir. Un prêtre abjure. La torture la plus raffinée, une privation d'eau pendant quinze jours, est venue à bout de sa résistance. Il est alors comblé des plus grandes faveurs par le gouverneur de la province. Il devient triste et cruel, et sa lâcheté l'obsède. Une adolescente qu'il avait catéchisée jadis vient le voir pour se faire expliquer une page d'Évangile. Devant son insistance, il consent à l'éclairer. Il retrouve alors l'âme de sa vocation et marche résolument vers le martyre.

Ces films ont eu sur moi une influence déterminante. Ils me donnaient honte par avance d'une désertion possible. L'intuition que j'avais ressentie au noviciat jésuite revenait de façon lancinante.

> Dieu distribue aux hommes des cadeaux de lumière. Si ces talents restent en friche, la part d'ombre que Dieu voulait chasser au moyen de cette part de lumière s'étend davantage. Les malheureux seront alors en droit de nous interroger : « Pourquoi nous as-tu privés du trésor que Dieu voulait te confier pour nous ? »

Ce talent confié me semblait double. D'une part, le sacerdoce comme une force surnaturelle, comme une présence du Christ sur notre terre, aussi concrètement qu'il y a deux mille ans. D'autre part, une certaine sensibilité à l'*invisible nœud divin qui noue les choses*, un goût prononcé pour la poésie, cette forme sauvage de la spiritualité. Ce talent m'inclinait vers une vie laïque. Le milieu clérical me semblait faire écran à l'écriture. Comme me le faisait remarquer mon guide spirituel, Bloy, Bernanos, Claudel, Mounier étaient des laïcs. Il n'y avait pas de prêtres romanciers. Les contraintes de la vie sacerdotale m'apparaissaient, compte tenu de ma nature, comme une entrave à ma liberté et à mon inspiration.

J'étais fasciné par le divorce entre la culture et l'Évangile. Je me surprenais à rêver comme Perrette avec son pot au lait : j'ouvrirais une université pour les jeunes qui cherchent un sens à leur vie. Ils se nourriraient à la fois de la Bible et des meilleurs auteurs de la littérature.

Dans la Bible, il y avait toujours eu deux personnages nécessaires et différents, le prêtre et le prophète.

Le prêtre était l'homme du sacré, l'officiant des célébrations, le rassembleur de la communauté, l'homme des sacrements. Le prophète était le haut-parleur de Dieu, celui qui tour à tour dérange et annonce, semeur d'interrogations. Je me voyais dans la seconde tâche. Mais nous n'étions plus aux temps bibliques. L'Église semblait avoir réuni deux missions sous la même tête.

Je pensais à la fable *Le Renard et la Cigogne*. Ils s'invitent à dîner, mais le récipient de l'un interdit à l'autre tout partage. Le bec de la cigogne ne peut pas atteindre le brouet servi dans une assiette. Le museau du renard n'entre pas dans le col du vase contenant la viande mise en morceaux. Tant que l'Église présentera l'Évangile avec un jargon d'initiés, avec des témoins en marge du réel, le message ne passera pas, pensais-je. Mon idée fixe était d'être autre chose que prêtre, pour être davantage un apôtre. L'apostolat était une chose bien trop sérieuse pour être laissé aux prêtres, à eux seuls !

Un autre décalage contribuait aussi à brouiller les pistes. L'image du mariage que j'avais reçue n'était pas toujours enthousiasmante. Au sujet d'un ami qui avait quitté un noviciat monastique pour rentrer dans le monde, après avoir perdu vingt kilos et frisé la dépression, tout le monde gloussait : *« Il avait besoin d'une femme dans son lit ! »* Cette phrase revenait me narguer lorsque j'envisageais le mariage. La sexualité était perçue dans l'inconscient collectif comme une réalité assez vulgaire se situant *au-dessous de la ceinture*, avec tout ce que ce terme contient d'ironie. L'amour était présenté comme *un désir qui se cherche une proie*, plutôt que comme une *apparition qui suscite un élan*. Je n'ai entendu parler de cet univers en termes de mystique que dans un livre de Christiane Singer, *Une passion*, publié en 1993. Au temps de ma jeunesse, le dialogue amoureux n'était pas une aventure de l'esprit. La vérité, la justice, la dignité de l'homme, la solidarité, le courage… là étaient les vraies valeurs, les vrais enjeux ! Le bonheur, surtout celui qui concerne la chair, était suspect. Éros était muet sur Dieu. Peut-être même était-il Son principal rival ?

Le mariage, aux yeux de saint Paul, ressemblait à un pis-aller. Il disait à peu près : *« Restez donc plutôt célibataires. Je vous donne ce conseil pour vous épargner du tracas. »* À quoi pensait-il ? Aux revendications ? À la possessivité ? *« L'homme marié a le souci de faire plaisir à son épouse, et il est divisé. »* Je m'indignais parfois devant cette prise de position. C'est Dieu qui a inventé l'amour humain. Ce que Dieu a créé ne peut pas être un piège.

À d'autres moments, je lui donnais raison. Quoi ! Y aurait-il dans ma vie des instants qui seraient soustraits à la lutte contre les malheurs de ce temps ? Le mariage, quelle fuite ! Quelle drogue ! Quel luxe ! *« Frères, il y a urgence : que ceux qui sont mariés vivent comme ne l'étant pas »* (I Corinthiens 2, 29). On ne peut tout de même pas passer la moitié de son temps en présence d'un seul être lorsque tant d'hommes et de femmes n'ont personne à qui se confier ! On ne peut tout de même pas investir la moitié de son temps avec des problèmes d'intendance, de logement, de scolarité, de feuilles d'impôts, alors que des multitudes *errent comme des brebis sans berger* !

L'amour humain m'apparaissait parfois comme un havre entre deux sorties en haute mer. La haute mer, c'était l'écoute des cœurs disloqués, l'encouragement à exister pour ceux qui ne croient plus en eux-mêmes. Sarah était lancée dans la même aventure, puisqu'elle se préparait à devenir pédiatre.

Les couples où l'on se respecte mutuellement étaient-ils si nombreux ? Sarah avait tenu à m'en faire rencontrer. Je n'avais pas été convaincu. Je voyais Sarah comme celle qui, m'ayant pris pour le bon Dieu, risquerait un jour de me faire payer trop cher sa désillusion.

J'avais, au sujet du mariage, deux images opposées. La femme, dans la mesure où elle aime d'un amour dépouillé de revendications, rend l'homme à lui-même, et réciproquement, bien sûr. Son amour fait tomber le personnage factice fabriqué de bric et de broc : il fait exister *grandeur nature* celui qu'elle aime. Sans cet amour, nous n'existons pas vraiment ; nous faisons semblant. L'amour, lorsqu'il atteint une certaine qualité, volatilise les faux-semblants, les artifices, les faire-valoir que nous avons dû inventer pour nous justifier d'exister. Le personnage s'estompe, la personne apparaît.

L'amour humain, selon le rêve de Dieu, fait littéralement exister les êtres. Il faut être fou pour lui tourner le dos. Mais l'amour déconnecté de sa racine, *installé à son compte*, peut devenir un désastre. Sarah revenait souvent sur ce thème : « *la femme est à la fois Ève et Marie. Ève, séductrice et captatrice ; Marie, celle qui conduit à Dieu.* »

Celui qui vivrait, au quotidien, dans l'amour pour un être précis saurait ensuite, pensais-je, trouver la bonne attitude dans ses relations avec autrui, quel qu'il soit. Dans l'amour humain, ne s'efface-t-on pas spontanément pour donner à l'autre sa place ? Le couple n'était-il pas la meilleure école d'abandon de l'ego ?

À d'autres moments, il m'apparaissait au contraire comme un risque insensé. Entre les mains de qui remet-on son destin ? L'autre, s'il aime vraiment, nous rend à nous-même, c'est vrai ; mais il y a en lui comme en nous des zones d'ombre, des névroses cachées, des peurs, des caprices, des impatiences, des résistances au réel, des étroitesses de vues.

> *« Tu dis que tu aimes les poissons, tu les manges !*
> *Tu dis que tu aimes les oiseaux, tu les mets en cage !*
> *Tu dis que tu aimes les fleurs, tu les coupes !*
> *Lorsque tu me dis : "Je t'aime !", j'ai peur »* (Jacques Prévert).

J'écrivais régulièrement à mon ancien conseiller spirituel à Pontigny. Voici un bref extrait d'une des lettres que je lui adressais :

> C'est un besoin de vie contemplative qui m'a fait rencontrer cette jeune fille avec une telle intensité ! Elle m'a donné ce que j'attendais de Dieu. Vocation ou illusion ? Si cet amour humain devait rétrécir le champ de l'annonce de la Bonne Nouvelle, il me deviendrait intolérable.

La jeunesse est un temps où l'Absolu vous fascine. Mais on ne sait comment donner forme à ses rêves. La jeunesse offre l'occasion d'un inventaire des talents qu'il nous faudra faire fructifier. Quelle était ma note particulière dans la symphonie du monde ? J'étais en gestation. Je ne pouvais rien pour hâter ma délivrance.

« Si le chemin n'existe pas, trace-le », dit un proverbe canadien. Il faut pour cela une bonne dose de confiance en soi et en l'Esprit saint. Des notes rédigées à chaud rendent compte assez pauvrement de mes débats intérieurs :

> Je voudrais contribuer à faire perdre l'idée d'une certaine distribution des rôles : aux prêtres l'avènement du Royaume, aux laïcs la cité temporelle. La Bonne Nouvelle est l'affaire de tous. Lorsqu'il y a un incendie, le moindre passant peut être requis. Je voudrais témoigner que le sacrement de mariage est le signe et la parabole de la plus grande Nouvelle : Dieu t'aime d'amour véritable. Il veut t'épouser. Il veut ne faire qu'un avec toi. Vie conjugale et vie mystique, loin de s'exclure, s'attirent et se complètent. D'où viendrait cette fameuse incompatibilité ?
>
> *« Ta vocation, tu la connaîtras à ce qu'elle pèse en toi »* (Saint-Exupéry). Qu'est-ce qui pèse en moi ? Libérer en l'homme sa plénitude. Donner soif d'un espace où l'âme puisse respirer. Changer l'atmosphère culturelle. *« Réveiller l'archange qui dort sur son fumier. »* Aujourd'hui, les hommes se détruisent le cerveau et se dessèchent le cœur. La seule aventure qui me tente est de proposer à l'homme une signification spirituelle. Quels motifs les hommes invoquent-ils pour justifier leur indifférence aux questions vitales ? Qui suis-je ?

Quel est le but de ma vie ? Pourquoi notre civilisation fait-elle l'impasse sur l'Essentiel ?

Je veux réveiller les hommes de la part de Dieu, réveiller en eux la soif d'un bonheur qui les rende dignes d'être éternels. Les hommes sont frustrés à en mourir des réalités spirituelles. Ils étouffent. Ils s'ennuient. Je veux leur révéler de la part de Dieu que cette soif a un nom, que leur vie a un sens. Cet amour selon Dieu est la clé du bonheur pour l'humanité. Mais où, en quel métier assurer ce service ? Le chemin existe-t-il ou non ?

L'horizon est bouché : le sacerdoce semble inaccessible par difficulté d'y trouver un équilibre affectif. Aussi longtemps que mariage et apostolat s'excluront, le mariage est impossible. Il y a des raisons d'Église comme il y a des raisons d'État !

Comment réveiller le goût de Dieu en ce siècle de matérialisme tour à tour béat ou tragique ? Le souci d'annoncer l'Évangile est-il un souci impur ? On me dit que le prêtre doit être insensible aux résultats de sa mission. Suis-je capable d'une telle abnégation ? On me dit qu'il faut avoir le cœur comblé par un amour. Sinon, l'amour que nous donnons aux autres serait intéressé !

Je ne peux ressentir l'éblouissement de la présence de Dieu qu'à deux. Mais est-il vraiment indispensable de *ressentir* cette présence ? La foi n'est pas à mesure humaine. Elle est une offre divine gratuite. Elle n'est pas au bout d'une recherche, elle est un cadeau. La Foi n'est pas à ressentir, elle est à accueillir.

Ces lignes ont été écrites après une soirée passée avec un ami, celui que j'avais voulu remplacer sous les drapeaux pendant la guerre d'Algérie. Dans la conversation de ce soir-là, ce garçon refermait rageusement toutes les issues par lesquelles la lumière aurait pu le rejoindre. Dans sa peur d'être déçu, il devenait cynique. Sa jeune femme, à laquelle me liait une fidèle amitié, portait en elle une nostalgie religieuse impressionnante. *« Amour,* lui dit-elle, *ne ressens-tu jamais une* soif de plénitude, *de dépassement ? »* Il se mit presque en colère : *« Je vis très bien comme je suis. Ce monde sans Dieu est un monde à ma taille. Fichez donc la paix aux gens avec votre* soif de plénitude *! Ils n'en ont aucune envie. »*

En le quittant, vers minuit, je priais avec fougue : *« Toi Seul, mon Dieu, peux faire naître le désir de Toi. »* Cette soirée eut un effet décisif. Je mesurai la totale impuissance de l'homme à réveiller la soif de celui qui a décidé que la source n'existe pas... Le sacerdoce m'apparut comme porteur d'une puissance d'éveil. Dieu seul peut dissoudre la pierre que l'homme a sur le cœur.

(Le destin de ce couple fut tragique. Elle fut assassinée par un fou. Il mourut quelques années plus tard, brûlé par le chagrin et par l'alcool.)

Jésus-Christ avait le pouvoir de nous mettre sur la longueur d'onde de l'amour. Jésus-Christ pouvait sauver la générosité de ses scléroses et de ses déviances. Ce que l'amour avait commencé, Dieu seul pouvait lui donner de parvenir à son achèvement ! L'amour avait un endroit et un envers. L'endroit était plus que de l'exaltation, il était la plénitude. Des poètes, même athées, étaient les seuls, me semblait-il, à en célébrer la beauté, à en souligner la transcendance.

« Et la douceur d'aimer répond de l'avenir
Le désespoir a beau creuser la nuit,
les mystères noircir jusqu'à l'os l'insomnie,
des rêves se font jour, qui sont beauté, bonté.

D'un côté de mon cœur, la misère subsiste ;
de l'autre, je vois clair ; j'espère et je m'irise.
Je lutte, je suis ivre de lutter pour vivre.
Dans la clarté d'autrui, j'érige ma victoire »
(Paul Éluard, *Langage des couleurs*).

L'amour résout toutes les questions, mais qui peut résoudre les questions de l'amour ? L'amour ne plane pas entre ciel et terre. Il est vécu par un cœur d'homme, un cœur de femme. Cet homme, cette femme portent en eux des peurs, des failles, des violences, des angoisses. Et si l'homme se croyait en pays conquis ? Et si *la muse devenait muselière* ? Les blessures ne vont-elles pas tuer l'amour avant que l'amour ait eu le temps de les guérir ?

Qu'il s'agisse de politique, de vie sociale, d'éducation, tout a été vicié et corrompu par l'être humain. Parmi les réalités humaines, la relation d'amour entre un homme et une femme est ce qu'il y a de plus menacé. Dieu a inventé un sacrement pour sauver l'amour. Si Dieu ne m'a pas voulu sur ce chemin et que je m'y engage, alors Il me coupera les vivres, pensais-je. Aujourd'hui, j'ai honte d'avoir conçu de telles pensées. Mais on ne se défait pas si aisément des images incrustées dans l'enfance.

Le mariage, dans le rêve de Dieu, c'est le climat qui permet à un être de se réaliser. *« Ce que le soleil et l'eau sont aux plantes, soyez-le pour votre compagnon, votre compagne »*, disait en substance Jésus. Laissée à ses seules forces, la relation peut devenir un piège. L'autre veut avoir la mainmise sur nous. Son amour, en ce qu'il a de fusionnel, vous enlève le droit au recueillement. Si vous êtes triste, il exige de connaître la cause de votre tristesse. « Comment peux-tu être triste puisque je suis là ? » Il oublie qu'il n'est pas Dieu ! Si vous gardez un secret, il veut le partager à tout prix. Il ne vous laisse pas d'espace privé. Sans une guérison, le couple est un bain de culture inépuisable de scènes, de chantages, de menaces, de larmes, de doléances, de reproches. Ce n'est plus *le soleil et la pluie* que la présence de l'autre vous offre, c'est un champ de bataille. Les démons, ennemis jurés de l'amour et de l'être humain, veulent pousser leurs *victimes* au désespoir, à l'indifférence. Le baume du sacrement permet d'accéder au pardon, à l'humour, à l'Espérance envers et contre tout. La plus grande preuve d'amour consiste à ne pas prendre trop au sérieux le versant d'ombre de l'autre. Les épines discréditent-elles la beauté de la rose ?

Ces réflexions que je me faisais déjà en 1957 m'invitaient à penser que Jésus-Christ était venu sauver les couples en apprenant aux humains à se désapproprier de soi : *« On te prend ta tunique, donne encore ton manteau ! »*

L'appel de Dieu n'est pas un jeu. Dieu a remis Sa Toute-Puissance entre nos mains. Il veut agir en ce monde par hommes ou femmes interposés. Il suffit de la démission d'un seul pour que le bonheur et la dignité de multitudes soient compromis. On frémit à la pensée d'un abandon de la part de François d'Assise ou de Vincent de Paul. Dieu agit comme un levain plongé dans la pâte humaine. Il œuvre, par l'intermédiaire des témoins de Sa tendresse, les laïcs. Il agit aussi par ceux auxquels Il confère le sacerdoce.

Mon rêve, complètement utopique à l'époque, aurait été d'être mobilisé, à plein temps et à plein cœur, en couple, pour faire connaître Dieu et Le faire aimer. C'est le couple lui-même qui aurait transmis le plus clair du message. *« C'est à l'amour que vous aurez les uns pour les autres que l'on vous reconnaîtra. »*

Si c'est en Jésus-Christ que Dieu révèle Son visage, comment se détourner de la tâche la plus vitale pour le bonheur de l'homme : le faire reconnaître ? Ce Dieu qui aime chacun d'entre nous à en perdre la face et la vie était à dégager d'urgence de ses contrefaçons. Ce Dieu dont la Puissance se manifestait par la plus extrême vulnérabilité révélait un trésor trop inestimable. Ce Dieu de joie, de risque, de liberté libérait les hommes d'une divinité complice de la souffrance et de la mort. Il n'était plus le juge sévère mais le *« grand pardonneur »*. Ce feu de l'amour que Jésus était venu allumer sur la terre, comme il était urgent de le propager ! Comment soupeser plus longtemps le pour et le contre ? Pourquoi tergiverser, s'attarder en chemin ? On m'avait dit et répété que seul le prêtre avait grâce d'état pour cette mission, était-il possible de sortir de ce schéma ?

« Nous ne pouvons pas ne pas parler », disaient les apôtres auxquels le pouvoir en place imposait de se taire. Je ne pouvais pas davantage me résoudre au silence. Dieu était trop beau pour rester méconnu. L'humanité était trop blessée, trop meurtrie d'ignorer la signification de la vie. J'aurais préféré mourir plutôt que de me taire. Le regard de Jésus sur cette humanité *comme un troupeau sans berger* me brûlait le cœur.

Grâce à Sarah, mon être le plus profond était passé de la mort à la vie. Dieu n'était plus accumulation de renseignements sur Lui-même. Il était rayonnement, Il était Vie. Rapprocher de Lui mes semblables était enfin possible. Mais, cet être nouveau que j'étais devenu, faudrait-il l'appliquer à de froids articles de presse, à des travaux incertains sur la *Culture populaire*, à des loisirs éducatifs pour les jeunes délinquants ? Étaient-ils assez nombreux, ceux qui feraient connaître aux hommes la clé de voûte de leurs activités éparses, l'âme de leurs occupations émiettées ?

Pourquoi n'avais-je pas, avant ma rencontre avec Sarah, su marcher sur le chemin du sacerdoce ? J'avais oublié qu'un grand amour en est la racine et la sève. *« À tâche surnaturelle, moyens surnaturels ! »* L'âme est trop précieuse, Dieu seul peut la toucher. Le stage en paroisse était une idée formidable, mais il aurait fallu en préciser plus clairement les conditions. J'avais besoin d'une heure de contemplation pour une heure de rencontre humaine. Mais je n'avais personne à rencontrer. Il s'agissait d'acquérir, dans le silence, la perception de la dimension divine qui existe déjà, à l'état d'ébauche, dans toute vie, toute histoire d'homme. Plus tard, les sollicitations trop nombreuses rendraient difficile ce recueillement. Je deviendrais alors, et c'était là une de mes principales appréhensions, un prêtre bardé de certitudes et de réponses toutes faites, un simple relais d'orthodoxie.

Sous l'influx de l'amour humain, le Royaume de Dieu était devenu, pour moi, la plus superbe réalité. Je connaissais enfin à quoi pouvait ressembler le cœur de l'univers. Cette lumière éclairait tout. Si nous vivions sur la terre, c'était pour nous y préparer. Si nous nous heurtions au mal et à la souffrance, c'était pour creuser en nous l'aptitude à un tel bonheur.

Dans ma tête, je dressais l'inventaire des issues honorables, allant même jusqu'à imaginer d'entrer dans une de ces Églises du Moyen-Orient, comme l'Église maronite du Liban, où les prêtres, rattachés à Rome, sont cependant mariés. Je ne critiquais pas l'institution du célibat pour les prêtres, mais je ne la comprenais pas très bien.

> Aucune autre religion n'a osé demander cette condition. Dans le judaïsme, pour être rabbin, il est nécessaire d'être d'abord marié. Pendant près de dix siècles, les prêtres

catholiques eux-mêmes ont été mariés. Cette Église des origines a-t-elle été moins généreuse que celle d'aujourd'hui ? A-t-elle compté moins de martyrs ? L'épouse de Simon Pierre a-t-elle limité l'apostolat de son mari ?

Ensuite, on a réclamé aux prêtres et à leurs épouses de vivre comme frère et sœur. Cela m'aurait bien convenu. Qu'est-ce que cela pouvait bien nous faire, à Sarah et à moi, pourvu que nous ne soyons pas séparés pour toujours !

Un vicaire général de l'Église gréco-catholique, marié (cette Église rattachée à Rome confie le sacerdoce à des hommes mariés), me disait récemment avec un délicieux accent roumain : *« Le mariage pour un prêtre ? Avec une femme généreuse, cela fait un prêtre et demi. Avec une mauvaise, cela fait un demi-prêtre. »* Voilà une façon originale de poser le problème !

J'envisageai un noviciat chez les dominicains comme un test pour Sarah et pour moi. Si nous parvenions pendant douze mois à tout remettre entre les mains de Dieu, qu'importerait alors le chemin qu'Il choisirait ! En matière de renoncement, pensais-je, ce serait de toute façon un chemin difficile, une piste à ouvrir dans la forêt vierge.

Comment rendre compte des états de conscience qui me traversèrent ces jours-là ? Le mariage semblait à portée de la main, et j'allais m'enfourner durant sept années dans ces lieux tellement austères que sont les *écoles de cadres* de l'Église ! Il ne s'agissait certes pas d'un désir personnel, mais d'une réponse à un appel. Comme celui qui a reçu sa feuille de route en temps de guerre : je ne l'ai pas voulu. Cela m'est arrivé !

Par quelle force, par quelle folie puis-je ainsi tourner le dos à cet amour que l'Église elle-même, par la bouche de mon conseiller spirituel, me présente comme une mission venue de Dieu ? Sarah m'est plus précieuse que moi-même. Elle m'a fait comprendre la vie, le goût que les humains ont de l'Essentiel. Elle m'a fait percevoir Dieu de la façon la plus concrète, la plus authentique ! Dieu que j'ai cherché comme un affamé pendant des années, l'amour de Sarah n'en est-il pas le révélateur ? Puis-je la quitter ?

Je pris rendez-vous avec un père dominicain en vue de mon entrée en noviciat. L'annonce à Sarah de mon *départ* occupa deux journées épouvantables. Je souhaitais qu'elle adhère à mon projet et non qu'elle se résigne. Je m'étais préparé à notre dernière rencontre en lui écrivant :

Après la retraite de Saint-Martin-d'Ablois, le père jésuite avait ouvert largement la route. Je venais vers toi, ivre de joie. Pourquoi n'as-tu eu, alors, aucun souci du genre de vie dans lequel je pourrais incarner mon rêve ? C'était pour moi le signe que tu n'étais peut-être pas appelée à une vie consacrée aux mal-aimés et à l'évangélisation.

La douleur de Sarah fut insoutenable ; ses propos, chargés d'une émotion déferlante ; ses larmes, inconsolables :

« Je ne veux pas voir un bourreau en Celui qui nous donne le soleil et les fleurs. Nous enlèverait-Il ce qu'Il vient de nous donner pour le plaisir de voir si notre cœur saigne ou non ?

« Attention à ce que tu es en train de faire. Tu vas laisser un corps sans âme. Tu sais très bien que, sans toi, je ne peux pas vivre. Sans toi, le monde n'a plus de sens pour moi. Toute ma vie, je t'attendrai. »

« La souffrance blasphème tout. » Sarah ne voyait plus ce mystère que je portais et qui ne m'appartenait pas. Était-ce ma faute si j'étais entraîné plus loin avec une

détermination comparable à celle qui ramène le saumon depuis l'océan jusqu'à la rivière de sa naissance ? Était-ce moi qui avais associé le célibat à l'annonce de Jésus-Christ ? Aux yeux de Sarah, j'étais comme celui qui entre dans une secte. Elle me voyait culbutant les garde-fous de la raison, me bouchant les oreilles pour renier les liens les plus sacrés. Jamais ma solitude ne m'apparut plus grande.

Je retardai mon départ au noviciat pour avoir une entrevue avec son père, comme elle le désirait. J'avais le pressentiment que le désir profond de Dieu finirait bien par être identifié. Tout au fond de moi, une petite lumière brillait. Rien ne pouvait être préféré au désir de Dieu.

7

« Je te conduirai au désert »

« Fais-toi capacité, Je Me ferai torrent. »

JÉSUS-CHRIST
(à Catherine de Sienne)

1957. J'entrai au noviciat au début du mois de novembre. Dix jours plus tard, je pris l'habit dominicain. Je ne m'appelais plus Stanislas, mais Augustin. Le père maître avait choisi pour moi ce *nom nouveau.* Même pour ceux qui le connaissent peu, Augustin le Berbère évoque un passé de turpitudes, une conversion et un apostolat par la parole et par l'écrit. Au moment de ma prise d'habit, le 11 novembre 1957, je dis au père maître : « Vous menez la brebis à l'abattoir. » Il me répondit : *« Non, je présente la victime à l'autel ! »* Lorsque j'étais allongé sur les dalles, une seule pensée m'habitait : *« Il y a plus de joie au Ciel et sur la terre pour un seul pécheur qui se convertit que pour quatre-vingt-dix-neuf justes. »*

Je n'allais pas vers l'ordre de saint Dominique sur un coup de tête. J'avais connu plusieurs aumôniers d'étudiants dominicains dont les qualités humaines et spirituelles m'attiraient irrésistiblement : simplicité, jeunesse de cœur, absence de calcul, intrépidité, joie, miséricorde... Cette grâce, ces dominicains la devaient sans doute à la place primordiale qu'occupait la Vierge Marie dans leur spiritualité. De plus, la finalité de l'ordre était bien ce que je cherchais. Elle était définie par le grand théologien saint Thomas d'Aquin : *« Contempler et faire partager aux autres le débordement de sa contemplation. »*

Au noviciat, amour humain et amour divin se heurtaient et se confondaient tour à tour. Ils se contredisaient ou s'harmonisaient selon les jours. J'avais dans mon souffle le parfum du souffle de Sarah. J'avais dans mes yeux l'intensité de son regard. J'avais dans ma main la douceur de sa main. J'étais ahuri par la grandeur d'un mystère si fulgurant. Je retrouvais dans la Bible les Paroles que mon amie, quelques semaines plus tôt, avait cueillies pour moi. Je savais par cœur certains passages des lettres de Sarah qui avaient réveillé mon âme :

> *« Je me suis demandé ce qu'était s'aimer soi-même. Et d'abord, quoi aimer en soi ? Qu'est-ce qui est en nous ? Seule existe l'âme créée à l'image de Dieu. Chacun incarne une image de Dieu différente. Et cette âme nous est aussi peu sensible que Dieu Lui-même. Et là, nous sondons jusqu'au vertige à quel point nous sommes charnels. Nous passons à côté de la lumière en aveugles, à côté de la vie en morts. À ceux dont les yeux s'entrouvrent, il appartient de crier jusqu'à l'épuisement... C'est à cause de la dureté de notre cœur que nous ne voyons pas... »*

Un silence prodigieux enveloppait cette découverte. Le recueillement du cloître protégeait la Parole de Dieu. Cette fois, elle n'était plus disséquée, mais goûtée, savourée, intériorisée. Elle élargissait mon cœur. Celui qui n'a pas fait l'expérience du silence le plus total pour Dieu ne peut imaginer les changements intérieurs qu'il provoque. On fait un tri entre l'Essentiel et ce qui ne l'est pas. On entre dans l'extase à partir de quelques perles de la Bible. *« Je danserai pour Toi avec des cris de joie »* (Sophonie). *« Je t'ai gravé sur la paume de Mes mains »* (Osée). *« Qui vous touche, touche la prunelle de Mes yeux »* (Zacharie 2, 12).

L'église du couvent était d'une conception très moderne. Sur les hauts murs, des vitraux de petite taille laissaient passer dans la pénombre de grands rayons rouges ou jaunes. Un effet d'optique créait un halo circulaire autour de ces ouvertures carrées. Dieu, ici, avait dressé Sa tente. Tout, en ce lieu, parlait de Sa présence. Ce monastère de briques fauves et de béton gris pâle avait la simplicité d'un temple zen japonais. Rien pour stimuler l'imagination. Juste un espace… pour une Rencontre.

Les cellules aux murs blanchis à la chaux n'avaient pour tout mobilier qu'une table, une chaise et un lit étroit. Cette simplicité nous mettait d'emblée sur la longueur d'onde de la prière. Je n'avais apporté avec moi qu'un seul livre : une petite Bible de Jérusalem que Sarah m'avait offerte. J'étais là, avec pour toute richesse mon cœur pantelant, ce cœur si déroutant auquel je n'étais toujours pas habitué, depuis vingt-sept ans de compagnonnage. J'étais comme un marin égaré dans la nuit, qui cherche une étoile.

Et Sarah, pendant ce temps-là, que devenait-elle ? J'étais écrasé à l'idée que, par mon choix, je donnais à l'être qui m'était le plus cher au monde l'image d'un Dieu sadique ! Certains de ses propos revenaient sans cesse dans ma tête comme un refrain dont on ne parvient pas à se défaire : *« Tu fais fausse route, tu n'apporteras pas aux autres le bonheur. Mais si ta paix intérieure est à ce prix, je suis prête à te faire le sacrifice de ma vie… »* Le jour de notre séparation, elle m'avait dit : *« Le mariage est aussi rédempteur que le sacerdoce. »* Ce propos se heurtait à une page de l'Évangile. *« Je n'ai personne pour me conduire dans la piscine*, criait le paralysé de Béthesda. *Je n'ai personne ! »* Qui peut demeurer sourd à un tel cri ? N'est-ce pas le prêtre, et lui seul, qui est habilité à donner le goût de se jeter en Dieu ? Le testament spirituel de Saint-Exupéry m'obsédait à un tel point que j'en suis encore intrigué aujourd'hui.

« Il n'y a qu'un seul problème : rendre aux hommes une signification spirituelle. »

J'écrivis une lettre à Marguerite H., qui m'avait promis d'épauler Sarah :

> «Je vais d'abord laisser grandir en moi cette qualité d'amour dont Dieu seul est la source, dont Lui seul a le secret. Quand cet amour sera enraciné en moi ou moi en lui, je verrai certainement plus clair ! Je ne cesse de prier pour Sarah. Dites-lui bien à quel point le Christ a besoin de son cœur. Que mon absence soit pour elle l'occasion de découvrir le besoin qu'elle a de Lui. Dites-lui combien le but de tout amour est de réveiller en nous le goût de Dieu ! Dans une vie commune, lui aurais-je offert un tel cadeau ? Penser à moi ne lui apporterait que chagrin. Penser à Lui la comblera de joie !
>
> « Le jour où nous verrons Dieu, le jour où nous L'aimerons par-delà le voile douloureux de la Foi, nous comprendrons tout. Nous sommes attirés par les reflets de l'Absolu, mais c'est pour Lui que nous sommes faits. Il faut être bien enraciné en Lui pour accueillir Ses reflets pour ce qu'ils sont, dans leur lien avec Lui.
>
> « Si Dieu me demande de Le servir dans un apostolat de laïc et l'amour de Sarah, cela ne sera sans doute pas plus simple. En découvrant que l'amour pour Dieu et le service de l'Évangile n'étaient pas le privilège des clercs, j'ai été soulevé d'un enthousiasme indescriptible. Qu'attend l'Église ?... »

Pour l'office des matines de Noël, il était de tradition que le novice entré le plus récemment prononce une homélie en latin. Le thème que je développai s'imposait à mon esprit avec force ! En chacun de nous, le Messie voudrait naître. Comme Jésus avait eu besoin de Marie et de Joseph, l'amour de nos frères est pour nous une question de vie ou de mort. Peut-être ici ou là, Jésus, ce soir, faute d'amour, sera empêché de naître. Malgré le latin, j'étais conscient du caractère pathétique de cet appel. Je sentais mon âme, ma vie, en réel danger. Jésus était venu sur notre planète pour dire : *« Attention ! Je vous donne rendez-vous dans votre frère. Ne le laissez pas mourir. Ne Me laissez pas mourir dans votre semblable ! »*

À quarante ans de distance, je ressens encore avec une émotion extrême l'enjeu de ce cri de Noël 1957. Rarement j'avais eu à ce point le sentiment de ma fragilité et du besoin de mes frères humains.

Il existe dans notre vie des moments qui sont des sommets ou des sources. On préférerait mourir plutôt que de trahir une intuition qui a un tel goût de révélation.

Notre contact avec le monde extérieur était coupé. Un père maître que je vénérais nous donnait une instruction spirituelle quotidienne.

J'éprouvais un grand bonheur à entendre ses causeries, nées d'une profonde méditation et non pas livresques.

J'ai tout conservé précieusement.

> *« Le but de Dieu est d'associer des êtres autonomes, libres d'aimer, à Sa Joie infinie d'aimer. Dieu nous destine à partager éternellement Sa Vie. Tout doit être regardé par rapport à ce but. Si nous nous sentons médiocres, c'est le signe que Dieu nous travaille. L'amour de Dieu ne dépend pas de nos qualités, alors ne désespérons jamais de Son Amour.*

« Ici-bas nous ne Le voyons pas, nous Le croyons. Nous ne Le possédons pas, nous L'espérons...

« Dieu a une préférence pour les pécheurs parce qu'Il a davantage à leur donner. Aux autres il a déjà donné... »

Nous étions vêtus de robes blanches et de capes noires, ou bien de blouses rayées bleu et blanc, avec le crâne rasé (des *bagnards* de Dieu !). Le dimanche après-midi, nous partions en promenade comme les enfants d'un patronage. Piètre concession faite à notre nature, créée pour le plein vent. À l'occasion de nos courtes récréations, des affrontements avaient lieu entre des positions théologiques radicalisées. Parfois, sur le terrain vague du couvent, le trop-plein de vie qui bouillonnait en nous s'exprimait de façon fantasque. Mais, de six heures du matin à vingt-deux heures, le temps était découpé en alternance de silence dans la cellule et de récitation des Psaumes dans le chœur.

Il ne s'agissait plus de *faire* mais d'*être*. Les voix humaines s'étaient tues. Ce qui se passait en dehors du couvent ne nous parvenait ni par la radio, ni par les journaux. Tous les liens autres que spirituels étaient rompus. Nous étions acculés à l'essentiel comme un arbre qui n'aurait plus qu'une seule racine et qui doit la plonger au plus profond sous peine de mort. Le courrier, c'était les lettres de saint Paul et de saint Jean. Les romans, c'était la saga du peuple de Dieu, en laquelle nous reconnaissions notre passé. Pas un paragraphe de la Bible, pas un verset qui n'évoque notre propre histoire ; nos élans vers Dieu, qui répondaient à Ses élans vers nous, nos infidélités, qui conduisaient à des impasses.

Tenir le coup dans ce genre de vie, où la prière seule remplit le temps, voilà à mes yeux une preuve irréfutable de la présence de Dieu. Dieu est trop grand pour nos sens. Je me voyais comme un fusible, traversé par un courant trop fort, risquant de fondre à tout moment. Durer, ne serait-ce qu'une année, dans cette vie monastique est une preuve que Dieu est présent, qu'Il est réel. *« La preuve du pain, c'est qu'il nourrit »* (Claudel). Sinon, on deviendrait fou.

Je suppliais le père maître. « Donnez-moi un travail manuel à effectuer : faucher, abattre des arbres, fendre des bûches, casser des cailloux, n'importe quoi, sinon les plombs vont sauter. » *« Mais, mon pauvre petit, il ne fallait pas venir ici alors ! Nous sommes un ordre de prêcheurs ! »* Il soulignait le dernier mot. En effet, c'était bien là mon seul désir : crier que Dieu est Tendresse et Miséricorde. Rien d'autre. Le lendemain, il me fit venir dans sa cellule et me dit : *« Je crois de bonne foi que Dieu vous invite à être dominicain. Courage ! »*

L'hésitation devant l'avenir demeurait entière. Je me sentais appelé certes, et cet appel était pour moi plus réel que l'univers sensible, mais était-ce bien dans la vie dominicaine, du moins telle que je la percevais ici ?

Chaque quinzaine, j'allais me confesser au père maître. Le sabotage permanent par un adversaire acharné à réduire notre dimension véritable me rendait malade. Je me souviens d'un jour où je pleurais, en disant : « Je n'en peux plus d'avoir commis le péché originel ! » Le père maître me répondit par ce simple mot de la liturgie de Pâques : *« Heureuse faute, qui nous a valu un tel Sauveur ! »* Alors, c'est de bonheur que je pleurai.

Comme je l'aimais, ce père maître ! Il considérait toute chose comme de la paille à côté de la splendeur de Dieu. Sa devise aurait pu être : *« Dieu seul. »* J'étais à la fois fasciné et effrayé. Faut-il à ce point déprécier le monde pour être plus proche de Dieu ? « Et l'église Saint-Pierre de Rome, lui demandais-je, ce n'est pas beau ? » *« Oh non ! ce n'est rien à côté de Dieu ! Dieu seul est grand ! »* Toute ma vie, je reverrai dans le chœur cette silhouette voûtée et ce visage, les yeux clos, sous la capuche blanche.

Plus de vingt cahiers sont remplis de tentatives pour comprendre ce qui m'arrivait, me justifier à moi-même les coutumes monastiques, capter ce que je découvrais de la Bible et de ses trésors.

Le père maître n'ignore rien de ma situation. Il est assez réaliste sur les risques du célibat. *« La seule sauvegarde est un cœur débordant d'amour pour le Seigneur. Faute de cet amour, un cœur qui n'est pas marié se dessèche inéluctablement. »* C'est là un pari incroyable. Quitte ou double : folie ou sainteté. Il faut être un peu kamikaze. Les risques sont réels. Le prêtre desséché, aigri, n'est pas neutre : c'est un déracineur de religion.

Il me faut, coûte que coûte, *habiter les rites*, sinon je deviendrai un pantin.

Si l'ordre dominicain met tant d'entraves à notre condition humaine (règles liturgiques minutieuses, vêtements moyenâgeux, crâne rasé, langage et mœurs monastiques), c'est qu'il nous faut sans cesse nous souvenir de ceci : le Message que nous aurons à transmettre vient de Dieu et non des hommes ; il transcende le monde.

Seigneur, pour ne pas sombrer dans le dessèchement, il faut T'aimer à la folie. Si mon cœur reste vide, je suis perdu. N'est-ce pas tenter le diable que de prendre un tel risque ? Celui qui est sujet au vertige peut-il prétendre escalader les montagnes ?

La soif d'absolu que Tu as déposée en moi comme une boussole pour Te retrouver, qu'en ai-je fait ? Je m'en suis servi pour rejoindre la trace de Ta beauté dans Tes créatures. Alors, j'ai perdu le nord. Les êtres créés sont merveilleux lorsque nous allons vers eux dans un esprit de service, pour les aider à se relier à leur Source. Si nous posons sur eux notre besoin d'adorer, alors ils ne nous conduisent plus vers Toi.

J'ai trop nourri l'inquiétude. Sans doute est-ce le symptôme d'un petit grain. Mais c'est autour d'un petit grain que l'huître sécrète sa perle ! J'y vois aussi une manifestation de romantisme. Être heureux, c'est trop banal, c'est trop gris. Dans les moments de souffrance, mes émotions étaient fortes. Je craignais de tomber dans une routine où rien ne se passe. La lecture des *Pièces noires* d'Anouilh a beaucoup contribué à aviver cette crainte. De même Greene, Mauriac, Camus, Malraux, Sartre... Toute cette littérature est tragique. C'est l'écart entre la nostalgie d'une signification et un constat de Néant qui la rend telle.

L'amour est une question de vie ou de mort. Voilà le début et le terme de ma vision du monde. Comment transmettre au plus grand nombre d'hommes possible le grand secret ? Toute notre culture semble aux antipodes. Le cinéma, parfois, plonge dans cette réalité. Je pense au film *Nous sommes tous des assassins*. Je reconnais l'enjeu de l'amour par la terreur que m'inspire son envers (j'ai failli écrire *son enfer*). Voir l'humiliation de celui qui est bafoué, voir enfoncer la tête de celui qui coule, voilà ce qui fait le mieux comprendre le sens du verbe aimer. C'est une expérience *en creux*. Celui qui a été maintenu pendant des mois dans l'obscurité totale peut comprendre la beauté de la lumière. Quelqu'un est mort d'avoir pris la défense des humiliés et des exclus. C'est pourquoi je L'aime.

L'amour est la réalité à la fois la plus vitale et la plus menacée, la plus urgente et la plus marginalisée. Ses contrefaçons détournent de l'essentiel ceux dont la vie n'a de sens que par cette quête.

Les événements de ma vie et la Révélation se sont donné la main pour me montrer l'universalité et la gravité des malentendus, des dialogues de sourds et de la non-communication : parents/enfants, Blancs/Noirs, bourgeois/ouvriers, intellectuels/manuels, sensibilité de droite/

sensibilité de gauche, etc. Seul l'amour tisse entre les points de vue différents une fragile passerelle.

L'amour se vit de personne à personne. La personne humaine ne peut dire « je » qu'avec son cœur. L'être humain n'est solide que sur ce centre de gravité, ni dans l'intelligence ni dans la sensibilité. Le cœur aime, connaît, agit, choisit, décide, comprend. L'amour est la seule passerelle vers l'autre. L'amour humain est le premier degré de l'éveil spirituel. Sur ce chapitre, les soi-disant incroyants devancent souvent les croyants. Breton, Éluard, Aragon, lorsqu'ils célèbrent l'amour, sont des mystiques. L'amour humain partagé fait exister. Mais comment assumer la tristesse, la solitude, la nuit, l'amertume de ceux qui en sont privés ? *« Il y a de la honte à être heureux tout seul »*, dit Camus. Il n'y a plus une seconde à perdre pour partager le secret de la joie que Dieu peut donner aux esseulés.

Durant cette année décisive, il ne se passa rien. Ce fut un parcours initiatique jalonné de rencontres du Dieu invisible ; moments de bonheur inouïs. Mes notes, moins répétitives que celles du *Boléro* de Ravel, me semblaient la trace de Son passage. C'est pour cela que je les recueillais.

Un des moments les plus marquants de ce noviciat fut une retraite prêchée par le père Bro. Sa parole était de feu. Il me montrait de façon claire la nature de mon désir le plus profond : permettre aux âmes de naître, par la grâce très mystérieuse de la Présence de Dieu. Le père Bro préparait les cœurs à entendre la Parole de Dieu, comme un architecte met en valeur les vitraux d'un génie. Ce n'était pas la transparence vide de la plupart des prêtres que j'avais connus, convaincus qu'en existant le moins possible ils montreraient Dieu davantage. Ce n'était pas le discours froid, convenu, ecclésiastique de ceux qui répètent : *il faut prier*, mais ne disent rien ni de Dieu, ni de la prière. Il parlait comme un conteur oriental avec des paraboles empruntées à toutes les traditions, toutes les cultures. Il était heureux de ce qu'il disait, convaincu et contagieux. Il citait les auteurs que j'aimais ! *« Le but de la prière est de devenir autre. Elle nous rend capable de nous passer parfois de ce que nous demandons »* (Julien Green). *« La tentation de l'homme moderne, c'est de faire le bien sans Dieu »* (Paul Claudel). Lorsqu'il citait la Bible, il prêtait à Dieu des accents passionnés, ceux des prophètes : *« Si la sentinelle ne sonne pas de la trompe et que l'ennemi dérobe un fils de Mon peuple, c'est à elle que Je demanderai compte du sang versé. »*

Au long de mes cahiers durant ce noviciat, je peux lire la phrase : « Comme j'aimerais partager tout cela avec le père Bro. Lui, il me comprendrait ! »

Prodigieuse expérience que le noviciat : un temps de vie à l'écart de tout, privé de tout, sauf de Dieu. Pour ressentir le prix des réalités, rien ne vaut de s'en séparer. Recevoir une lettre, écrire à quelqu'un, être en relation avec une personne, accomplir une activité où le corps entre en jeu, écouter de la musique, jouer d'un instrument, lire un journal ou un roman, tout cela n'existait plus. Ces racines de l'arbre de ma vie étaient tranchées. Une seule occupation demeurait : être aux aguets des signes de Dieu et de Sa Parole. Comment cette racine ne se développerait-elle pas ? Vous êtes là pour Dieu seul, et la coupe de l'âme déborde de gratitude. Attente patiente de Sa visite dans le silence. Il Se donne dans une paix au-delà de toute paix.

De temps en temps, le retour sur terre était brutal. Conversation des novices sur les inconvénients et les avantages comparés du blanc de l'habit dominicain et du noir de la soutane, sur la nécessité d'*égaliser les chœurs* (être le même nombre de novices à gauche et à droite dans les stalles !)...

Comme c'était incongru de se faire regarder comme un mauvais sujet pour des bavures futiles ! Cet univers pseudo-humain, ces enfantillages, ces querelles de lutrin, ces coupages de cheveux en quatre avaient quelque chose de surréaliste. D'un côté, le versant sublime de la Révélation, de l'autre, l'ombre portée de notre condition humaine. L'adoration, la liturgie, la beauté du chant grégorien, l'oraison silencieuse, tout cela conduisait l'âme vers un état de plénitude inimaginable ! L'envers du décor était une sorte de discipline infantilisante.

(Récemment j'ai vu au Saint-Sépulcre un prêtre âgé se faire houspiller par un plus jeune parce qu'il n'avait pas mis un carré de tissu [amict] autour du cou sous son aube. Jésus était ressuscité à dix mètres de là ! N'étais-je pas en train de faire un cauchemar ?)

Je ne parvenais pas à reconnaître dans notre vie l'amour dont l'Évangile parle sans cesse. Je n'avais pas compris le mode d'emploi d'un noviciat. Je pensais à la petite sirène : une fée lui avait donné des jambes. Pour l'amour de son bien-aimé, elle avait accepté de ressentir une douleur à chaque pas, comme si elle marchait sur des lames de couteau. Pour avoir osé m'approcher trop près de Dieu, n'étais-je pas contraint d'avancer sur la lame d'un sabre ?

Le *chapitre des coulpes* (où l'on était censé signaler les manquements à la règle commis par les frères), la couronne monastique (le crâne totalement rasé, laissant une frange de trois centimètres autour de la tête), le vouvoiement obligatoire, le latin psalmodié au réfectoire, les prostrations à plat ventre dans le chœur pour demander pardon d'une fausse note, et d'autres coutumes étranges : quelle relation tout cela avait-il avec le message d'un Dieu-Amour à transmettre aux hommes pour qu'ils deviennent des vivants ?

J'avais été séduit par la joie d'un père dominicain. Quel rapport ces règles médiévales avaient-elles avec l'Évangile de tendresse et de miséricorde dont il m'avait embrasé le cœur ?

Une pression sociale, inconcevable aujourd'hui, dramatisait les infractions aux tabous de la vie monastique. Avoir lu *Deum* au lieu de *Dominum* entraînait une réprobation sévère. Mais les manquements à l'amour n'étaient même pas évoqués. J'étais entraîné dans une parodie. Une liturgie sans amour, c'est vraiment le comble ! On finit par aimer le chant grégorien pour lui-même, le déroulement des offices pour lui-même... Comme dans cette histoire où un curé avait fignolé pendant huit jours la plus merveilleuse procession pour la fête du Saint-Sacrement. Quelqu'un lui ayant fait remarquer l'absence d'hostie dans l'ostensoir, il avait rétorqué : *« On ne peut pas penser à tout ! »*

Chaque soir, nous chantions en latin : *« Frères, soyez sobres et veillez. Votre adversaire, le diable, se démène, cherchant qui dévorer... »* Savais-je comment l'Adversaire s'y prend pour nous dénaturer ?

Ce que j'avais tant redouté était arrivé. J'avais placé la routine avant l'amour. L'horlogerie était bien réglée. C'est l'âme qui aurait dû animer les gestes. Alors seulement, les gestes auraient pu rayonner la beauté qu'ils voulaient signifier. Il en va de même de toutes les réalités humaines : la littérature, la vie sociale, la famille, la sexualité, la politique, le travail, la souffrance. Malheur à la souffrance qui ne se transforme pas en générosité ! Malheur à la sexualité qui n'est pas transfigurée en tendresse ! Malheur à la famille dont les liens ne sont pas imprégnés de respect ! Malheur à la politique qui n'est pas orientée vers le souci des plus fragiles ! Malheur à l'Église si elle n'est pas le lieu de relations fraternelles ! Et cet envers a un endroit : tout est grand lorsque l'amour l'imprègne. Le diamant en est un beau symbole : ses cinquante-huit facettes magnifient la lumière. Dans les ténèbres et non taillé, il est semblable, dans le creux de la main, à tous les cailloux.

Certes, il s'agit de demeurer fidèle à la prière, même lorsqu'on ne ressent plus rien. Mais il serait fou de s'en accommoder. Qui accepterait de vivre avec une épouse qui lui dirait : *« Si je reste avec toi, c'est par devoir »* ?

Si j'avais à rêver d'un noviciat religieux, il se rapprocherait de ce que racontent les livres de la Torah : le soleil de feu qui vous martèle comme une masse sur une enclume, les vents de sable qui vous déchirent les yeux et vous empêchent de dormir, la soif qui fait délirer, les épines qui écorchent la peau, les scorpions et les serpents qui vous frôlent dans la nuit, les mouches exaspérantes qui s'acharnent… Ou alors une initiation à la vie spirituelle, mais dans le cadre d'un secours aux enfants abandonnés de Roumanie, de Bosnie ou du Rwanda. Et dans ces yeux perdus ou confiants, Dieu Se révélerait.

Il m'arrivait d'éprouver une joie profonde dans cette contrariété aux mouvements de ma nature. Il m'arrivait même d'être heureux sous les coups de discipline. Les flagellations que l'on s'inflige à soi-même ne provoquent aucune douleur. Les commandos militaires que l'on envoie s'entraîner en forêt équatoriale pourraient, eux, être taxés de masochisme. Pas les moines. Il m'arrivait de dire : « Je suis séparé de tout ce que j'aime, et je suis vivant. Je vis par Dieu seul. C'est prodigieux ! Par Dieu seul ! N'est-ce pas la preuve irréfutable de Sa présence ? Que peut-on souhaiter de plus désirable ? »

*

Je tourne quelques pages de mes vieux cahiers, et je lis :

> Sans amour, je peux être le génie le plus brillant, le donateur le plus généreux, le martyr le plus torturé, je ne suis qu'un bruit de cymbales, un tintamarre dans le vide. Voilà l'alpha et l'oméga de l'Évangile. Les connexions entre la culture et l'Évangile m'intéressent plus que tout. Est-ce cela, le sacerdoce ? Ou bien s'agit-il d'une vocation de baptisé ?
> L'esprit du monde que dénonce Jésus marginalise l'amour ou le dénature. L'amour devient prétexte à émotions sentimentales. Nous aimons l'amour que nous portons aux êtres plus que ces êtres ! Aimer l'amour, c'est courir le risque de n'aimer que soi-même.
>
> Seule l'union à Dieu peut purifier l'amour humain. Mais, à l'inverse, seul l'amour d'un visage précis peut nous amener à découvrir que Dieu est une personne Lui aussi, et non un Absolu sans visage. Le sort de l'amour humain et celui de l'amour de Dieu pour nous sont liés. Si l'un des deux s'étiole, il entraîne l'autre dans sa chute.
>
> Nous sommes créés pour aimer. Si notre âme ne trouve pas un amour à sa mesure, elle étouffe ! La paix, la mort seule l'apportera ! J'ai hâte de ce passage ! Joie profonde en y pensant, comme lorsque je chantais autrefois ce negro spiritual : *« Oh ! peut-être un jour, peut-être un soir, la mort qui passe m'emportera. »*

J'ai souvent éprouvé au long de mon existence la nostalgie de ce monde à venir, l'éternité vers laquelle nous marchons. Sa beauté est ébauchée sur cette planète. Elle en fait le charme. Mais elle n'ouvrira ses trésors en plénitude qu'après la mort. Ici-bas nos aspirations les plus vivaces ne cessent d'être trahies. Plus les années passent, plus on le sait. Ce monde n'est pas à la taille de notre désir.

Je reviens à mes notes, à ces pensées qui me harcelaient comme des abeilles sauvages, et dont je ne me délivrais que par l'écriture.

Il est vital de porter l'Évangile dans les domaines de l'éducation et de la culture. Il faut placer l'accueil de la différence au cœur de toutes les valeurs : voilà le champ où je voudrais labourer et semer. Sans amour, tout est lugubre, sans saveur, pétrifié. L'homme se remplit le cerveau et son cœur se dessèche. À la fin des études, nous ressemblons à un ver qui a dévoré un livre et qui laisse derrière lui des petits déchets, des scories informes. Comment ose-t-on lire la Bible autrement qu'avec un cœur agenouillé, amoureux, éperdu de reconnaissance ? Les mots sont des cartes routières. Ils indiquent les lieux où se situent les réalités. Ils n'y conduisent pas. Seule l'expérience mène au réel. Bien sûr, l'expérience à l'état brut n'a rien à dire. Il faut en déchiffrer la signification. C'est le *verbe* qui donne sens, mais un verbe devenu chair. Je ne vois partout qu'idéal désincarné et *chair* sans âme.

Je ne veux pas vivre entre ciel et terre. C'est au cœur de l'amour humain, encore si vivant en moi, que j'ai fait l'expérience de la jonction de la terre et du ciel. L'harmonie intérieure me faisait aimer pour de bon ceux que j'étais le moins porté à aimer. Comment pourraient-ils vivre dans la sérénité, n'ayant pas reçu la révélation d'un regard et d'une voix qui disent : *« Je t'aime »* ? N'étais-je pas jusqu'ici un bloc d'agressivité contre ce qui menaçait mes intuitions les plus chères ? Et là, soudain, il n'était plus question de se défendre ! L'amour de l'homme et de la femme est le seul espace qui donne à l'être humain de vivre avec intensité. Renoncer à un lien aussi fort, c'est consentir à devenir aveugle. L'Église inventera-t-elle un jour un ministère qui associera apostolat et mariage ? Pour oser attendre, il faudrait une confiance folle en l'avenir.

Pourquoi calomnier la dimension corporelle de l'amour humain ? Si nous *avons* un corps, alors, oui, c'est à l'âme qu'il faut s'adresser et à elle seule. Il faudra le moins de corps possible. Mais si nous *sommes* corps et âme indissolublement !... On nous a rabâché que l'instinct sexuel, contrairement à l'instinct nutritif, était une matière à option, très secondaire en somme. Or, l'équilibre dans ce domaine est la clé de tout équilibre. Les amoureux témoignent d'une pacification, d'une libération de l'agressivité, d'une métamorphose de toute rancœur.

Jamais nous ne célébrerons assez la grandeur de l'amour humain. De tout amour vrai émanent un rayonnement, une paix, une simplification. Pourquoi l'amour humain séparerait-il de Dieu un messager de la Bonne Nouvelle ? Dans le paradis, Adam était dans une intimité totale avec Toi, et pourtant Tu as dit : *«Il n'est pas bon que l'homme soit seul !»* Pourquoi cette compagne que Tu lui as donnée serait-elle un écran, un obstacle ? On a retiré le mariage aux prêtres à un moment d'évolution de l'humanité où l'empire des sens était, sans doute, trop envahissant. À partir d'un certain degré de spiritualisation, l'énergie biologique ne peut-elle se transformer en générosité ?

La plupart des pages de mes cahiers avaient été rédigées pour tenter de comprendre le vertige d'un amour qui avait pris possession de tout mon être.

Le visage de Sarah avait pris possession de mon cœur. Je portais en moi la musique de sa voix. Je lui parlais. Je lui demandais, en pensée, de me pardonner. Je la suppliais d'essayer de comprendre, d'accepter de ne pas chercher un coupable... Ce n'est pas moi qui avais inventé le statut du célibat. Si l'Église l'exigeait, elle avait sûrement raison. Ou, en tout cas, des raisons. Peut-être savait-elle, dans sa sagesse deux fois millénaire, combien un grand amour est envahissant, et combien alors il reste moins de temps, ou moins de cœur, pour les autres. J'étais heureux de pouvoir témoigner de la Présence de Dieu. L'Amour essentiel dont l'amour humain n'est qu'une des manifestations était trop rare. Dieu, Trinité de Tendresse, était trop mal connu. Un dieu de l'ordre et de la rigueur avait pris Sa place. Annoncer ou non la Bonne Nouvelle d'un Dieu de tendresse, de risque et de liberté n'était pas facultatif. C'est au mépris de leur vie que les apôtres criaient : *« Nous ne pouvons pas ne pas parler. »*

Mes notes sont, sans doute, la trace la plus fidèle de ce que je ressentais alors :

> Arraché à la formidable attirance d'un visage aimé par une aimantation plus grande encore, je m'interroge sur la puissance de cette seconde force. Dieu parle vraiment au cœur lorsque nous lisons les Écritures. La Parole de Dieu rayonne lorsqu'elle se fait chair, lorsqu'elle pénètre dans le *ici et maintenant* d'une existence. J'éprouve parfois une véritable extase lorsque je médite dans le silence les mystères de la Bible.

> *« Il y a ceux qui deviennent eunuques pour le Royaume. Que celui qui peut comprendre comprenne ! »* Que signifie cette parole ? Jésus s'adressait à des disciples qui n'estiment plus le mariage intéressant, puisque l'homme ne peut même pas renvoyer son épouse quand il veut !
> Le célibat met Dieu en demeure de faire un miracle. « Seigneur, je vais marcher sur une corde raide, au-dessus du vide, tel un funambule : sur Ta parole, j'avance ! » Miracle aussi percutant que celui d'Élie mettant le feu à des fagots inondés. Mais justement, n'est-ce pas cela son sens : être un signe ? Dans l'épaisseur du matérialisme ambiant, ne faut-il pas des paraboles en actes, aussi fortes et aussi folles ?

> Les déviances du célibat mal vécu sont bien connues : autoritarisme, manies, susceptibilité, tarissement de la ten-

dresse. Si le prêtre n'est pas d'abord un religieux, s'il ne place pas en Dieu tout son potentiel d'adoration, il sera un *refoulé.* L'intensité de notre soif d'aimer désigne notre place en ce monde. J'entends souvent ce cri de Dieu : *«Mon peuple a échangé sa Gloire contre le néant.»* C'est la douleur de Dieu qui me fascine. Elle emportera tout sur son passage.

L'amour a fait voler en éclats un pantin bourré de craintes et d'intérêts dérisoires que j'appelais *moi.* Une femme, semblable à Marie, petite fille d'Israël, m'a *mis au monde.* Elle a vu mon âme prisonnière, bâillonnée. Elle a entendu mon désir silencieux : *je voudrais exister.* Elle a chanté le cantique de la Tendresse de Dieu. Qui aurait pu demeurer sourd à cette voix ? Lorsque la pluie descend sur le désert, elle y fait jaillir la vie. Des fleurs dont on ignorait la présence invisible se mettent à éclore, à profusion. L'eau a libéré l'énergie des semences. Le désert n'en croit pas ses yeux. Il ignorait qu'il était riche de ces corolles jaunes, mauves ou orangées, par millions. Ce que cette femme a fait pour moi, c'est une image de la grâce du sacerdoce ! Toute femme est prêtre. Elle met au monde celui qu'elle aime.

Les textes qui débordent de mes cahiers sont devenus semblables à de la lave refroidie. Pourtant, ils jaillissaient comme un feu brûlant cette année-là. J'abordais au long de ces pages de très nombreux sujets, mais pour ce livre qui veut relater les méandres d'une vocation, j'ai seulement gardé ce qui avait un rapport avec cette quête.

J'écrivis à mes parents pour tenter de leur expliquer ma situation :

« Les aptitudes au sacerdoce ne sont pas telles qu'elles puissent se reconnaître humainement. Ne vous étonnez donc pas de ne pas être consultés. On vous répondra que vous n'avez pas grâce d'état. Avant d'entrer au noviciat, je me suis demandé avec angoisse dans quelle profession incarner le souci missionnaire que je portais. Enfance délinquante ? Journalisme ? Culture ? Thérapie du psychisme ? J'étais trop fatigué pour faire un choix judicieux. Aujourd'hui, je sais que si le noviciat est encore un échec, aucun séminaire ne me reprendra.

« Il me faudrait être indifférent. Au fond, qu'est-ce que cela peut faire d'être ici ou là, pourvu que je fasse la volonté de Dieu ? Ce qui me fait mal, c'est l'angoisse du néant chez ceux qui ne savent pas pour quoi ils existent. Ce qui m'intéresse, c'est la réponse de Dieu aux questions que l'homme se pose sur sa destinée. Qu'est-ce que l'homme ? Pourquoi existons-nous ? À quoi sert notre temps terrestre ? Comment harmoniser la Révélation et l'expérience humaine ? Comment rendre désirables et accessibles les lumières de la Révélation ? Comment faire remonter jusqu'à la hiérarchie de l'Église les conditions concrètes dans lesquelles les humains auront à vivre les valeurs évangéliques ? Et tout cela, dans quel but ? Pour que les hommes trouvent la véritable réalisation dont Dieu rêve pour eux.

« Il n'est pas nécessaire, théoriquement, d'être prêtre pour être apôtre. Lorsque des hommes auront à la fois une compétence théologique et un métier humain, beaucoup de choses changeront. La religion sera plus adaptée, mieux comprise...

« On a fait de la religion une sécurité. Pour la plupart des gens, le prêtre n'est plus que le catéchiste de leurs enfants et le croque-mort de leurs parents. Je pense à une réflexion d'un personnage de Gabriel Marcel, au sujet du prêtre : *"Il me donne de la paille quand il me faudrait du pain. Ces hommes-là n'ont pas vécu. Ils ont recueilli toutes les confidences, mais on dirait qu'elles se perdent dans le sable de leur certitude, une certitude desséchée..."* »

Je reconnais que mes propos avaient de quoi inquiéter mes parents.

Je me retrouvais seul devant le poids d'un mystère devenu encore plus lourd. Sarah semblait ne pas pouvoir le porter avec moi. M'a-t-elle demandé comment je comptais désormais traduire la soif d'apostolat qui me dévorait ? Dieu seul pouvait nourrir et protéger une semence qu'Il avait Lui-même déposée. Je ne pouvais aller vers le mariage que dans l'impératif très clair d'un appel de Dieu.

Je venais de découvrir avec Sarah, dans une sorte d'éblouissement, que vivre, ce n'était pas vivre *pour soi* ni vivre *en soi-même.* L'individualité ne nous avait été donnée que pour entrer en *communion* avec l'autre. Bien sûr, cette découverte ne s'était pas faite de façon spontanée. Ce que Sarah avait parachevé s'était préparé de longue date. Cette fois, l'expérience d'un surcroît d'existence devenait fulgurante, proprement irrésistible. « Ta vie m'est plus chère que ma vie. »

Une autre intuition venait se greffer sur celle-là : si nous échangeons notre moi isolé contre un autre moi isolé, nous sommes comme un observateur qui s'est seulement déplacé de quelques mètres sur un promontoire voisin. Pour parvenir à comprendre l'aventure humaine, pour répondre à la grande question de Saint-Exupéry : *« Que faut-il dire aux hommes ? »*, un changement plus radical de perspective s'imposait. Sarah n'était pas le Christ. Elle m'avait déboulonné de mon *moi* stérile, mais si c'était seulement pour créer un nouveau petit royaume isolé, où était le changement ?

> La sublimation de l'amour est un mensonge, c'est une illusion. Mariage-mirage. L'amour humain vient de Dieu,

mais il n'est pas Dieu. L'amour est souvent possessif, par nature ou par blessure. Celui qui vous aime vraiment vous rend à vous-même. Mais, s'il a peur de vous perdre, voilà qu'il se venge. Connaissant vos fragilités, il en use contre vous. Il dénigre ce qui, en vous, pourrait lui échapper. Il piétine ce qui, en vous, semble vous enlever à lui. Il n'y peut rien. La tentation est trop forte. Et vous vous retrouvez dans une solitude pire que la première. Dieu seul peut nous rejoindre dans notre âme.

Si Jésus a pu dire à Pierre, son meilleur ami : *« Dégage, Satan, tu me fais obstacle. Tes pensées ne sont pas celles de Dieu, mais celles des hommes »*, combien davantage une épouse pourrait s'interposer pour éviter à son mari d'inévitables souffrances, ne serait-ce que les renoncements nécessaires qu'entraîne toute générosité ! *« Celui qui aime son épouse plus que Moi ne peut pas être mon disciple. »*

La plus grande découverte de ces douze mois de retraite fut ce qu'on nomme (maladroitement) l'Ancien Testament. Elle n'était pas *ancienne*, cette Alliance : elle était toute neuve ! Bien sûr, au séminaire déjà, j'avais lu la Bible, mais comme un matériau d'enquête. Je m'étais surtout arrêté aux cinq premiers livres. Cette fois-ci, je découvrais, seul dans ma cellule, les poignantes paroles des prophètes. Un Dieu nouveau apparaissait à travers Ses tendresses et Ses indignations. Un Dieu éblouissant de splendeur à travers Sa Création, un Dieu qui est la joie à sa source, un Dieu ambitieux pour Ses enfants et qui a *mal à l'homme*. *« Et Moi, Je pleurerai en secret votre orgueil »* (Jérémie 13, 17). Un Dieu qui marche côte à côte avec un peuple, et que rien ne décourage d'aimer. En même temps, Il n'a aucun pouvoir pour S'assurer la fidélité de ce peuple. Ce n'était plus là une littérature pour donner du blé à moudre aux exégètes ; c'était ma propre vie qui était racontée, c'était mon histoire ! Fascination devant ce Dieu déconcertant comme l'amour, fou comme le feu, sublime comme l'infini. *« Dieu*

Tout Autre et Dieu en moi, plus moi que moi, Dieu que je cherche et qui me cherche. Dieu inexprimable et que la Bible exprime. Dieu tendre et Dieu sévère. Dieu fort et Dieu faible... Dieu sensible et Dieu Esprit... » (F. Varillon.)

J'écrivais :

Depuis qu'Adam T'a tourné le dos, nous sommes décentrés. Toute absence d'harmonie vient de là ! *« Seigneur, rattache-moi à l'arbre dont je suis, car je n'ai pas de sens si je suis seul »* (Saint-Exupéry, *Citadelle*). Si on me dissuade du sacerdoce, je ne cesserai pas de transmettre ce message, dans des conférences, des livres, ma correspondance. Il faut créer un courant pour que les laïcs comprennent mieux leur rôle. En cas d'incendie, disait Nikos Kasantzakis, ce ne sont pas seulement les casernes de pompiers qui sont mobilisées ! *« Il faut tout quitter pour Me suivre »*, disais-Tu. Je lisais *« tout quitter »*, et j'avais peur. J'oubliais de lire *« pour Me suivre »*. Ce pouvait être la plus prodigieuse aventure !

Je me plains de relations difficiles que j'ai vécues avec les autres. Au nom de quoi souhaiterais-je qu'elles soient faciles ? Qu'est-ce que je leur ai proposé ? Un masque, un personnage, un magma de revendications contradictoires ? C'est stupide de croire qu'ils m'en voulaient ! Ils en voulaient à mon double factice. Ce pantin les privait de ce que Dieu m'avait donné pour eux. Leurs pointes faisaient crever une baudruche. L'amour de Sarah a brisé ce faux-semblant. La guitare, les bonnes histoires, le théâtre, le sport, le corps d'athlète, les voyages, c'était quoi tout cela ?

Chaque regard d'homme est lourd d'une demande. *« Aide-moi, je Te prie, à reconnaître mon Dieu et à m'approcher de Lui... »* Lorsque je voyais un professeur qui essayait maladroitement de s'imposer, est-ce que je savais lire sa demande d'être reconnu ? *« Soyez indulgents pour mes manques. Mes limites seront repoussées par la qualité de votre accueil. »* Lorsque je marchais dans les rues chaudes de Paris, est-ce que je savais lire sur le visage des prostituées leur âme bâillonnée ? Lorsque je voyais un ambitieux, est-ce que je regardais en lui la laideur de sa démarche ou une âme qui gémit de ne pas savoir aimer ?

Qu'est-ce qui nous empêche d'aimer les autres ? La peur de les accepter tels qu'ils sont, à un stade médiocre de leur développement ? Nous ne voyons pas que leurs défauts sont souvent l'envers de leurs qualités. Qui s'aviserait de critiquer l'envers d'un tapis ?

Le jeune est habité par des pensées idéales ; il est sollicité, visité d'en haut, comme un poète en état d'inspiration. Il se heurte à des adultes dont les rêves se sont parfois cassé les ailes. Les adultes se moquent assez facilement de ces aspirations qu'ils portaient en eux-mêmes trente ans plus tôt. Jeunesse, âge des tempêtes et des choix décisifs. Il y aurait un livre à écrire sur ce passage si important de la vie.

Noviciat. Prodige de la vie contemplative. Devant Toi, les masques tombent. Je me tais comme devant un sommet neigeux à l'aurore, comme devant le fracas des vagues à Saint-Jean-de-Luz, comme devant le visage bien-aimé. Se laisser envahir par Ta vie, Ta beauté. Ensuite, nous reviendrons au monde et tout sera lavé, baigné de Ton regard.

« Tu devins prodigieusement belle,
grâce à la splendeur dont Je t'avais revêtue » (Ézéchiel 16).

Sarah est une parabole de Toi. Il n'y a pas que Toi à pouvoir être absent. Rien ne creuse le désir comme l'absence ! J'étais avec Toi comme le visiteur d'un musée qui demande au gardien de lui expliquer un tableau, alors que l'artiste serait là, si désireux de raconter ce qu'il a voulu exprimer dans son œuvre. Mes projets ont été brisés pour que je reçoive davantage.

Où donc est ma place ? Le monde est vide d'amour, et il en meurt. S'il s'agissait d'apporter aux hommes davantage de nourriture ou de santé ou de culture, mon intelligence et mon ingéniosité suffiraient. Affaire de travail et de compétence. Le goût que j'ai est bien différent. Être un sourcier de l'amour. Les humains ne savent pas ce que veut dire le verbe *aimer*. Lorsqu'ils aiment mal, leur amour, loin de transformer le monde, le déforme.

«Agir comme si tout dépendait de nous. Prier comme si tout dépendait de Dieu» (saint Ignace). Une vérité *hémiplégique* peut tuer.

À part la Bible, je lis surtout Catherine de Sienne, Thérèse de Lisieux et Élisabeth de la Trinité. Les femmes ont un don particulier pour comprendre à quel point ce qui est sans amour est stérile. Trouvé une belle page de Catherine de Sienne (je traduis en français moderne) : *«Je n'ai pas voulu, dit Dieu, que chacun possédât tout ce qui lui était nécessaire, pour que les hommes aient ainsi l'occasion de s'aimer par nécessité. J'ai voulu qu'ils aient besoin les uns des autres et qu'ils soient mes ambassadeurs pour la distribution des grâces et des dons qu'ils ont reçus de Moi. Qu'il le veuille ou non, l'homme ne peut ainsi échapper à l'urgence d'aimer…»*

Le prêtre est *fondé de pouvoir* pour s'adresser à la fine pointe de la conscience. Là se trouve la racine de l'adhésion au Vrai, de la générosité, de l'engagement. Devant cet ambassadeur de Dieu, l'homme ne craint pas pour ses jardins intérieurs. Il ose dévoiler son âme fragile et balbutiante. Cela, c'est l'endroit. Un envers existe : l'homme cherche à neutraliser l'influence de cet envoyé. Il épinglera les défauts humains des prêtres.

> J'ai la conviction que l'Église a besoin aujourd'hui d'un rouage qui n'existe pas encore : des théologiens laïcs, des apôtres laïcs.

Peut-être m'aurait-il fallu beaucoup plus de courage et de foi pour envisager cette piste-là avec détermination. Les sentiers à tracer là où il n'y en a pas conviennent mal à ceux qui doutent d'eux-mêmes. L'orientation vers un laïcat missionnaire n'était peut-être pas une dérobade, mais une fidélité au réel, une obéissance (au sens vrai du mot : *entendre*), une invitation du Christ vers une tâche mieux accordée à ce que les événements avaient fait de moi.

Un extrait d'une lettre à mon grand-père montre que je suis encore *travaillé* par le désir d'être apôtre et laïc à la fois :

> Il y a un courant à créer dans l'Église. Le message chrétien, pour être entendu des contemporains, gagnerait à être transmis par des personnes ayant fait leurs preuves dans une tâche de justice ou de miséricorde. Jusqu'à il y a une centaine d'années, l'Église faisait reconnaître au monde que, par elle, Dieu protégeait les hommes. Dieu était un Dieu d'Amour, en répandant des œuvres de miséricorde. À l'heure actuelle, il y a tant de souffrances sur lesquelles le baume du véritable amour n'est pas porté. Faute de s'exprimer par ces œuvres, la foi des chrétiens s'étiole, n'est plus qu'un ensemble de connaissances. Le prêtre passe pour un moraliste ennuyeux, sauf lorsque sa prédication est accompagnée par un exemple de miséricorde (abbé Pierre, aumôniers de prison, prêtres dans les camps en Allemagne, etc.). La mentalité contemporaine ne peut reconnaître la divinité du message évangélique que par la tendresse de Dieu à l'égard des souffrances humaines. C'est là une réalité que l'apôtre d'aujourd'hui ne peut pas ignorer.

J'aurais mieux fait d'envoyer cette lettre à un prêtre. Qu'est-ce que mon grand-père pouvait bien me répondre, sinon : *« Tu es trop compliqué »* ? Ce qu'il fit, évidemment !

Le premier père maître m'avait demandé de couper les ponts avec Sarah. Au bout de neuf mois, elle m'avait écrit en sollicitant de me rencontrer. Le père maître lui avait répondu comme si son histoire personnelle était sans importance à côté de ma vocation. J'ai sa lettre sous les yeux.

> *« Je pourrais me contenter d'opposer à votre demande les dispositions du règlement : pas de parloir durant le temps du noviciat. J'ajouterai ceci : depuis neuf mois que Stan est parmi nous, grandit en lui – comme en ceux qui ont à discerner le plan de Dieu sur lui – la conviction qu'il est bien sur la route sur laquelle Dieu le veut. Cependant, le travail intérieur qu'exige cet appel n'est pas achevé. Cette rencontre ne pourrait être vraiment bienfaisante. Aussi je ne puis permettre à Stan de vous recevoir. Je supplie le Seigneur de vous donner la force d'accueillir ce refus sans révolte et dans la paix. »*

La réponse de Sarah au père maître fut plutôt vive.

> *« La lucidité exigerait trop de force. Stan se dérobe et vous tranquillisez sa conscience ; ce qui n'a pas de sens rentrera dans le plan de Dieu. Celui qui est dans la nuit trouvera un avenir lumineux. Celui qui souffre d'une souffrance bête et évitable doit accepter la croix que Dieu propose. Dieu sert trop facilement de couverture ! Je suis sans visage pour vous. Cela explique votre ton préfabriqué. Je veux parler à Stan, face à face ! »*

Sarah m'écrivit :

> *« Ton Dieu, tu ne L'aurais pas suivi s'Il n'avait pas été crucifié. N'aurais-tu pas pu en trouver un plus sadique qui t'aurait demandé d'être cul-de-jatte ou aveugle ?*

« J'essaie de ne plus espérer que tu vas revenir. Je n'entends que cette voix en moi qui t'appelle, que ce cœur qui veut te voir. Toutes mes forces s'épuisent en larmes. J'ai peur de me révolter contre Dieu. Je n'arrive pas à réaliser qu'Il puisse me demander cette souffrance. Tout me paraît dépourvu de sens. La vie sans toi est inutile. Je préfère mourir. Dieu Lui-même semble S'être retiré... Papa me dit : "Tu n'as que vingt-trois ans. Tu as tout l'avenir devant toi !" C'est justement cela qui m'angoisse. Pourquoi Dieu reste-t-Il sourd ? Je n'ai rien demandé. Où vois-tu le centuple ? Où vois-tu que la souffrance se change en joie ? Pourquoi vivre dans un monde pareil ? Nous n'avons pas demandé à naître. Tu me manques. Dieu me manque. Il ne me reste rien !...

« Je ne t'ai jamais retiré mon estime et ma confiance. Ne me reproche pas d'être sèche. Le droit d'être tendre m'est retiré. Le regard que tu as posé sur moi ne peut être comparé à aucun autre. Et c'est réciproque. Prie pour deux. Dieu ne t'a pas abandonné. C'est Lui le responsable. Tu ne peux pas lutter contre Lui.

« Prie Dieu qu'Il abrège mes jours. Prie-Le qu'Il ne permette pas que le blasphème étouffe ce qui me reste d'âme. Je ne veux plus vivre. Que m'importent le soleil, le ciel et la terre ! Que m'importent les chemins de l'été si je dois y marcher sans toi ! Les jours n'ont plus d'aurore. Les fleurs n'ont plus de parfum, les hommes n'ont plus de visage, il n'y a plus que le vide de ton absence. Je suis comme une bête à qui on a volé ses petits. Je t'en conjure, entends mon cri ! Réponds-moi ! »

J'avais cru alors de mon devoir d'écrire à Sarah une lettre qui lui ferait mieux accepter mon engagement dans la vie religieuse. Voici quelques lignes de cette lettre-fleuve de plus de cent pages :

« Je vois le sacerdoce surtout comme un sacrement, une présence réelle du Christ. Être un autre Christ en ce monde. Un Christ devant lequel, par miracle, on ne peut plus biaiser avec sa conscience. Les paroles du prêtre, lorsqu'elles sont l'écho de celles du Christ, vous saisissent l'âme. Elles rejoignent celui qui en a besoin au moment où il en a besoin. Le Christ ne choisit pas pour cela les plus doués. Plus l'étoffe du prêtre est fruste, sauvage, plus ceux qui sont comme lui le sentiront proche. Paysans, ouvriers, étudiants, ils doivent pouvoir trouver un autre Christ à la hauteur de l'étape spirituelle à laquelle ils sont invités. Le prêtre est celui qui aura une parole ajustée, à point nommé, pour celui qui a soif de Dieu...

« Le célibat des prêtres n'est pas un refus de regarder l'amour en face. C'est la plus radicale pauvreté, celle qui témoigne que le christianisme n'est pas un idéal à propager, mais une Personne à aimer. Une Personne qu'on peut aimer comme on aime une épouse, c'est-à-dire en consentant à tout perdre plutôt que ce lien... Le vœu de chasteté est le cri jailli du fond du cœur pour témoigner que Dieu est tout.

« Le Christ éternel S'est arraché à une source infinie de douceur pour venir sur notre terre. Là, nous L'avons traité en *paria* et torturé jusqu'à ce que mort s'ensuive. Voilà le prix d'un homme ! Voilà le prix que Dieu donne à l'être humain. Tous nos arrachements peuvent s'unir à celui-là et porter les fruits de cet Amour infini ! Aux fiancées de toutes les guerres, Claudel écrivait :

« "Ô femmes, dit Geneviève, gardienne de la patrie,
cet homme que j'ai arraché d'entre vos bras,
pourquoi me reprocher de l'avoir pris
quand c'est vous qui l'avez rendu digne de moi ?
Si vous vouliez qu'il fût un lâche, il ne fallait pas ainsi le regarder.
C'est pour vous qu'il accepta de mourir !" »

Ma lettre fut portée en mains propres à Marguerite H. (dont j'ai déjà parlé) par un frère postulant venu passer quelques jours parmi les novices, et avec lequel j'avais sympathisé. Le postulant en parla à son conseiller spirituel. Cette démarche fut ébruitée et dramatisée. Je n'ai jamais compris pourquoi. Que de questions sans réponse emporterons-nous dans la tombe !

Voilà qu'un changement de père maître fit tout basculer. Le nouveau responsable de ma vie me prit apparemment pour un autre. Le voyant un jour hésiter à trois reprises pour finir une phrase, j'avais achevé la phrase à sa place. *« Vous avez trop de personnalité. C'est très... C'est très... très... »* « Ennuyeux ! » ajoutai-je. Il me fit une véritable scène. Cela lui semblait d'une audace intolérable. C'était à ses yeux une preuve de mauvais esprit.

Je me trouvai bientôt dans une impasse. Pour Dieu, j'avais tout quitté. Pendant dix mois, j'avais mis mon point d'honneur à entrer dans des coutumes médiévales qui ne m'étaient pas naturelles. Habitué à tutoyer mes condisciples à la Mission de France, il fallait ici les vouvoyer. Habitué au sport, ici il n'y eut que cinq ou six heures de piscine durant l'année. Habitué à l'action, ici il n'y en avait aucune. Habitué à communiquer, c'était ici le règne du silence. J'avais été le plus docile possible dans cette métamorphose. Le résultat n'était pas édifiant, mais les progrès avaient semblé très encourageants aux yeux du père maître précédent.

J'essayais de sauver ma place dans l'ordre dominicain. Je regrette de n'avoir pas compris combien Dieu Se rend proche dans nos épreuves. Un jour où j'étais particulièrement effondré, assis à la table de ma petite cellule, j'entendis le glissement d'un papier sous ma porte. Je bondis. Personne en vue dans le couloir. Je me baissai pour ramasser le message : une croix grossièrement dessinée et la parole : *« Souviens-toi qu'Il t'a aimé et S'est livré pour toi. »* Quel ange avait donc glissé ce rayon de lumière ? Par ce geste, il m'avait peut-être sauvé la vie. Le saura-t-il jamais ?

Avec l'encouragement du précédent père maître, j'avais calligraphié sur les murs de notre couloir douze citations de la Bible qui évoquaient les stations du chemin de Croix. Je fondais ma souffrance dans le creuset de celle du Christ.

Je ressentais profondément combien les tentations de révolte se transformaient alors en douceur, en acceptation paisible.

J'écrivis au nouveau père maître une longue lettre pour lui expliquer mon histoire de A à Z :

> « L'important, pour moi, était d'éviter que Sarah tombe dans le désespoir. Il faut replacer ma démarche dans ce contexte de compassion, de miséricorde à l'égard d'une personne assommée par une telle épreuve. Alors, cette épreuve prendrait un sens. C'est avec les yeux du cœur qu'il faudrait regarder. S'il était arrivé malheur à cette jeune fille, le père F. [ancien père maître] en aurait été inconsolable. C'est lui, en effet, qui m'engageait à faire fi de sa souffrance, me répétant que je n'étais pas responsable de sa vie. Est-ce un *manque de jugement* si grave que de vouloir éviter le désespoir ou la révolte à quelqu'un pour qui le Christ est mort ? Madame H. était censée inviter Sarah à accueillir le verdict : je restais chez les dominicains.
>
> « *L'assistance à personne en danger* est-elle une *faute* ? Je consens d'avance aux croix que cette attitude me vaudra. *« Ceux qui ne souffrent pas pour le Christ ne sont pas des fils, mais des bâtards ! »* Il y a trop de détresses en ce monde. J'ai appris, dans ce noviciat, que par l'union la plus intime au Christ on peut communiquer au monde Son Amour et repousser le règne du Mauvais.
>
> Il me serait odieux d'être renvoyé vers la vie laïque pour un simple manque de prudence. Je suis prêt à expier mon acte de la façon que l'on voudra… »

Je comparus devant un comité d'experts chargés d'étudier mon cas. Je vécus mal cet interrogatoire. Le nouveau père maître me fit une longue série de reproches : *« Vous lisez mal le latin, on se demande si vous ne le faites pas exprès... Vous avez passé un rond de serviette à votre voisin sans le déposer sur une assiette... Vous appuyez vos coudes sur les accoudoirs... Vous avez parlé au cuisinier... Vous avez dessiné un père âgé pendant le repas... Vous avez une personnalité trop forte... »* Je me croyais en plein Kafka. C'était tellement hors du réel. J'avais peine à croire à ce qui m'arrivait. J'avais parfois peur de perdre la raison.

Je me revois dans la chapelle minuscule du noviciat. J'aimais ce lieu. J'avais passé là près de mille heures en prière. J'étais à genoux aux pieds du responsable du couvent. En larmes, je le suppliais : « Gardez-moi ! Je suis sûr que je peux devenir tout ce que l'on attendra de moi. »

J'ai rendu visite par la suite plusieurs fois à cet homme si paternel. Il m'a dit souvent son profond regret de mon départ. Sans doute ne pouvait-il rien pour moi ! Il ne me connaissait que par personne interposée. Il m'a écrit bien plus tard : *« Les pratiques du noviciat de cette époque étaient les survivances d'un passé qui cultivait l'anéantissement de la personne, pour le bon motif, bien sûr !... Si je disais ce que j'ai connu, on ne me croirait pas ! »*

Le père provincial fut consulté. Il ne connaissait sur mon compte que des jugements négatifs. Le verdict fut que mon noviciat serait prolongé de six mois, ce qui, en réalité, faisait passer la suite de ma formation de six à sept années. J'aurais dû considérer cela comme un privilège, une chance ! J'aurais dû prendre cette nouvelle épreuve comme une occasion de tuer en moi toute vanité. La vie spirituelle est comme le saut en parapente : ou bien on a confiance et on s'envole, ou bien on doute et on s'étale un peu plus loin avec les côtes meurtries.

Sarah me fit parvenir une autre lettre :

« Tu as une psychologie un peu faussée qui oriente ta vision du monde, ta métaphysique, ta spiritualité. Tu enregistres à la puissance dix toutes les perturbations extérieures... Il me semble qu'il te sera difficile de t'en sortir seul. Cela ne doit pas t'affoler. L'esprit de Dieu vivifie et ressuscite les infirmes que nous sommes et même les ossements desséchés. Ta bonne volonté qui s'offre à la bonté de Dieu suffit... Il y en a qui prennent la route nationale et d'autres le chemin des écoliers. Ils auront eu l'avantage de la poésie : les fleurs le long du sentier perdu, les chants d'oiseaux dans la forêt sombre, la morsure du soleil à travers champs, la terre douce et chaude pour endormir leur fatigue, l'inconnu qui donne à boire et la petite étoile enfin après l'angoisse.

« Fixe l'étoile avec une ténacité d'homme. Nous sommes faits pour arriver au But et non pour vagabonder de ruisseau en ruisseau, papillonner de fleur en fleur. Je ne crois pas qu'il y ait de vocation. Nous sommes beaucoup plus libres que nous n'imaginons...
Un certain nombre de possibilités s'offrent à nous en fonction de ce que nous sommes. Il n'y a pas de rigidité contraignante. Ce n'est pas ce chemin ou l'égarement perpétuel... Dieu ne m'appelait pas avec intransigeance à la médecine. Dieu ne m'a pas proposé : "Médecine ou rien." N'en est-il pas de même pour le sacerdoce ? Le choix, la fidélité sont deux attitudes humaines vitales... Tu as choisi le sacerdoce. Sur cette route, Dieu te donnera la main.

« Je crois de plus en plus au silence, non celui de la démission, mais celui de la compassion, le silence de l'amour... Que la paix du Seigneur soit sur mon frère Augustin... »

Le nouveau père maître avait décidé que je n'avais pas la vocation religieuse. Six mois de plus de noviciat avec lui, à quoi bon ? J'aurais dû demander à changer de *province dominicaine.* C'était si simple ! J'étais tellement *sonné*, à tel point écrasé de douleur que je n'y ai même pas songé.

Au lieu de relativiser tout cela, je dramatisais la situation. Il y eut un mois de souffrance indicible. Ce genre de souffrance ressemble à celle de Job. On n'y comprend plus rien. La raison vacille. Les mots de consolation fournissent des explications qui n'en sont pas. Je savais que j'étais arrivé là pour répondre à un appel venu de plus loin que moi. Un père maître chevronné m'a répété : *« Restez ! »*, au moment où je souhaitais partir. Voilà que j'étais prêt à faire le saut. Puis, brutalement, son successeur me dit : *« Non ! »* Avais-je commis une faute en souhaitant épargner à une innocente un surcroît de souffrance qu'elle ne méritait pas ? Avais-je manqué de confiance ? Je pouvais le penser. À ce moment-là, j'ai désespéré de mon aptitude à la vie religieuse. Il a suffi de quelques jours pour décider de toute une vie. J'ai demandé à partir.

Bien plus tard, lors d'un voyage au Japon, j'appris que, fréquemment, dans les monastères du bouddhisme zen, le candidat se fait traiter de la façon la plus dure. Parfois même, il est renvoyé, deux fois, trois fois. C'est une probation, un bizutage, une façon de tester la solidité de son engagement, une façon de ronger l'ego jusqu'à l'os ! Que n'ai-je reçu une telle clé !

J'étais entré au couvent le 2 novembre 1957, je repartis le 2 novembre 1958. Chaque fois que revient le jour des Défunts, depuis quarante ans, un horrible sentiment d'exil m'envahit ! Et, en même temps, une joie indicible : un jour viendra où nous entrerons dans le Royaume ! Nous passerons dans un monde où *« l'ourse et la vache seront amies, où le lion et la chèvre brouteront ensemble »* (Isaïe). Un jour, nous quitterons cette planète où règnent les malentendus... Un jour, *« nous connaîtrons Dieu comme Il nous connaît »*. Un jour, *« Il essuiera toutes larmes de nos yeux. De cris, de peine, de pleurs il n'y en aura plus »* (Apocalypse 21).

Comment aurais-je la moindre rancœur contre le second père maître ? Il a quitté ce monde peu de temps après. Du haut du ciel, où les choses reprennent leur place véritable, il sait que *« tout sert au bien de ceux qui aiment Dieu »*. Il défendait une bonne cause avec des motifs que je n'avais pas l'intelligence de comprendre. Il me voyait dans la vie laïque. Qui sait s'il n'avait pas raison ? Ses arguments me semblaient injustes. Ils ne pouvaient que renforcer mon désir du sacerdoce. Devant l'acuité d'une souffrance démesurée, je pensais : « Le mal est trop puissant. Il s'infiltre même par ceux qui ont reçu mission d'être des veilleurs. Il dénature ce qu'il y a de plus beau au monde. Rien ne peut être refusé à Dieu dans Son combat pour lui faire barrage ! »

Si j'avais été à la place du père X., aurais-je accepté le candidat Augustin, le voyant comme il le voyait ? Il y avait à cette époque au couvent des Études, au Saulchoir, un vent de liberté qui effrayait l'aile modératrice de l'ordre dominicain. M'envoyer dans cet univers n'allait pas sans risque, en effet. Le bien commun du noviciat était recherché à partir des repères d'une certaine culture, d'une certaine formation, d'une certaine mentalité. C'est à cette culture, à cette formation, à cette mentalité que j'aurais pu en vouloir, à la rigueur. Aujourd'hui je peux chanter avec Bob Dylan : *« N'y pense plus, tout est bien. »*

Ceux qui connaissent l'ordre dominicain contemporain n'y retrouveront rien de ce que je raconte ! Bien des coutumes que je qualifiais de « médiévales » ont cessé dans les trois ou quatre années qui ont suivi.

Une lettre récente du père sous-maître, présent chaque jour tout au long du noviciat, complète le tableau : *« Le père maître était soucieux de régularité. Or vous étiez un peu turbulent, fougueux, indépendant... Nous pouvons nous demander si nous n'avons pas écarté quelqu'un qui, aujourd'hui, serait accepté ! »*

Avec le recul du temps et l'évolution de l'Église durant les quarante dernières années, je crois que la situation était bien plus simple qu'aucun de nous ne l'avait imaginé. Les différents conseillers spirituels avaient sans doute raison ; je n'étais peut-être pas armé pour la solitude. On oubliait seulement qu'il m'était plus intolérable d'être interdit d'apostolat qu'à un peintre d'être interdit de peinture ou à un poète d'être interdit de poésie. Tant que l'Église restait figée sur cette position, la situation n'avait pas d'issue.

Tous les jugements et les conseils contradictoires des uns ou des autres n'avaient finalement qu'une seule cause : j'étais attiré irrésistiblement par un état de vie qui n'existait pas. Seul l'Esprit saint pouvait l'inventer.

Saint Paul a l'art de relativiser les médiations de la Tendresse de Dieu. Que ce soit lui-même qui plante ou Apollos qui arrose, *« c'est Dieu qui fait pousser »*. De même, lorsque nous agissons sans souci de la dignité d'un individu concret, c'est un *système* ou une *pesanteur* ou un *esprit corrupteur* qui tirent les ficelles. Cela ne nous innocente pas, si nous avons été les oppresseurs. Mais, si nous avons été humiliés, cela nous permet de ne pas juger, de ne pas attribuer notre malheur à une personne humaine déterminée. Personne n'a eu de mauvaises intentions au long de mes années d'errance.

Quarante ans plus tard, je peux dire avec Christiane Singer : *« Ceux qui nous ont fait souffrir ont été nos maîtres. »*

Peut-être, lors du stage final (purgatoire) entre notre mort et notre entrée dans le Royaume, nous sera-t-il donné de voir notre existence avec le regard des autres : ceux qui ont pâti de nos humeurs, de nos œillères et de nos caprices ! Tandis que l'on se plaignait de l'absence de Dieu et de son silence, Il était en train de pleurer tout près de nous.

Je me souviens d'avoir déconcerté quelques pères du couvent lors de l'unique rencontre des novices et des religieux en exercice. (Cette rencontre portait le nom charmant de *fusion*.) J'avais tenu ce jour-là quelques propos anodins qui ne se voulaient pas offensants : « Mes amis me disent : *"Les dominicains ont une déformation professionnelle : ils versent facilement dans l'esthétisme et l'intellectualisme !"* Qu'en pensez-vous ? » Cela ne méritait qu'un sourire ou un fou rire ! Le visage des anciens s'est crispé. J'ai compris, plus tard, pourquoi leur verdict ne me fut guère favorable !

Pour se préparer à devenir porte-parole de Dieu, les sciences théologiques ou bibliques ne suffisent pas. Les sept ou douze années de formation d'un prêtre ou d'un religieux ne sont pas comme les sept ou douze années de formation d'un médecin. Ce temps ne sera pas seulement celui des cours et des thèses, des liturgies et des oraisons. Il sera aussi le temps de l'épreuve.

> *« Mon fils, si tu prétends servir le Seigneur,*
> *prépare-toi à l'épreuve.*
> *Fais-toi un cœur droit, arme-toi de courage.*
> *Ne te laisse pas entraîner au temps de l'adversité.*
> *Attache-toi à Lui. Ne t'éloigne pas…*
> *Tout ce qui t'advient, accepte-le*
> *et, dans les tourments de ta pauvre condition, montre-toi patient.*
> *Car l'or est purifié dans le feu,*
> *et ceux que Dieu choisit, dans la fournaise des humiliations… »*
> (Ben Sira 2.)

Les épreuves purificatrices ne m'ont pas manqué. Mes limites personnelles ont été amplifiées et embrouillées par les limites de mon époque et, peut-être, par celles de quelques-uns de mes semblables. Qu'aurais-je fait à leur place ?

Lorsque les humains nous lâchent, peut-être est-ce la grâce des grâces, l'occasion de laisser Dieu agir en direct… *« Le temps de nos impatiences n'est pas le temps de Dieu. »*

Avec du recul, je peux formuler un diagnostic sur ces échecs en série : devant une accusation, je perdais pied. Cette déstabilisation donnait du crédit à l'accusation. Nous entrions alors dans une spirale. *« Qui veut tuer son chien l'accuse de la rage. »* À force d'être accusé de rage, on en devient quelque peu enragé. Seule la Grâce de Dieu peut nous libérer en nous disant : *« J'aime tous Mes enfants d'un amour égal, celui qui te fait du mal et toi qui fais mal à d'autres. Ne te laisse pas détruire par leurs étroitesses, tu les dramatiserais ! Que dirais-tu si tes souffre-douleur dramatisaient tes lacunes ? »*

Le Christ nous prie instamment d'aimer nos ennemis. Le terme d'*ennemis* englobe ceux qui mettent des bâtons dans nos roues. Le fait de les aimer désamorce toute rancœur. Rien n'est plus précieux que la paix intérieure. Je n'avais pas à me forcer pour être non violent : plutôt perdre mes droits que d'envenimer une situation.

Après les *tremblements de terre* successifs du stage, du séminaire de Pontigny et de la rencontre de Sarah, il ne m'aurait peut-être pas fallu un noviciat avec ses codes et ses règlements. Il eût mieux valu partir dans un ermitage ou dans un monastère comme retraitant libre, ou encore dans un de ces *Foyers de charité*, lieux de retraite qui offrent des causeries à approfondir dans le silence. Après seulement, j'aurais été apte à assumer une rupture, si cruelle soit-elle. Après seulement, j'aurais compris l'austérité et les *règles du jeu* d'un noviciat !

Lorsque le magma d'un volcan sort de sa cheminée, il peut se répandre en des directions diverses, vers la mer toute proche par une pente rapide, ou dans la vallée, où il s'étendra largement. De toute façon, la rivière de lave se moque des obstacles posés sur son passage. De même, rien ne peut arrêter le fleuve de feu d'une vocation véritable.

Être dominicain n'était ni un dû ni une nécessité. En vouloir à une personne précise serait un piège. Le pardon et un regard ajusté tuent la rancœur dans l'œuf. *« C'était un mal pour un bien »*, disait Joseph après dix ans d'humiliation et de prison.

J'étais venu en demandant la Miséricorde. Celle de Dieu me fut donnée à profusion. De vieux amis m'ont dit avoir souffert, plusieurs fois dans leur vie, de certaines vexations ou de mesures autoritaires dans leur ordre religieux. Dans ces moments-là, l'être humain est acculé à la confiance, une confiance totale. Un grain de blé qui refuserait de pourrir renoncerait à naître.

Quelles ne furent pas les épreuves d'un Jean de la Croix, d'un Lacordaire ou d'un Teilhard de Chardin ! C'est en pensant à ceux qui ont peut-être commis un abus de pouvoir que nous aurions lieu d'être peinés. La victime peut considérer ses humiliations comme une provocation à se jeter dans les bras de Dieu, *« comme les chiens qui acculent le cerf à se jeter dans le lac »* (H. Suso). Elle me parlait fortement, cette image, durant ces mois de ténèbres ! J'aurais volontiers embrassé ceux qui m'ont poussé à me jeter en Dieu !

Je me souviens de ces nuits où le sommeil m'était devenu impossible. Je serrais sur mon cœur le crucifix de ma cellule. Jésus-Christ avait enduré beaucoup pour moi : *« Il vient, le prince de ce monde. Sur moi, il n'a aucun pouvoir, mais il faut que le monde reconnaisse que j'aime le Père et que j'agis selon Son désir »* (Jean 14, 30).

Tu étais là, Seigneur, tout au long de ce noviciat. Jamais Tu n'as été aussi présent que durant ces trois cent soixante-cinq jours de désert. Mais il me fallait être encore épuré, pour que mes yeux s'ouvrent à la lumière. Quelle chance inouïe d'avoir pu passer une année entière dans la prière ! C'est un privilège si grand ! Ce n'était pas un luxe mais une question de survie.

J'ai douté de la capacité de mes frères humains à m'accueillir... Je retrouverai toujours, désormais, cette même faille dont j'ignorais l'existence : la peur d'être exclu. Mon ami et conseiller Marie-Jean Mossand avait coutume de me dire : *« Lorsque tu es refusé pour ta différence, revendique ta différence ! »*

Souvent, lorsque nous nous sommes dérobés devant une épreuve, nous la retrouvons trois ou dix ans plus tard. Notre évolution spirituelle est inéluctable. Naître par les voies naturelles ou par une césarienne, qu'importe ! Mais il n'est pas facultatif de naître. C'est pourquoi le suicide est un mauvais calcul. On croit faire cesser la douleur, et elle est seulement différée. On croit en finir avec le défi à relever qui se présente, nous le retrouvons intact, par-delà la mort !

Une phrase d'une lettre que je reçus de Marguerite H. donna corps à mon Espérance :

> *« Ne doutez jamais de Lui. Les chemins détournés par lesquels Il nous conduit, incompréhensibles dans le présent, se révèlent souvent – plus tard – avoir été des raccourcis vers Lui. L'essentiel n'est-il pas de se connaître appelé pour le service du Maître, sous quelque forme qu'Il se présente, parce que Son amour a envahi pour toujours notre cœur... ? »*

8

« C'est Moi qui vous ai choisis »

« Ta vocation, tu la reconnais
à ce qu'elle pèse en toi. »

ANTOINE DE SAINT-EXUPÉRY, *Citadelle*

Novembre 1958. Celui qui sort d'une année de couvent, où il a passé ses journées et ses nuits dans les coutumes monastiques, le silence, la contemplation des réalités éternelles, ne remet pas aisément les pieds sur terre. La première fois que je suis allé au cinéma, je fis machinalement une génuflexion dans l'allée centrale !

On ne peut pas passer sans transition du monastère à la vie profane. C'est une vilaine farce de lâcher un ex-novice dans la nature, sans aucun soutien ! Douze mois de silence marquent profondément le psychisme. On a été déconnecté de tout, sauf de la prière. Le relatif et l'humain sont dévalorisés, ressentis comme des entraves. Un métier, le plus fascinant soit-il, apparaît comme secondaire. *« Dieu Seul est grand »*, répétait le père maître qui m'avait façonné. J'en étais bien convaincu désormais ! Mais on m'avait appris auparavant, à la Mission de France, que Dieu veut nous passionner pour Son œuvre de transformation du monde. François d'Assise ne déprécie pas la Création sous prétexte que Dieu est tout. Au noviciat, Dieu semblait nous atteler à un code de samouraï hors du temps.

Pourquoi ai-je répondu favorablement à l'invitation de me rendre dans mon milieu familial ? Il s'agissait de ma vie. J'avais laborieusement rédigé des dizaines de pages pour tenter d'expliquer mon départ à mes parents. C'est d'un sas vers la vie civile que j'avais besoin, le passage dans une communauté où vie contemplative et vie active auraient été associées. Ce serait trop beau si nous faisions toujours les bons choix.

Si nous regardons des photos d'un embryon humain de trois, six ou douze semaines, nous sommes surpris. Quel est donc ce têtard, ce martien ? Nous franchissons en neuf mois quatre cent millions d'années d'évolution de la vie. Notre parcours spirituel et notre vocation suivent des chemins aussi déconcertants. Sinuosités, impasses, échecs, retours en arrière, tout va concourir à la réalisation finale de notre visage particulier. Les événements qui semblent le plus contrarier nos plans peuvent, eux aussi, concourir à notre réalisation. Combien de temps nous faut-il pour comprendre que *« Tout est grâce ! »* Porter un jugement sur un chemin dont nous ne connaissons pas l'aboutissement ne rime pas à grand-chose. Personne ne sait rien de personne. On ne peut qu'accueillir avec respect le secret de celui qui nous en fait la confidence.

« Tu as besoin de te retaper physiquement », me répétait mon père. J'en étais bien convaincu, mais n'en prenais guère les moyens. Durant les six années précédentes, je m'étais pratiquement interdit tous les loisirs que j'aimais. Seuls le travail intellectuel et le travail manuel avaient occupé mon emploi du temps. Le contact avec la nature, qui avait pris tant de place dans mon adolescence, me manquait terriblement. On ne se moque pas impunément de l'ordre naturel des choses. Dans le film *L'Homme qui murmurait à l'oreille des chevaux*, on mesure les ravages d'une tension excessive due à la vie moderne. *« Il faut un minimum de bien-être pour pratiquer la vertu »*, disait doctement Thomas

d'Aquin. Un arc perpétuellement tendu deviendra vite inapte à lancer sa flèche. En prenant un peu de détente, on croit offenser ceux qui souffrent. En réalité, *« celui qui ne sait pas se reposer fatigue les autres »*. Ce n'est ni par hasard ni à la légère que Dieu fait l'inventaire des magnificences de Sa Création pour répondre à la révolte de Job. Si le bouddhisme et le *new age* comprennent mieux que les chrétiens ce message, nos contemporains choisiront d'aller vers eux. L'homme va spontanément là où il y a le plus de vie et d'équilibre.

J'essayai de retrouver des repères. Je notais encore ce qui pesait en moi jusqu'à m'oppresser. Parfois, j'écrivais d'une seule traite deux ou six pages : cela me libérait. Que serais-je devenu sans l'écriture ?

> Il faut monnayer l'amour infini de Dieu dans des romans, des chroniques d'actualité, et surtout dans des consciences vivantes. Si les témoins ne proposent pas le sens de la vie, la joie se change en ennui. L'homme sorti des mains de Dieu voulait aimer ; séparé de Lui, il accapare, idolâtre, revendique. Il voulait comprendre, le voilà qui déforme le réel, dessèche, complique. Si je ne suis pas appelé à être prêtre, je ne pourrai être qu'écrivain. Je veux contempler Dieu et l'homme, et dire le drame de leur séparation et la beauté de leurs retrouvailles. Un regard de foi permet de voir chaque être et chaque événement avec une intensité prodigieuse.
>
> Le célibat n'est pas toujours viable. Comment imaginer cette solitude ? Le mariage est une école d'Éternité. Partout, sans cesse, la pensée de l'autre nous mobilise : « Où est-elle ? À quoi pense-t-elle ? Que puis-je faire pour alléger son tourment ? » Le *célibat pour Dieu* n'est viable que dans un mariage mystique. Alors, notre *vocation* n'est plus une mission à accomplir, mais Quelqu'un à aimer. *« Je ne vous appelle plus serviteurs. Je vous appelle amis »*, disait Jésus.

Ce qui m'intéresse, c'est la *mission.* Le laïc n'y a pas encore accès. Combien d'années faudra-t-il pour que cela bouge, dix ans ou un siècle ? Comme ce serait beau d'offrir à l'Église et à l'humanité des couples unis dans la même mission de faire connaître et aimer le Dieu de Jésus-Christ ! Au lieu d'avoir des apôtres solitaires, il y aurait des apôtres en couple...

Beaucoup parlent de l'indisponibilité des hommes mariés ! Que dire des médecins mariés qui sont sur la brèche neuf à dix heures par jour ? Marie était-elle moins amoureuse de Dieu parce qu'elle était l'épouse de Joseph ? Ah ! oui ! Ils n'avaient pas de relations charnelles ! Si c'est cela qui vous dérange, nous nous en passerons. L'essentiel de l'amour est ailleurs ! C'est l'amitié qui est précieuse dans l'amour. Plutôt être aveugle avec Sarah que les yeux ouverts pour constater son absence !...

Je songeais à entrer dans une école de journalisme. Sans conviction. Ce que je lisais dans les journaux n'évoquait à mes yeux rien d'autre que les problèmes d'intendance, les loisirs, l'économie, la politique, la mode, le sport, les voitures... Combien d'années faudrait-il passer à parler de ce qui me semblait futile avant d'être accrédité à témoigner de l'Essentiel ? Et puis, ces études, comment les financer ? Je n'avais pas un sou et je savais que ce serait long pour gagner suffisamment d'argent.

L'ironie mordante dont je fus l'objet de la part de personnes que j'aimais me fit penser plus que jamais à l'hypothèse biblique d'un complot surnaturel. Cela m'apparut avec une évidence incontournable. Lorsque des êtres humains, habituellement tendres, deviennent capables des phrases les plus blessantes, qu'est-ce que cela peut bien signifier ? Lorsque, en vis-à-vis, face à cette dureté, un être apparemment solide est aux frontières du désespoir pour avoir pris au sérieux des remarques humiliantes, alors nous sommes dans une logique de destruction. *« Tu devrais déjà avoir trouvé du travail. Depuis quatre ans, tu as dépensé l'argent de tes parents pour rien. »* Ce coup de rame sur la tête de celui qui se noie, voilà le mal chimiquement pur. Cela peut pousser au suicide ou à une extrême violence… Parce que l'homme est à l'image de Dieu, parce qu'il est *relation* lui aussi, parce qu'il ne vit que par ses liens, qu'il prenne bien garde à la qualité de ces liens ! Presque tous les suicidés que j'ai connus plus tard se sont donné la mort dans cette sensation très particulière d'un rejet, d'une déclaration de non-amour, d'un vide qui se fait autour d'eux. Cela même que Jésus-Christ a connu, à l'extrême : *« Il est venu chez les Siens, et les Siens ne L'ont pas reçu. » « Mon âme est triste à en mourir ! »*

Un esprit perverti rêve de nous dénaturer. Il rêve de nous faire perdre l'amour. Il guette nos moments de fragilité pour nous retirer notre confiance en nous-même et en Dieu. Il joue ici ses plus fortes cartes.

Au livre de Job, un esprit de destruction veut prouver à Dieu que l'amour de Job est un amour intéressé : *« Laisse-moi lui arracher tout ce dont Tu l'as comblé. Tu verras. Il Te maudira ! »* Job perd tout et sa raison vacille. Ses meilleurs amis l'accablent : *« Tu es coupable. C'est ta faute. Cherche bien… »* Satan a pour vocation de salir. Il enlaidit tout ce qu'il regarde. *« Revêtez l'armure de Dieu pour pouvoir résister à ses manœuvres »*, dit saint Paul (Éphésiens 6, 10).

*

J'allai rendre visite à un prêtre psychanalyste dont on m'avait vanté la compétence. Il me posa des questions qui me parurent saugrenues sur le moment :

« *Quel animal souhaiteriez-vous être ?*

– Je n'ai jamais souhaité être un animal

– *Répondez, c'est sérieux.*

– J'aime les chevaux.

– *Hou, là, là ! C'est mauvais signe... La souffrance des autres vous dérange ?*

– Elle me mobilise. Cela me semble naturel. J'ai envie de la faire cesser. »

Il demeura pensif, puis continua ses tests. *« Imaginez un verre* (j'imagine en silence une coupe en cristal). *Une clé* (je vois une grosse clé de château fort). *La clé tombe dans le verre ; que se passe-t-il ? »*

Je raconte ce que j'ai imaginé : le verre se brise. (C'est encore désastreux.)

« Décrivez-moi vos frères et sœurs (j'évoque leur réussite professionnelle). *Cela vous fait envie ?*

– Je redoute pour eux que cela s'accompagne d'une frustration d'ordre spirituel, par manque de temps.

– *Votre prétendue vocation pourrait bien s'être produite pour les doubler sur un terrain où aucun problème de compétition ne se poserait, où vous auriez davantage d'atouts... Que recherchez-vous dans le sacerdoce ?*

– Faire connaître et aimer Jésus-Christ.

– *Celui qui est appelé au sacerdoce se reconnaît à une parole, une seule : "Je veux célébrer la messe." Le désir de faire connaître Jésus-Christ et Son Évangile n'a rien de proprement sacerdotal, c'est la tâche de tout baptisé... »*

Le double retrouvé d'une lettre à un ami prêtre me montre aujourd'hui que cette visite ne fut pas aussi superficielle qu'elle peut paraître à la lumière de mes souvenirs :

> Le psychanalyste m'a expliqué que mes difficultés provenaient d'un manque de paix dans mes relations avec

> autrui. La cause remonterait à l'enfance. La soif d'affection frustrée chez le petit enfant crée des perturbations en chaîne. Il m'a conseillé de prendre un métier et de suivre une cure psychanalytique. Il m'a dit que ma vocation risquait d'être une échappatoire à une adaptation souhaitable au monde ordinaire. Il a été frappé par le fait que mes moments les plus heureux aient été vécus dans des cadres artificiels (selon lui) : vie scoute, hôpital, centre de délinquants, ou avec des personnes en situation de dépendance.

Cet ami prêtre, lui aussi, me suggéra une psychanalyse. Mais à quoi bon, pensais-je, tisonner les cendres de son passé ? À quoi bon raviver des plaies, relancer des comptes à régler ? Qu'y a-t-il dans la psychanalyse que la prière serait incapable de donner ? Faut-il endurer sept années de descente aux enfers pour apprendre à se supporter soi-même ? Qui vais-je retrouver au terme de ce voyage ?

À ce moment-là, ma vie prit une orientation très nette. J'eus le sentiment que mes yeux s'ouvraient tout grands sur le combat entre les ténèbres et la lumière ! Sarah semblait se retourner contre moi. Elle ne comprenait pas que je ne l'aie pas informée de ma sortie, toutes affaires cessantes. Elle ne comprenait pas pourquoi je l'avais laissée sans nouvelles après mon départ du noviciat. Sur sa demande, j'acceptai d'avoir une entrevue avec elle. Pour ne pas relancer son espoir, je lui affirmai : « Si je ne suis pas prêtre, je demeurerai célibataire pour mieux me consacrer aux autres... Je serai catéchiste en Afrique ou en Amérique du Sud. » Il n'était plus question de la laisser espérer. Si je devais revenir à elle, ce ne serait plus dans le doute, mais dans une intime conviction !

L'ambivalence de l'amour m'apparaissait avec force. Un être humain peut être merveilleusement porteur de vie s'il laisse Dieu S'exprimer en lui. Il peut devenir un piège s'il n'est pas entièrement transparent à la lumière divine. Prononcés par un intrus, des propos déplacés nous feraient sourire ; assenés par un être aimé, ce sont des coups mortels. Aimer un être, c'est lui donner sur nous un pouvoir de vie ou de mort. Il peut nous sauver. Il peut nous perdre. Lorsque j'avais rencontré Sarah, elle me rendait Dieu présent. Maintenant que je la privais de son bonheur, elle me disait : *« Tu ne L'aurais pas suivi s'Il n'était pas crucifié ! »* et tant d'autres paroles réductrices et cruelles.

Depuis ce temps-là, j'ai rencontré des couples par centaines. J'ai reçu leurs confidences respectives. J'ai acquis la certitude que certains couples sont condamnés parce qu'ils sont marqués de blessures opposées. L'un se sent désorienté au moindre signe d'abandon ; il attaque alors avec violence comme un enfant désemparé par l'absence de sa mère. Si l'autre est d'une solidité à toute épreuve, s'il comprend ce qui se passe, si les mots les plus durs glissent sur lui comme de l'eau sur les plumes d'un canard, alors l'amour triomphe. *« Les pierres font chanter le torrent. »* Si, au contraire, il est affecté d'un doute sur lui-même, si en entendant : *« Tu n'es qu'un sale égoïste ! »* il prend le message au premier degré, alors la cordée peut déraper dans le vide !

Un meilleur équilibre psychique permet de ne pas trop prendre au tragique les grands décalages ou les propos les plus humiliants. Les possédés que Jésus guérissait à longueur de temps n'étaient-ils pas parmi Ses préférés ?

On dit souvent que les couples doivent être complémentaires dans leurs qualités. Peut-être doivent-ils être aussi compatibles dans leurs blessures. Certaines failles provoquent, lorsqu'on les met ensemble, des fractures. *« Il ne faut pas tenter le diable ! »* J'admire le réalisme de cette expression populaire. Satan nous est présenté dans le Livre de Job comme celui qui vient nous faire désespérer de nous-mêmes. De plus, il est l'anti-amour. Toute trace d'amour le met dans un état violent. Les drames passionnels, les divorces vécus dans la haine, toute cette cuisine mortifère remplit les colonnes du quotidien. Peut-être recevais-je un avertissement salutaire : attention, tu prends trop au sérieux un désespoir qui s'exprime en violence. N'avez-vous pas, Sarah et toi, des blessures incompatibles ?

Il m'a semblé que j'aurais pu, à ce moment-là, m'orienter vers une tâche de thérapeute du psychisme. Car la fragilité humaine fait la force du Mal. Elle peut être guérie, transformée ou mieux assumée. C'est le rôle des psychiatres d'aider ceux qui traversent une crise d'identité. Les limites humaines dans l'harmonisation des projets et des émotions génèrent les incompréhensions, les agressivités, les violences entre les êtres. Les plus grandes souffrances en cette vie, me semble-t-il, viennent de ces écarts entre des personnes qui avaient pourtant rêvé de s'aimer. Rien ne me semble plus triste que ce gâchis.

Je retrouve quelques notes de ces heures décisives :

> Tout, tout, tout supporter plutôt que de céder un pouce de terrain dans la lutte contre le mal et contre le malheur. *« Celui qui traite son frère de crétin l'a tué »*, dit Jésus. Ce message est vital. Il faut préparer les chemins de Celui qui a osé parler ainsi. Puisqu'Il est Dieu, Il possède l'autorité suprême. Il faut annoncer Celui qui vient. Lui seul peut sauver l'humanité.
>
> Celui que la Bible nomme l'*accusateur* a de l'homme une haine incommensurable. Si l'une des créatures de Dieu s'avise de vouloir aimer au-delà des balbutiements de l'amour, si elle s'avise de vouloir inviter ses semblables à regarder un peu plus haut que l'argent, le sexe, le pouvoir et les jeux, alors des pièges de toutes sortes entraveront sa marche. Satan utilisera toute faiblesse humaine pour ses basses œuvres. Par la grâce du pardon des péchés, le sacerdoce m'apparaît de façon éblouissante comme une digue, un barrage contre les assauts du mal. Le sacerdoce attaque le malheur là où il commence, dans le cœur de tout homme. Devant le : *« Ego te absolvo »*, l'adversaire perd en quelques secondes le bénéfice de ses tristes victoires.

Je veux essayer de comprendre l'origine du malheur. Je veux colmater la brèche par laquelle il entre dans le monde. Le mal a trop d'avance et l'amour trop de retard. Ce monde est irrespirable.

Pour me redonner un peu d'oxygène et me faire émerger de la vie austère du noviciat, je partis pour un camp d'hiver, en Suisse allemande. Rien ne viendrait me parler de Dieu, pensais-je, dans ce camp laïque et mixte !

Chaque jour, je me défonçais à skis à travers des forêts de sapins, et le soir je faisais partie d'un groupe de danse folklorique. Danses autrichiennes, bavaroises, écossaises, israéliennes... Je reprenais goût à la vie au long de ces journées de nature et d'amitié. Je reprenais pied sur la planète. La vie, à nouveau, passait en moi. Mais, comme le sang qui revient dans des membres gelés, cela n'allait pas sans douleurs intenses. Des conversations, avec de nouvelles amies, sous les étoiles, gonflaient les voiles de nos rêves. L'influence féminine sous la forme paisible de l'amitié me redonnait le plein d'énergie. Avais-je encore envie de fuir ?

Le soir de la Saint-Sylvestre de 1958, il y eut un spectacle où chacun pouvait participer par une chanson ou un poème. Une jeune fille lut, de toute son âme, un poème de Prévert.

« Cet amour
si violent
si fragile
si tendre...
Cet amour si vrai
Cet amour si beau
si heureux

si joyeux…
… Reste là
ne bouge pas
ne t'en va pas…

« Nous t'avons oublié
toi, ne nous oublie pas.
Nous n'avions que toi sur la terre
ne nous laisse pas devenir froids.
Beaucoup plus loin, toujours
et n'importe où,
donne-nous signe de vie.
Beaucoup plus tard au coin d'un bois
dans la forêt de la mémoire
surgis soudain.
Tends-nous la main
et sauve-nous. »

Je fus transporté par ce poème. Cet amour ainsi personnifié, qu'était-ce donc sinon Celui que la Bible nomme le *Souffle saint*, la *Ruah*, le Saint-Esprit ? Dieu est au-delà de tout amour humain, certes, mais là où commence l'amour, Dieu commence. Lorsqu'il aime, l'homme est sur le chemin de la connaissance de Dieu. Et s'il n'aime pas, il ne sait strictement rien de Dieu. Là où je m'y attendais le moins, sur cette scène de théâtre, à travers les propos d'un libre penseur, Dieu me rejoignait avec force.

Il y a quelques années, je me suis rendu en pèlerinage sur la tombe de Prévert, au bout du Cotentin, ce doigt levé de la France vers le large. J'ai laissé sur la dalle une lettre de gratitude pour cet athée qui m'avait désigné le seul absolu digne d'adoration. Peu après, je me suis lié d'amitié avec une amie du poète. Je sais par elle quelle âme profondément spirituelle Jacques Prévert portait en lui, et de quelle qualité fut son amour pour Janine, son épouse.

Ce soir-là, dans cette baraque bourrée de jeunes, Dieu chassé par la porte revenait par les tuiles du toit !

Je ne cessais de me demander : « Où Dieu me veut-Il donc ? » Dans cette hésitation, un plateau de la balance a soudain penché. Ce qui l'a emporté fut, sans doute, le pouvoir donné au prêtre, et à lui seul, de transmettre le pardon de Dieu. *« Recevez le Saint-Esprit. Les péchés seront pardonnés à ceux à qui vous les pardonnerez… »*

La voilà, la fécondité absolue ! C'est le prêtre, pensais-je, qui a *grâce d'état* pour rejoindre les êtres au niveau de leurs décisions créatrices ou dé-créatrices. Des cargaisons d'or sont à retirer des épaves ; tant pis si mes poumons sont mal adaptés à la pression des bas-fonds. Avec l'aide de Dieu, je contribuerai à renflouer ces trésors, quoi qu'il m'en coûte.

Pour la quatrième fois, je relançai les chances de cette étrange *vocation.*

Les ravages de l'humiliation étaient trop grands pour n'avoir pas une cause surnaturelle. La souffrance des derniers mois m'avait montré cela avec une intensité démesurée. Il y avait du *démoniaque* dans l'air. Seule la puissance de Dieu pourrait faire contrepoids.

Le péché n'est plus un désastre s'il devient un faire-valoir de la Tendresse de Dieu. Dieu nous a donné rendez-vous jusque dans nos abîmes. *« Là où le péché a abondé, la tendresse de Dieu a surabondé. »* Saül de Tarse savait de quoi il parlait. N'avait-il pas été chef d'un commando *« animé d'une rage meurtrière contre les disciples du Seigneur »* ? (Actes 9, 1.)

Simon Pierre, le premier pape, a racheté son triple reniement par un triple : *« Je t'aime. »*

Le véritable mal, c'est d'oublier que Dieu est la sève et la source du meilleur de nous-mêmes. Le mal consiste à oublier que Dieu est là, à chaque seconde, en train de nous inviter à nous dépasser. Le vrai mal, c'est d'exclure de notre amour un être au visage ingrat, aux propos bizarres, aux options concurrentes, d'origine sociale ou ethnique différente. Le mal, c'est de moins aimer et d'en prendre son parti. Le vrai mal, c'est de juger l'autre à la toise de notre regard toujours réducteur, de lui prêter des intentions étrangères à la vérité. Le mal, c'est de parler en conciliabules, à quatre ou cinq, devant un sixième, exclu de l'échange. Le vrai mal, c'est de se bloquer devant l'offre d'un geste fraternel, d'une main tendue, d'une réconciliation. Le vrai mal, c'est le chantage au suicide pour punir l'autre de vous aimer autrement qu'on l'exige.

« Vous filtrez le moustique et vous avalez le chameau », disait le Christ aux pharisiens. Vous êtes perfectionnistes dans le détail pour les autres et indifférents aux vraies valeurs pour vous-mêmes. À ce compte-là, nous sommes tous des pharisiens. Nous sommes méticuleux sur des peccadilles et laxistes sur l'essentiel : Miséricorde, Justice, Vérité.

Enfants, nous avions deux *moustiques* épatants pour camoufler nos *chameaux* : manquer la messe et commettre un acte impur. C'étaient là les deux péchés *mortels*. Toute infraction aurait mérité le feu éternel si, par malheur, nous étions écrasés par un camion avant d'avoir pu nous en confesser. En marchant dans les rues pour aller rencontrer un prêtre, nous avions intérêt à passer dans les clous. Bien sûr, cette perspective avait un effet dissuasif. Nous n'allions pas risquer des supplices sans fin pour des satisfactions sans intérêt.

Dieu utilisa le péché de David pour faire naître Son Messie dans la lignée de Salomon, enfant de l'adultère. Il réservait Sa colère contre ceux qui *« vendent le pauvre pour le prix d'une paire de sandales »*. Dieu n'aime pas qu'on abîme un homme. Et les plus petits, les plus exclus Lui sont les plus chers. *« Aux yeux d'un père comme Celui-là, le dernier des derniers est le premier de tous »* (P. Baudiquey).

Le verbe *pécher* se traduit par *manquer sa cible* en hébreu, *chute* en latin, *séparation* en allemand. Tout est dit peut-être en ces trois mots. Passer à côté de la vie, tomber dans les pièges de l'orgueil et du jugement, se séparer de Dieu, de soi et des autres.

Ce qui nous empêche de vivre en harmonie avec nous-mêmes, avec les autres, avec le monde, voilà ce que la Bible nomme le péché. Le péché, c'est le froid de l'isolement. L'amour sans le péché serait voué au bonheur et à la plénitude. L'amour est menacé, comme un navire en bois par les termites. C'est pour nous guérir que Dieu est venu partager la condition terrestre. Son nom, Yeshua, *Dieu sauve*, résume Sa mission. Si nous ignorons l'existence du mal, si nous sommes vaccinés, immunisés, insensibles, le mot S*alut* est vide. Si nous avons mal de ce qui divise, de ce qui sépare, de ce qui ternit la relation, alors notre désir du Christ sera amplifié par la vue du mal. Celui qui est tiède dans ses désirs et ses rêves prendra avec philosophie les limites de la condition humaine. Pourquoi s'émouvoir d'aimer si pauvrement ? Une délivrance ? De quoi ! Il faudrait que je sois perdu pour avoir envie d'être sauvé ! C'est l'amour de l'amour qui conduit à Jésus-Christ. C'est la fragilité de l'amour qui fait crier : *« Montre-moi Ton Visage, Seigneur, et nous serons sauvés ! »*

S'il n'y avait pas eu en moi cette angoisse devant la réalité du mal, jamais je n'aurais consenti à m'arracher Sarah du cœur. Jamais je n'aurais rêvé du sacerdoce. Et la réalité du mal s'était incrustée de bonne heure en moi. Qu'étaient-ce donc, les charniers du IIIe Reich, sinon le mal sous la forme du refus absolu de l'autre ? Qu'était-ce donc, la violence des jeunes délinquants, sinon l'incapacité de leurs parents à les aimer ?

Je ne suis pas triste, aujourd'hui, d'avoir eu à passer par tant de déserts. J'étais entré au séminaire pour découvrir l'harmonie secrète entre la Révélation du Christ et la vie des hommes. Les moments d'épreuves ne furent-ils pas les moments les plus instructifs de ma formation ? Les barres de fer ne doivent-elles pas être portées au rouge et passer dans plusieurs laminoirs successifs ? N'est-ce pas en creux, par ses absences, que l'on peut le mieux découvrir l'enjeu de l'amour ?

« Plus profondément le chagrin creusera votre être,
plus vous pourrez contenir de joie »
(Khalil Gibran, *Le Prophète*).

Sans ces souffrances, je n'aurais jamais pu acquérir le minimum d'abandon à Dieu indispensable pour être apte au sacerdoce. La terre, avant d'être ensemencée, doit être labourée. Sinon le Satan de la parabole vient, tel un corbeau sinistre, picorer la Parole de Dieu au moment même où elle tombe.

Parvenir à l'âge adulte, c'est regarder les hommes avec une attitude de donneur et non plus de demandeur, une attitude d'offrande et non plus de réclamation. Si les autres vous font le cadeau de leur amour, ne le rejetez pas. Votre accueil les aide, eux aussi, à vivre. S'ils vous ignorent, c'est qu'ils n'ont pas assez d'amour pour eux-mêmes ! Alors, puisez directement au Cœur de Dieu. Il n'est pas avare et peut vous donner Son amour à profusion.

Par tendresse et compassion pour les parias, Jésus était devenu Lui-même un paria. Désormais, chaque exclusion nous rapproche de Lui. Il m'arrive souvent, comme à tout le monde, d'avoir affaire à quelqu'un que je trouve insignifiant, inintéressant, encombrant. Que se passerait-il si je détenais une parcelle d'autorité à son égard, pour son admission ou son maintien à un poste, par exemple ? C'est là que Dieu m'attendrait ! C'est là que je découvrirais ma plus radicale pauvreté. L'*autre*, c'est d'abord celui que je n'aime pas. C'est celui dont la vision du monde semble conspirer contre la mienne. Et il se peut que celui-là ne reçoive aucun amour qui l'aide à vivre ! Alors, il meurt dans son âme ou dans son corps, à petit feu ou d'un seul coup. Le Christ avait raison : *« Celui qui n'aime pas son frère l'a tué. »* Et Dieu Lui-même, malgré Son Amour et Sa Puissance, n'y peut rien. Il n'est pas complice du millier de suicides quotidiens sur la planète. Dieu ne peut pas faire que l'amour ne soit pas une question de vie ou de mort ! Dieu ne peut pas inventer un monde où l'amour ne serait pas libre.

Je me décidai pour une quatrième et dernière tentative vers le sacerdoce.

J'hésitais entre le séminaire de Bordeaux, ville où demeuraient mes parents, et celui de Bayonne, au pays de ma jeunesse. Finalement, il me parut plus sage d'aller là où le supérieur me connaissait déjà. L'ancien responsable du séminaire d'Issy-les-Moulineaux était maintenant à Versailles. Après deux ans à Issy, un an de stage (chantier et paroisse), deux ans au séminaire de théologie de la Mission de France, un an de noviciat dominicain, on pouvait penser légitimement que j'étais un instable. Les séminaires n'ont pas pour but de reclasser des jeunes gens sujets au vertige, mais de former des premiers de cordée !

Je rendis visite au cardinal Richaud, archevêque de Bordeaux. Il eut un regard positif sur mon itinéraire mouvementé : *« Vous avez voulu vous nourrir à plusieurs râteliers. Ne regrettez rien de ce qui vous a conduit jusqu'à aujourd'hui ! »* Il m'introduisit auprès de l'évêque de Versailles. Mgr Renard avait une stature impressionnante et un regard de feu. Une phrase émerge de notre entretien : *« Il vous faut renoncer à un apostolat particulier. J'ai besoin de prêtres tout terrain ! »*

J'entrai donc au séminaire de Versailles en janvier 1959 pour y poursuivre le projet dont je ne parvenais pas à me débarrasser. Ce fut d'abord un temps d'euphorie. Dieu me reprenait à Son service. Je n'entendrais plus l'accusation insoutenable de ce verset d'un Psaume : *« Qu'un autre prenne sa charge ! »* Durant l'année de noviciat, je pleurais chaque fois qu'il me tombait sous les yeux ! Mes infidélités et mon immaturité n'avaient apparemment pas découragé l'Église. Elle se devait pourtant d'être méticuleuse à l'extrême. Il y eut tant de retours à l'état laïc parmi les prêtres de ma génération !

Mes notes, moins prolixes que les années précédentes, exprimaient un nouvel élan ; elles devenaient prière :

> Je me fie à Toi pour que Tu donnes vie à cet amour pour Toi. Je ne le ressens plus. Il ne me parle plus. Il ne m'éblouit plus. C'est dans le désert de la foi qu'il me faudra T'aimer. Il existe des épouses habituées qui ne ressentent plus rien pour leur mari, mais qui préféreraient mourir plutôt que de lui être infidèles. Je veux dépendre de Toi pour l'essentiel. Le goût de Toi, c'est Toi qui me le donneras. Nous, tout mauvais que nous sommes, donnons de bonnes choses aux enfants. Tu ne refuseras pas Ton Esprit à ceux qui Te Le demandent. Je veux aimer ma faiblesse radicale qui me fait dépendre totalement de Toi. Je veux tout accomplir avec Toi. Quoi de plus merveilleux que de travailler aussi proches, Toi et moi, pour une tâche dont l'amour est la racine et le fruit, la source et le terme ?
>
> Tu veux que je n'aie ni épouse ni enfants pour que tous les humains me tiennent à cœur davantage... Sans préférence !

*

Durant un congé de printemps, je fus invité à encadrer un camp de ski de jeunes gens de plus de dix-huit ans. Je me souviens d'une histoire qui a bien fait rire les jeunes. Une inconnue me percute, à skis, à vive allure. Commotionnée, elle sort de son nid de neige et me crie : *« Je vous ai fait mal ? »* Je montre la partie du crâne que l'on rasait chez les séminaristes de cette époque : « Vous m'avez tout simplement scalpé ! » Elle poussa un cri. Je n'eus aucun scrupule à la laisser dans l'illusion. J'étais en train de retrouver la joie de vivre.

À nouveau, les obstacles se multiplièrent. Il me serait difficile de les évoquer tous. Durant les vacances qui précédaient l'ordination au sous-diaconat (engagement à accepter le célibat), je fus embauché dans un centre d'État pour enfants en difficulté. Ces enfants, rassemblés pour les vacances, venaient d'une maison importante de l'Assistance publique. Ils avaient entre dix et dix-huit ans. Certains étaient séparés de leur famille, leurs parents ayant été déchus de leurs droits. D'autres étaient considérés comme déficients. L'aumônier me demandait tout bonnement de le remplacer. Le patron de la maison de vacances ainsi que le responsable de quelque soixante-dix jeunes et de leurs moniteurs (un pour huit enfants) semblaient m'accueillir sans problème. Je logeais au presbytère et venais tôt à pied pour partager les activités du centre. Je rentrais le soir, le plus souvent après une veillée de sketches et de chansons en plein air autour du feu. Sur mon carnet de bord, je disais mon bonheur de « pouvoir donner du temps et de l'affection à ces enfants déshérités. Leur avenir serait moins lourd d'échecs et de souffrance ». L'assistance à la messe, le bréviaire et la méditation me prenaient trois heures par jour…

J'ignorais comment l'aumônier avait préparé mon *insertion.* Je ne réalisais pas combien la présence d'un séminariste était, en réalité, mal perçue par la direction, très laïque, de ce centre.

Les enfants m'appréciaient. J'avais sauvé l'un d'entre eux de la noyade. Du côté de l'animation des veillées, je n'étais pas un amateur. Mon punch intriguait. J'étais tellement heureux ! Au cours des repas, moniteurs et monitrices aiguillaient fréquemment les conversations sur la foi ou sur l'Église. *« Comment peut-on croire en Dieu ? » « Qu'est-ce qui peut bien pousser un jeune si vivant à devenir prêtre ? » «Tu pourrais être acteur de cinéma ! Qu'est-ce qui t'est arrivé ? »*

Le patron de la maison, M. D., un homme âgé, me dit un jour : *« Vous ébranlez mes convictions athées. Vous êtes d'un dynamisme incroyable ! »* Le directeur, M. J., beaucoup plus jeune, après m'avoir parlé du curé du village, qu'il trouvait très coincé, me dit : *« Vous vous rendez compte de ce que vous risquez de devenir. Avec le potentiel humain que vous avez, ce serait dommage ! »*

Rien ne me laissait pressentir ce qui se tramait. Un jour, le directeur me convoqua. Il me réprimanda de manière cinglante, me traitant d'hypocrite, de pourri, de salaud. Après de longues bordées d'injures, il faillit me frapper en hurlant :

« Vous avez brisé mon couple !

– Mais enfin, monsieur, qu'est-ce que c'est que cette histoire ? Appelez votre épouse. Elle pourra témoigner que je ne l'ai même pas rencontrée seul à seule. Si je lui ai adressé trois phrases, et toujours devant d'autres, c'est un maximum ! »

L'épouse vint en larmes et dit : *« Ce n'est pas votre faute. Votre seul tort est d'exister. Un homme comme vous n'a pas le droit d'être prêtre. »* Cela ne calma pas le directeur, qui me chassa de la maison avec violence. Le curé, qui avait eu vent de l'affaire, me répétait : *« Vous cachiez bien votre jeu ! »*

Je retrouve des notes rédigées quelques jours plus tard !

> Le patron de la maison et le directeur m'ont caché ma soutane et ne veulent pas me la rendre. Le patron m'invective avec mépris : *« Je n'ai pas été consulté pour votre présence ici ! »* Le ton devient sarcastique : *« Vous êtes un oiseau qui ne sait pas d'où il vient et qui se pose où bon lui semble ! »*
>
> Lorsque j'avais dit au curé : « Je pourrais revenir à midi pour déjeuner au presbytère ? » il m'avait répondu : *« Il n'en est pas question, le patron serait très vexé ! »* Maintenant, voilà que cela devient une affaire d'État de savoir qui va rembourser mes frais pour le repas de midi ! Je ne gagne pas un centime pour mon travail.
>
> Il est impossible de joindre l'aumônier. Abattu, effondré, j'oscille entre le désespoir et le dégoût. Je crois qu'il existe peu de souffrances aussi déboussolantes. En réponse au meilleur de notre amour, nous recevons haine, humiliation, crachats.
>
> Il me faudrait quelques journées de retraite pour réaliser que la Bible n'est pas un beau livre d'histoires. Elle se continue aujourd'hui. Si j'avais eu la bonne idée de lire les Actes des Apôtres et l'Apocalypse, j'aurais compris bien des choses. Il me faudra méditer sur la stratégie d'un esprit destructeur qui s'est juré de nous éliminer les uns par les autres.

Il y eut une lettre du curé au supérieur du séminaire. Ce dernier avait de quoi se dire : *« Quel est donc cet énergumène ? Il n'y a pas de fumée sans feu ! »* Dans ma prière, je répétais : « Seigneur, Tu as sauvé Suzanne de la lapidation, lorsqu'elle fut injustement accusée d'adultère ! Sauve-moi. » Remettre mon sort à la Providence fut la bonne solution. Je n'avais pas encore reconnu qu'il y avait dans ce genre d'épreuve une béatitude : *« Réjouissez-vous lorsqu'on dira toute sorte de mal de vous à cause de Moi. »*

Lorsque la souffrance survient, Dieu Se précipite. Il ne peut pas résoudre la situation à notre place. Ce serait du paternalisme ! Nous n'inventerions plus notre vie. Dieu libère notre liberté. Il stimule notre créativité. Sa présence pacifiante retire de notre cœur le trouble d'une émotion trop intense ou d'un découragement trop épuisant. La douleur demeure vive, mais elle peut se transformer en compassion. La religion chrétienne, qui fut si fortement accusée de masochisme par Nietzsche, est en réalité le contraire du masochisme. Je me jetais, confiant, entre les mains de Dieu. Les Psaumes étaient ma référence quotidienne. Il y est sans cesse question d'un complot cruel et d'ennemis bien décidés à en finir avec nous.

« Que l'ennemi ne me déchire pas comme un lion » (7, 3).
« Jusques à quand mon ennemi se lèvera-t-il contre moi ? » (12, 4).
« Délivre-moi de mes ennemis, mon Dieu » (58, 2).
« Protège ma vie contre la terreur de l'ennemi » (63, 2).

Mes ennemis n'étaient pas, bien sûr, ces deux hommes dont je ne connaissais pas grand-chose et qui étaient peut-être remarquables. Qui étais-je pour eux ? Une pierre qui gêne sur le chemin, et dont on se débarrasse d'un coup de pied. Mes ennemis étaient plutôt des pensées d'amertume ou de découragement.

Mes notes du moment ne dramatisent pas la situation :

> L'Évangile m'invite à l'humour. *« Bénissez ceux qui vous maudissent. Faites du bien à ceux qui vous font du mal. Si vous n'aimez que ceux qui vous aiment, qu'est-ce que vous faites d'original ? »*
>
> Si Dieu intervenait pour faire cesser la souffrance de Ses témoins, comment pourraient-ils témoigner ? Lui faire confiance, quand même, en dépit de Son apparent silence, c'est cela aimer !

En ces jours-là, si je n'avais pas jeté ma souffrance en Dieu, si je ne m'étais pas abandonné entre Ses mains, je serais peut-être devenu fou ! Cette histoire se volatilisa toute seule. Je demandai quelques éclaircissements à l'aumônier, qui me répondit : *« En quoi cela peut-il t'intéresser ? »*

Je ne sus jamais le fin mot de l'affaire ! Mes amis bouddhistes me diraient, sans doute : *« De telles épreuves peuvent briser notre ego, notre amour-propre, obstacle principal à toute avancée spirituelle. »*

À cet épisode s'en ajouta un autre. Une religieuse, amie de Sarah, écrivit au supérieur :

« Mon Père, je suis très au courant des relations entre un de vos séminaristes et une jeune fille qui se confie à moi. Dieu ne peut pas vouloir la rupture de ce lien… »

Mon amie lui avait montré une lettre de moi qui cachait mal une certaine nostalgie de notre amour.

Le père supérieur me fit appeler dans son bureau : *« Stanislas, ces événements ont mis la puce à l'oreille des pères du séminaire. Votre sensibilité excessive nous inquiète. Saurez-vous, dans des situations délicates, défendre les points de vue de l'Église ? Ne risquez-vous pas de laisser parler d'abord votre cœur ? »* Il évoqua un cas précis : *« Une femme, mère de cinq enfants, risque de mourir en mettant au monde un sixième. Sauriez-vous défendre la vie de l'enfant plutôt que celle de la mère ? Quelques pères du Conseil craignent que vous ne sachiez pas faire respecter la Volonté de Dieu, lorsqu'elle s'oppose si directement à la sensibilité humaine. »*

La vocation sacerdotale n'est pas une affaire privée. C'est à la communauté des prêtres du séminaire, qui nous regardaient vivre, qu'il appartenait de se prononcer. Feu vert, on avançait humblement vers l'ordination. Feu rouge, on s'en allait. J'étais à l'orange. Le père supérieur m'inspirait une confiance totale. Je me réjouissais que l'on ne me laisse pas m'embarquer à l'aveuglette. Un gars qui veut traverser les océans pour une course en solitaire doit être rompu à des entraînements sévères et avoir franchi divers tests avec succès.

Pendant plus d'un mois, je me suis tenu sur le qui-vive. J'étais prêt à m'en aller. Le déménagement n'était pas compliqué : je ne possédais qu'une Bible, quatre ou cinq autres livres et une guitare ! Tant d'années pour aboutir encore à cette constatation : Dieu ne m'appelait pas au sacerdoce. Mais où me voulait-Il donc ? Pourquoi le chemin était-il si embrouillé ?

Je pensais souvent à la question de Jésus à Pierre : *« M'aimes-tu ? »* Après la triple réponse, Jésus investit Pierre de la charge de berger des hommes. Je n'avais, sans doute, pas assez aimé le Seigneur, ou plutôt je ne L'avais pas laissé m'aimer : je ne pouvais donc pas devenir berger. Devant ce constat, une tristesse sans fond m'envahissait. À d'autres moments, je me disais : « L'important, ce n'est pas d'être ici ou là, mais une fois engagé sur un chemin, quel qu'il soit, de s'y maintenir. » *« Celui qui met la main à la charrue et regarde en arrière ne peut pas Me suivre ! »*

Mon journal ne s'étend guère sur cette épreuve :

> Pourquoi les pères du séminaire risquent-ils de me refuser le sacerdoce ? *« Il a des réactions inattendues, imprévisibles »*, disent-ils. Dieu peut encore me donner Sa grâce dans ce nouvel état de vie qui m'attend hors du séminaire. Je peux Le servir et L'aimer davantage. *« Le plus petit acte d'amour est plus utile à l'Église que tous les actes héroïques accomplis sans amour »* (saint Jean de la Croix). *« Le plus petit acte de renoncement fait par amour est plus utile que les plus beaux écrits sur Dieu »* (Thérèse de Lisieux).

*

La veille du Jeudi saint, en cette année 1960, contre toute attente, *le feu passa au vert.* On m'avait scruté, paraît-il, dans mon comportement de chaque instant. La tranquillité intérieure dont je faisais preuve était apparue comme un bon signe.

Sous le coup de la nouvelle, j'écrivis sur mon cahier :

> *« Aimez-vous comme Je vous ai aimés. »* Comment nous as-Tu aimés ? Du bout des doigts ? En souriant de nos tares, d'un air moqueur ? En nous tournant le dos, dès que nous T'avons déçu ? Par besoin d'être aimé et de trouver un public ? En masse, tous à la fois ? Non, Tu nous aimes comme un fiancé sa fiancée. Mais Ton amour s'expérimente hors des sens, dans le silence, dans la nuit de la foi, dans la *rumination* amoureuse de Ta parole.
>
> *« C'est toi, Seigneur, ma part d'héritage.*
> *C'est Toi, mon Trésor et mon avenir.*
> *Tu es le garant de mon bonheur, le tirage au sort m'a favorisé.*
> *Tu as choisi pour moi la meilleure part »* (Psaume 15).

La prière et la confiance ont eu raison de mes craintes. Tous les soirs, avec quelques camarades, je faisais des tours de parc en récitant une cinquantaine de *« Je vous salue Marie ».* J'en ai gardé le souvenir d'une paix prodigieuse.

Ma position à propos du célibat était à deux faces. Cela m'apparaissait comme un très beau défi. Le vide dans le cœur provoquerait peut-être un appel d'air, comme le creux d'une cheminée. Ainsi, on ne penserait qu'à Dieu du lever au coucher. Si le Christ n'avait *« pas une pierre sur laquelle reposer sa tête »*, c'est qu'il avait bien mieux : le Père ! Dans notre monde d'asphyxie spirituelle, une telle ouverture vers le haut était peut-être une question de vie ou de mort !

L'autre versant de mes pensées était un questionnement : le célibat est un don de Dieu (charisme). Peut-on imposer un charisme ? Le couple n'est-il pas une théophanie ? La prière à deux n'est-elle pas plus belle que la prière solitaire ? Le célibat, ni assumé ni joyeusement vécu, pourrait provoquer de dangereuses distorsions, bousillant la personnalité (tempérament aigre ou mielleux, intellectuel ou activiste, autoritaire ou pusillanime…).

L'évêque, Mgr Renard, venait parfois nous faire part des intuitions qui lui tenaient le plus à cœur. Il craignait que, sous prétexte de miséricorde, nous en venions à manquer d'exigence. Je recueillais ses paroles fortes, proférées avec passion :

« Nous trouverons Dieu dans Ses créatures si nous L'avons d'abord rencontré dans le silence. Dieu n'a pas dit à Élie : "Fais une révision de vie." Il lui a donné l'occasion de Le rencontrer. Le Dieu selon le cœur d'Élie était violent comme l'ouragan, terrible comme le feu. Nous avons tous notre idée de Dieu et c'est une caricature. Votre prédication n'a aucun sens sinon d'aider les gens à prier.

« "Vous êtes Mes témoins", dit le Christ. Pas les témoins des idées. C'est le Seigneur qui compte. Il prie, nous prions. Il est apôtre, nous sommes apôtres. La mission du prêtre poursuit celle du Christ : la louange de Dieu et le salut des hommes… Le sacerdoce du Christ, on ne l'invente pas, on le découvre… Nous sommes parmi les hommes, oui ; mais comme médiateurs, pour leur dire les paroles qui les inquiètent ou qui les élèvent… Et ce ne sont pas les mots qui toucheront, mais l'écho d'une âme vivante. »

J'aimais aussi les lectures spirituelles du père supérieur :

> *« Ceux qui nous humilient nous permettent d'imiter le Christ. Grâce à eux, peut se produire un changement que nous n'aurions pu créer nous-mêmes. La joie parfaite selon François d'Assise n'est pas d'avoir un ministère fructueux, ni de guérir les lépreux, ni de révéler les secrets des âmes. La joie parfaite, c'est d'être roué de coups par les siens et de ne rien dire parce qu'on est heureux de connaître le sort fait à Jésus. »*

Les derniers mois précédant mon ordination au sous-diaconat ont passé rapidement. Ce séminaire n'était pas différent de celui d'Issy-les-Moulineaux. C'est moi qui avais changé. Je m'émerveillais de la bonté du Seigneur. J'avais eu la *nuque raide.* Je pensais souvent à l'histoire de Jonas. Lorsque Dieu l'avait appelé pour porter Son message aux habitants de Ninive, il était parti dans la direction opposée. La tempête s'était levée. Il avait compris ! *« Tout est ma faute, jetez-moi à la mer. »* Fuyant l'appel, je n'entraînais que la *guigne* dans mon sillage. C'est une baleine qui ramena Jonas sur la berge ! À moins qu'il ne s'agisse d'un dauphin, ami des humains. *« Tout concourt au bien de ceux qui aiment Dieu. »*

Dans les lettres à mes amis, je citais souvent saint Paul : *« Il m'a fait miséricorde à moi, le dernier des derniers, pour bien montrer que Sa tendresse n'a pas de limites ! »* Si Dieu ne S'était pas découragé de moi, de qui se découragerait-Il ?

« Si cette main maudite portait deux fois son poids de ce sang fraternel, il y aurait encore dans la grâce des cieux assez de pluie pour la faire blanche comme neige… Qu'est-ce que le pardon, s'il ne veut affronter la face du péché ? Et que sert la prière, si elle ne sait guérir nos faux pas et nos crimes, comme les prévenir ? » (Shakespeare.)

L'écart entre notre pauvreté humaine et ce que Dieu parvient à faire de nous est à lui seul une Bonne Nouvelle, un cinquième Évangile. Notre vie crie Dieu bien plus que nos discours. Je ne parle pas ici de ce que nous faisons, mais de ce qui nous arrive. Matthieu n'en revient pas d'avoir été Lévi, le douanier véreux. Paul n'en finit pas de se souvenir qu'il a été Saül, l'adversaire efficace des premiers chrétiens ! François d'Assise est encore surpris d'avoir été le fils Bernardone, prétentieux et fêtard. Claudel se rappelle la délivrance de son bagne matérialiste !

Dieu Se révèle au cœur même de notre histoire. Comment pourrais-je jamais douter de Lui ? Sur une côte d'Amérique du Sud, un bateau fut transporté par une vague à trois kilomètres à l'intérieur des terres. Les témoins de cet événement peuvent-ils douter de l'existence des raz de marée ? On ne voit pas le vent, mais lorsque son passage dévaste tout, qui serait assez fou pour nier son existence ?

De nombreux camarades, loin des murs du séminaire, me confiaient leur impossibilité de croire en Dieu. Cela me semblait bizarre de voir des gens qui niaient jusqu'à l'existence d'une force qui m'avait empoigné si vigoureusement. Pour eux, j'avais rêvé ! Ce monde de l'incroyance m'attirait. J'étais convaincu que l'athéisme reposait sur un malentendu. En quel Dieu celui qui se dit athée ne croit-il pas ? À quelle religion est-il allergique ? J'aimais beaucoup correspondre avec ces agnostiques.

> L'idée de Dieu rebute, repousse ou laisse indifférent. Mais Dieu n'est pas une idée. Dieu n'est pas ce que l'on croit, Dieu merci ! Me crois-tu assez fou, assez bête, pour m'éloigner d'un amour humain impressionnant de beauté, et pour m'approcher d'un dieu mesquin et tracassier ? Aurais-je été aspiré hors de cet amour par un rêve, une illusion, une autosuggestion, une idée fixe ? Celui qui a une fois éprouvé les retentissements de l'Amour dans tout son être sait la force

de ce lien. Qui donc est Celui qui m'a séduit ? Qui est Celui qui m'a mis à part pour que j'aime tous les hommes ?

Partager le regard du Christ sur les êtres ! Il voit en chacun l'essentiel. Je pense à Sa rencontre avec la femme adultère : *« Personne ne t'a condamnée ? Moi non plus ! »* Comment pécherait-elle encore ? Elle serait gardée, à tout jamais, par ce regard qui l'avait sauvée ! *« Celui à qui on pardonne peu aime peu... »* Nos vraies fautes, ce ne sont pas les actes insipides qui nous ont servi, un temps, de trompe-la-faim. C'est de n'avoir pas osé croire en un Amour qui nous guérirait de toutes ces contrefaçons...

« L'Église est faite d'hommes médiocres », me dis-tu ! Et alors ? Nous sommes tous dans le même hôpital. Chacun a sa maladie différente ; elles sont toutes mortelles... Les reproches pleuvent sur les prêtres. Un prêtre qui n'aime pas est un désastre, c'est vrai !

Je relève encore quelques notes de mes cahiers :

La vie est une bien étrange aventure. Elle ne s'explique que par l'amour. Elle est l'espace où l'amour peut naître et grandir. Il y a des situations où l'amour va de soi. Il vole de ses propres ailes. Certains visages d'enfants sont si beaux qu'ils vous arrachent des larmes. On ne peut pas ne pas les aimer. Hélas ! Nous sommes capables d'atténuer ces amours données d'avance, prêtées. Heureuse limite qui nous permet d'accueillir un tel Sauveur : l'Amour devenu visage. Jamais je n'oublierai que, lorsqu'on aime, on devient une personne. Jamais je n'oublierai que l'amour est une rencontre entre deux cœurs. Jamais je n'oublierai sa puissance. Il emporte tout sur son passage.

Tous les malheurs du monde viennent de nos dérobades.

Si nous consentions à vivre les Béatitudes, nul ne sait quel fleuve une telle source pourrait devenir. Nul ne peut imaginer les injustices qu'il saurait réparer, les souffrances qu'il parviendrait à alléger. C'est cette intuition-là qui m'a arraché à l'amour humain.

Autrefois, le cadeau de ma propre vie me conduisait à un Créateur auquel j'en voulais parfois de m'avoir créé. Tout a changé avec la rencontre de Sarah. J'étais justifié de vivre. J'étais quelqu'un pour quelqu'un… Ce reflet ne pouvait durer qu'avec Toi, en Toi, par Toi. Du même coup, Tu prenais à mes yeux plus de prix que Tu n'en avais jamais eu. Cet amour pour Sarah et son amour pour moi auraient pu tarir. Nos défauts, nos étroitesses auraient pu nous détacher l'un de l'autre. S'il y avait eu le moindre soupçon de lâcheté dans le fait de quitter le service le plus exigeant, me le serais-je pardonné ? Te regarder m'aurait montré ma faute. Je T'aurais moins regardé…

Aujourd'hui, j'ai à oublier Sarah. Mais il n'est pas question d'oublier la révélation reçue par sa présence. L'amour, séparé de l'être aimé, n'est qu'une abstraction, un mot. Il me faut comprendre que je peux T'aimer comme un homme aime une femme. Il ne s'agit pas d'aller vers Toi pour capter une énergie désirable, fût-ce pour parler en Ton nom. Il s'agit de T'aimer, Toi, pour Toi. *« Occupe-toi de Moi, Catherine, Je m'occuperai de toi »*, disais-Tu à Catherine de Sienne.

Nous nous plaignons de ne pas éprouver Ta présence. Notre vocation n'est pas d'éprouver l'amour, mais de le prouver. Devenir amour, *« comme le Père qui fait briller Son soleil sur les méchants comme sur les bons »*… Pas d'autre chemin qu'une amitié très forte avec Toi. Souffrir avec Toi. Se réjouir avec Toi. Porter la Bonne Nouvelle avec Toi.

L'amoureux qui regarde celle qu'il aime réalise qu'il n'existe que dans et par le regard qu'elle porte sur lui…

J'ai préféré un moment une parcelle d'amour de Dieu, ressenti grâce à la présence de Sarah, plutôt qu'un service de Dieu plus exigeant et sans rien éprouver. Aujourd'hui, je veux servir sans savoir que je sers. Ici-bas, il nous faut vivre au régime de la foi.

Je serai diacre bientôt. Ma joie est immense : Dieu m'appelle à un tel partage de Son cœur et de Sa vie ! *« Ce n'est pas vous qui M'avez choisi. C'est Moi qui vous ai choisis. »* Dans cette voie, qui est tellement à l'encontre du besoin d'amour humain (que Dieu a, Lui-même, mis en nous), ce serait de la folie de trouver un autre appui que Son choix et Sa fidélité. J'ai perdu plusieurs kilos le trimestre dernier, et j'ai passé des nuits blanches ; mais tout cela n'est rien à côté des souffrances humaines que Dieu m'envoie précisément soulager ou guérir... Dieu veut nous associer à Son Amour sauveur. Il cherche des relais pour délivrer ceux qui *« gémissent dans les ténèbres, à l'ombre de la mort »*.

Ce n'est pas lorsque je m'enivrais de la beauté de la Création que j'aimais Dieu avec le plus d'intensité. Je L'aimais lorsque je gardais confiance dans les pires situations. Je L'aime lorsque je suis fidèle sans que Sa présence me fasse chaud au cœur. Pour aimer Dieu, trois conditions sont nécessaires :
– l'humilité ; sans Toi, je suis l'ombre de moi-même ;
– la pauvreté ; je ne laisserai pas mon cœur à un autre (une autre) que Toi. Je Te garde la place ;
– la générosité, qui est un don de Dieu.

L'avant-veille de mon ordination au diaconat, une bronchite se déclara, accompagnée d'une forte fièvre. La religieuse âgée qui tenait une petite infirmerie se mit en colère et dit : *« Le démon ne m'aura pas comme ça. Je vais lui apprendre à tenir sa place. »* Elle me donna un traitement de choc à

base d'antibiotiques. Un ami vint à ma demande pour me lire les Psaumes. Je délirais à moitié. Nous fûmes pris de fou rire lorsqu'il lut un verset de circonstance : *« Des amis viennent me voir et déballent des paroles stupides :*
il s'est couché et ne se relèvera pas ! »

Je fus ordonné diacre à Versailles, en juin 1960, le jour de mes trente ans. Mon neveu Jérôme, âgé de six ans, se précipita sur moi dans l'allée de la chapelle du séminaire. Il s'écria en m'embrassant : *« Moi aussi, je veux être curé ! »* Aussitôt après, je me rendis à Meudon pour baptiser deux enfants : Gilles et Christian. (Ils ont quarante ans cette année… J'ai essayé, en vain, de retrouver leur trace !) J'écrivis à mes parents : « Comme c'est grand d'inaugurer dans un être une Présence qui sera son plus précieux trésor pour l'Éternité… »

En juillet, je partis pour le Maroc animer une colonie de vacances. Trois semaines de préparation à Casablanca. Un mois avec quelque quatre cents enfants de douze à quinze ans près d'Azrou, dans une forêt de chênes du Moyen Atlas. Je partageais ma tente avec un étudiant en médecine, musulman. Il fut intrigué de me voir lire sans cesse le même livre. Il me l'emprunta fréquemment, en cachette. Un jour, il vint, bouleversé, ma Bible à la main, me dire qu'il avait eu une sorte de révélation et qu'il voulait devenir chrétien. Nous avons correspondu plusieurs années. Voici un court extrait d'une de ses lettres :

> *« Tu es pour moi un frère. J'ai découvert Jésus-Christ à ton contact. Tu étais pour moi une lampe sur un chemin ténébreux. Dieu te récompensera. Je passe des journées entières à lire la Bible, à expliquer à ma famille Qui est Jésus-Christ… Les Marocains croient que seuls les musulmans croient en Dieu. On s'imagine que les chrétiens adorent des statues. Éclaire-moi là-dessus, je t'en prie ! J'ai besoin de ton aide pour nourrir en moi de nouveaux sentiments spirituels. »*

Je découvrais de plus en plus la beauté des Psaumes, cris de douleurs et d'émerveillement, cris de révolte et de confiance. En amitié ou en amour, la seule faute est l'oubli. Les auteurs des Psaumes vivent, pensent, réagissent, hurlent, se réjouissent, comme les autres, mais c'est toujours devant Dieu.

À la fin du mois d'août 1960, je partis quinze jours dans un petit monastère, Notre-Dame-des-Pauvres, isolé au cœur de la forêt des Landes. Ce furent quinze jours d'un bonheur formidable ! La Parole de Dieu s'accommodait si bien de l'odeur des pins et du silence. Le bonheur et la paix me semblaient être la simple conséquence de la fidélité au désir de Dieu sur nous. Le plus grand rendez-vous que Dieu nous donnait était l'accomplissement de Son projet. *A contrario*, lorsque nous ne nous sentons pas en paix avec nous-mêmes, peut-être y a-t-il de l'ordre à mettre dans notre vie.

En septembre, je me rendis à une retraite des prêtres du diocèse de Bayonne, à l'abbaye de Belloc. Certaines paroles plus que d'autres ont retenu mon attention :

> *« Un paysan dont la récolte avait été grêlée disait, en regardant les gros grêlons : "Si c'étaient des pépites, je ne pleurerais pas ma récolte perdue." En offrant à Dieu nos échecs, nous gagnons bien plus que de l'or.*
> *« Dans le monde d'aujourd'hui, il manque le don de tendresse qui ne peut venir que du Saint-Esprit.*
> *« Le Saint-Esprit ne donne pas Sa grâce pour l'avenir, mais pour le présent. »*

*

Le temps de mon séminaire était achevé. J'entrais pour toujours dans ce que l'on appelle la vie active. J'avais passé le plus clair de mon temps penché sur des livres. Les soucis et les chagrins des deux années précédentes avaient laissé une trace : un ulcère à l'estomac dont je ne parvins jamais à guérir. Je pensais au combat de Jacob avec l'ange et à sa hanche démise.

Les trois mois qui précédèrent l'ordination au sacerdoce, j'exerçai le ministère diaconal à la paroisse Saint-Martin de Meudon. Je fus affecté à la communion portée aux malades et à la célébration des obsèques. Lorsque je vois aujourd'hui les responsabilités que l'on confie aux diacres, je réalise à quel point l'Église a changé. Le dimanche, je découvrais la prédication et l'impression frustrante d'un monologue. J'aurais tellement aimé crier aux paroissiens : « Est-ce que cela vous aide à vivre, tout ce que je vous raconte ? »

À quelques jours de l'ordination sacerdotale, j'écrivis à un ami :

> « Tu accuses la religion de tous les maux. D'accord, une certaine religiosité évacue l'amour. Mais la Foi en un Dieu-Amour est une source incomparable de générosité. Les humains méprisent les exclus, publicains, Samaritains et autres individus de mauvaise vie ou de mauvaises doctrines. Seul le Christ ne confond pas l'homme avec son mal. Seul, Il peut nous apprendre à jeter sur nos frères un regard assez aimant pour que le meilleur d'eux-mêmes se réveille. L'amour est sujet aux contrefaçons. Mais ne le jugeons pas sur ses caricatures. Si la Science veut être objective, il lui faudra reconnaître la fécondité de l'amour. L'amour fait vivre, son absence fait mourir. Comme je suis heureux de donner toutes mes forces et tout mon cœur pour aider mes contemporains à accueillir la Joie divine et à ne pas passer à côté de la vie. »

9

Un chèque en blanc

« Ce n'est pas vous qui M'avez choisi.
C'est Moi qui vous ai choisis. »

JÉSUS-CHRIST

Le 18 décembre 1960, à Saint-Martin de Meudon, je fus *ordonné,* seul, dans le sacerdoce de Jésus-Christ. C'était en fin d'après-midi. Le froid était vif, il pleuvait et il faisait déjà nuit. Dans son homélie, Mgr Renard évoqua une église de pierre qu'il venait de consacrer le même jour. Il souligna l'importance plus grande encore de la consécration d'un homme. *« Le prêtre prolonge le Christ non seulement dans Ses pouvoirs, mais dans Son être... Lorsque nous sommes parmi les hommes, nous y sommes en tant que médiateurs pour témoigner de Dieu, pour leur dire une parole qui les inquiète ou qui les élève. »* Il prononça la prière liturgique qui donne le sens de la célébration. J'étais agenouillé à ses pieds, les mains sur ses genoux : *« Que, nuit et jour, méditant Ta Loi, il croie et pratique ce qu'il enseigne. Qu'il montre en lui la justice, la constance, la miséricorde, la force. Qu'il garde sans tache la grâce de son ministère. Qu'au service de Ton peuple, il transforme par une sainte bénédiction le pain et le vin au corps et au sang de Ton Fils. Que, par un indéfectible amour, il parvienne à la taille de l'homme réalisé, la plénitude du Christ en lui. »*

Lorsque l'assemblée se mit à chanter le *Veni Creator Spiritus,* je souhaitais joindre ma voix à la sienne, mais elle se bloquait dans ma gorge. Des larmes tombaient sur les dalles sur lesquelles j'étais allongé. J'étais en train de signer un chèque en blanc. Je me donnais tout entier, corps et âme, pour toujours, à un Dieu que je n'avais jamais vu, que je ne verrais jamais en ce monde, dont neuf sur dix de mes semblables niaient l'existence.

Sur le faire-part de l'ordination, j'avais fait imprimer un texte de Paul aux chrétiens d'Éphèse :

> *« À moi, le plus indigne des consacrés,*
> *Dieu a confié d'annoncer aux païens l'insondable plénitude du Christ...*
> *Soyez enracinés, fondés dans l'amour.*
> *Ainsi vous parviendrez à comprendre, avec tous ceux qu'Il a appelés, la grandeur, la profondeur, l'immensité de l'amour que le Christ vous porte, cet amour qui dépasse toute expérience humaine.*
> *Ainsi, vous serez comblés de la Plénitude même de Dieu »* (Éphésiens 3/8, 19).

Un amour *qui dépasse toute expérience humaine* m'avait conduit en effet à cette folie. L'amour à taille humaine était superbe dans son élan, mais infiniment vulnérable. Il était malade. Il ne pouvait vivre que sous perfusion permanente. Un jour, je te porte au pinacle, un autre jour je te dis le mot qui tue. Un jour je te trouve merveilleux, un autre jour j'ironise à plaisir. L'amour est une perle de grand prix. Elle mérite que l'on vende tout pour elle. Mais Jésus-Christ est la Source de cet amour. *« Celui qui croit en Moi, il fera jaillir des sources. »*

Il n'y aura jamais assez de tendresse en ce monde. La vie est sordide par la déception quotidienne qu'elle inflige à ceux qui veulent croire à l'amour. Ah ! si l'on met son trésor dans le sport ou l'aventure, dans la musique ou la danse, dans la recherche scientifique ou la littérature, le savoir-faire sera peut-être suffisant à l'homme. Mais dès que l'on touche à l'être humain dans sa fragilité et son besoin d'aimer et d'être aimé : enseignement, éducation, médecine, magistrature, rapports professionnels, vie familiale, relations humaines, alors tout se complique ; l'amour manquera toujours. Le monde ressemble à un port qui attend la marée. Les bateaux sont sur cale ou couchés, immobiles, dans la vase. La pénurie d'amour a tout figé sur la planète. C'est pour cela que Dieu s'est fait homme. C'est cela que recouvre le mot *sauver*, qui fait rire les incrédules : *« Sauver ?... De quoi donc ? »* Et les mêmes meurent de ne pas s'aimer ! Sauver : voilà peut-être le premier mot des religions juive et chrétienne. Sauver de l'esclavage en Égypte. Sauver de nos esclavages d'aujourd'hui : orgueil, domination, convoitise, isolement, dépit, jalousie, procès d'intention, peur…

Le lendemain soir, je célébrai ma première messe en l'église Saint-Séverin, à Paris. J'avais choisi cette église parce que j'étais venu y prier, seul ou avec Sarah. Avais-je le cœur assez labouré pour comprendre qu'il s'agit pour le prêtre d'offrir sa vie sur la patène avec le pain, d'offrir ses larmes dans le calice avec le vin ?

Cette première messe, comment ai-je pu la célébrer sans m'évanouir ? L'Eucharistie ! Devenir contemporain de ce repas d'adieu du Christ, être là au pied de la croix, être là encore au tombeau lorsque le Christ se réveille de la mort comme d'un cauchemar. La messe est la réactualisation de la Pâque juive et de celle du Christ. L'agneau pascal *qui porte et emporte le péché du monde*, c'est Lui désormais. La messe est notre acte de naissance, notre carte d'identité. Dieu t'a aimé à en mourir, torturé et déshonoré. Aujourd'hui, si tu le veux, Il t'invite à partager sa résurrection. Le repliement sur soi-même pour se dévaloriser ou se survaloriser s'efface. Nous accédons à notre être véritable. Mes plus grands bonheurs, désormais, seraient lors de messes de camp lorsque des jeunes, embarqués dans une aventure commune, trouveraient dans cette célébration à la fois leur enracinement, leur source, leur but, leur fête et leur réconciliation. Ceux qui préfèrent à ce rendez-vous une balade à vélo ou une partie de tennis... s'ils savaient ce dont ils se privent !

Un groupe d'ouvriers avait délégué quelques-uns d'entre eux pour venir m'offrir un crucifix de bronze sur lequel ils avaient tous gravé leur nom. Lorsque j'avais travaillé avec eux sur des chantiers du bâtiment, je ne me doutais pas que ce jour viendrait ! Ce *Christ de bronze* me rappela le film que j'avais vu quatre ans plus tôt et dont l'influence avait été décisive. Je savais enfin quelle était ma place dans l'humanité !

Victor, le prêtre dont j'avais reçu dans ma jeunesse l'influence si discrète et si profonde, m'écrivit ce jour-là :

« Laisse-toi envahir par le Christ. Donne-Lui toute permission dans ta vie. Il est ta seule raison d'être : l'Unique. Ce n'est pas aux hommes que tu te donneras, mais au Christ pour qu'Il fasse, par toi, ce qu'Il veut auprès des hommes...

« Je te souhaite un sacerdoce amoureux du Christ, tellement amoureux que tout amour humain ne sera plus possible, ton cœur étant pris par l'Unique (c'est le sens de notre chasteté, qui dépasse infiniment le charnel). Avec un cœur possédé de cette manière, jusqu'à la dernière fibre, par Celui à Qui tu t'es donné, tu pourras tout aimer. C'est la seule voie possible pour aimer tous les humains. "Je peux tout en Celui qui est ma force." »

*

Avant que je sois nommé à ma première affectation, le curé d'une paroisse parisienne sollicita mes services pour les confessions pendant les quatre jours précédant Noël. Situation impressionnante ! Certes, il y avait la multitude de ceux et celles qui semblaient ne chercher dans ce sacrement qu'une façon de se mettre en règle. Mais parfois se glissaient dans cette foule un homme, une femme, un jeune, lourds d'une culpabilité proche du désespoir. On ne voyait pas leur visage. Le confessionnal avait été inventé pour respecter l'anonymat. Mais dans leur voix, quelle présence !

Je me savais investi du plus grand pouvoir qui ait jamais été donné à un homme : celui de pardonner de la part de Dieu. C'était ce cadeau-là qui avait été l'argument décisif au cœur de mon hésitation. Des gens chargés de responsabilités, qui n'auraient reconnu leurs torts devant personne, venaient désavouer dans l'ombre des cruautés, des avarices, des perversions, des vanités, des mépris et tant d'autres blessures dont ils gardaient béante l'humiliante brûlure. *« Le pécheur qui se reconnaît comme tel est absous parce qu'en s'accusant, loin d'affaiblir les principes, il les consolide. C'est la sérénité, la bonne conscience du rebelle qui exaspère. »* Fondu dans la Tendresse de Jésus-Christ, ne faisant plus qu'un avec Lui, je prononçais les paroles qui changent la nuit en clarté, le rouge sang en neige éclatante. *« Ego te absolvo a peccatis tuis… »* Jésus ne s'était pas contenté d'une formule incantatoire. Je ramassais toute la miséricorde éparse dans la Bible et je chargeais ma voix humaine de la douceur ineffable de Dieu ; le Seigneur vous dit, pour vous seul :

« Même si les montagnes s'effondrent,
Mon amour pour toi ne chancellera jamais. »

« Tu as du prix à Mes yeux et Moi, Je t'aime. »

« Tu seras pour Moi l'objet d'une éternelle fierté. »

« Personne ne t'a condamné. Moi non plus. Va et ne pèche plus. »

« Celui à qui on pardonne peu aime peu. Celui à qui on pardonne beaucoup aime beaucoup. »

« Heureuses fautes qui nous ont valu un tel Sauveur ! »

Je devinais, parfois, dans la pénombre à travers la grille de bois, des visages transfigurés. Il m'arrivait de voir couler des larmes de bonheur.

Joie au-delà de toute joie. Pardonner après avoir été introduit dans le mystère secret des êtres. Être témoin de ce qui est en train de naître en eux, à la fois si précieux et si fragile, comme un médecin assiste aux progrès d'un embryon dans le ventre de sa mère. On avait dit de moi, lorsque j'étais adolescent : *« Il sera gynécologue. »* Durant son séjour terrestre, une âme est en train de se former des yeux pour voir l'invisible, des oreilles pour entendre ce qui n'a jamais été entendu. Mille *cordons* de vie permettent cette gestation dans la matrice du monde. Un être fabuleux et éternel vient lentement à la lumière. L'homme est une espèce en voie d'apparition. Mon métier sera désormais d'être *accoucheur* d'âmes.

J'ai rédigé quelques notes ces jours-là :

> Chance inouïe d'avoir été appelé au sacerdoce. Tâche unique. Aucun article de presse, aucun livre ne peuvent rendre un être humain plus généreux. Pour s'éveiller, il attend que Dieu s'adresse à lui. Une voix humaine est prêtée à Dieu…

« Heureux qui derrière l'autel a trouvé un médecin et non pas un juge mais un père… Sachant que la grâce toujours abonde par-dessus le péché… Regarde, prêtre, regarde mon âme, père des pauvres… Ce n'est pas la première fois qu'on t'apporte toutes ces espèces de damnés mal bouillis, ces débiles et ces malades, et ce pauvre

homme sous l'absolution qui te regarde avec sa gueule en marmelade. Parle et dis-moi ces mots que le monde ne comprend pas. C'est Jésus-Christ que j'entends et qui me conseille tout bas» (Paul Claudel).

Le rôle le plus fondamental du Christ, je le voyais se jouer là. Il fallait sauver l'essentiel de l'être humain menacé de dégradation. Il fallait renflouer l'âme comme on renfloue des cargaisons d'or enfouies dans la cale des épaves par mille mètres de fond.

Le prêtre ne fait qu'aimer. Il peut rejoindre les êtres que Dieu met sur son chemin en ce lieu secret du cœur où tout se décide : choisir un destin, renaître, faire peau neuve, transformer sa blessure en soleil. Comme Dieu les aimait, ces gens, pour avoir mis en route cette aventure du sacerdoce, pour eux ! Les prêtres sont comme des éboueurs. Les éboueurs ramassent les ordures au petit matin. Mais, cette fois, dans la poubelle vide, les prêtres-éboueurs versent des rivières de diamants.

J'écrivais :

> Si je mourais demain, si je n'avais vécu mon sacerdoce que durant ces quatre jours, il aurait été justifié. Ces hommes, ces femmes, qui sont venus vers celui qu'ils savent investi d'une mission surhumaine, ont une place dans la société, ils enseignent, ils commandent, ils *relationnent*, ils ont une épouse, un mari, des enfants… Tout ce tissu humain souffre d'une lourdeur. Comme le sang qui s'épaissit ou les neurones privés de la substance chimique du plaisir et du rire.
>
> Comme j'aurais aimé, autrefois, que tel professeur qui m'avait traité comme un déchet puisse s'agenouiller devant un petit grillage de bois et dire : « Pardon, mon Dieu, je ne T'ai pas reconnu sur le visage d'un enfant ! »

Que cette ordination m'ait coûté autant de larmes, que sur ce chemin-là il ait fallu autant souffrir, je l'acceptais avec joie dans la mesure même de cette fécondité. Ce n'est pas souffrir qui est contre nature. C'est souffrir pour rien ! *« Sacrifice ne signifie ni amputation ni pénitence... Il est un don de soi-même à l'Être dont on prétendra se réclamer. Celui-là seul comprendra un domaine qui lui aura sacrifié une part de soi, qui aura lutté pour le sauver et peiné pour l'embellir. Alors lui viendra l'amour du domaine. »* (Saint-Exupéry, *Pilote de guerre.*)

L'arrachement à l'amour humain décuplait mon désir passionné de délivrer, de guérir, d'entrer tout entier dans la démarche du Christ sauveur. En moi, le Christ continuerait à délier les entraves du mal. Sa première parole de ressuscité définit notre mission : *« Recevez le Saint-Esprit, les péchés seront pardonnés à ceux auxquels vous les pardonnerez... »* Durant ces jours, l'Évangile se vivait dans le présent. En moi, Jésus tendait la main, aujourd'hui, à la pécheresse chez Simon. J'aimais cette page des Écritures. Si elle n'avait pas été dans l'Évangile et qu'un réalisateur l'eût ajoutée pour le scénario d'un film, on l'aurait sans doute censurée ! Que le plus grand des prophètes, que Dieu Lui-même Se laisse compromettre par une femme de rien, c'est trop fou ! Au cours de ces journées vouées à pardonner en nom et place de Dieu, je comprenais l'extraordinaire grandeur du sacerdoce. Le mal que j'avais croisé face à face tant de fois, le mal qui avait cherché tant de fois à me dénaturer, à écraser en moi l'image de Dieu, voilà qu'il avait trouvé plus fort que lui. *« Là où le mal a dépassé les bornes, l'amour a été encore plus loin »* (d'après Rom 5, 20). Sur ce chemin nouveau je ne savais pas trop à quoi je m'engageais, mais je savais Qui je voulais suivre.

Ce ministère du pardon ne dura que quatre jours. Ce n'est pas dans cette paroisse que je fus nommé.

Je n'aborderai probablement pas, dans un éventuel troisième tome, les trente-huit années de sacerdoce qu'il m'a été donné de vivre. J'ai publié de nombreux livres, parmi lesquels certains sont un écho de ces années d'apostolat[1].

Je n'aurais jamais imaginé qu'il fût possible au cours d'une seule existence de rencontrer autant d'êtres uniques, d'accueillir autant de confidences, d'épauler autant de cœurs blessés, de soulager autant de bleus à l'âme, d'éveiller autant de vocations… *« Miracle de nos mains vides »*, disait Bernanos. Je n'aurais jamais cru qu'il fût possible d'aimer autant de visages sans être blasé.

M'est-il permis de songer que Sarah, comme la « petite princesse » de Lisieux, *« passe son ciel à faire du bien sur la terre »* ? Pourquoi m'en voudrait-elle ? Là-bas, toute rancune, tout regret ont disparu ! *« Dieu effacera toutes larmes de leurs yeux. »* Pourquoi, d'auprès de Dieu, n'épaulerait-elle pas une mission qu'elle a rendue possible ?

Mon sacerdoce s'est beaucoup exercé auprès des lycéens et des étudiants. Je rentre aujourd'hui d'une session avec deux cent cinquante jeunes de vingt à trente ans. J'étais invité par les *Communautés pour un monde nouveau* à y commenter la Parole de Dieu chaque jour. J'ai écouté les espoirs et les tourments d'une cinquantaine de ces jeunes. Tout cela, il aurait pu m'être donné de le réaliser comme baptisé. Les évêques, aujourd'hui, confient de telles tâches à des laïcs. Mais, lorsque je leur proposais le pardon de

1. *L'avenir est à la tendresse*, *Comme une flûte de roseau*, *Clins Dieu*, *Accroche ta vie à une étoile*, *Nomade de l'Éternel*, etc.

Dieu, et lorsque je voyais leur visage transfiguré par ce pardon, je savais pourquoi j'étais devenu prêtre. Il n'est pas de bonheur plus grand au monde, sinon de savoir que nos *noms sont inscrits dans le Ciel.*

Épilogue

« Ton passé n'est pas encore écrit. »

JEAN SULIVAN

« Seul l'Esprit, s'Il souffle sur la glaise, peut créer l'homme. » L'éditeur de la NRF supplia en vain Saint-Exupéry de retirer cette phrase qui clôt *Terre des hommes.*

Ce qui est intéressant dans la vie d'un homme, c'est la disproportion entre ses capacités et sa vocation ! Avec le plus petit d'entre les Siens, Dieu peut réaliser Son projet. Dieu est un bricoleur étonnant. Avec un couple stérile (Abraham et Sarah), Il fait un peuple. Avec un bègue (Moïse), Il fait le médiateur de Sa Parole. Avec un lâche (Jonas), Il fait un missionnaire. Avec un bourreau (Saül de Tarse), Il fait un apôtre. Avec un renégat (Simon Pierre), Il fait un pape. *« Montre-moi ton homme, je verrai Qui est ton Dieu. »*

La glaise humaine dont je suis issu, ce paquet d'instincts, l'ai-je laissé pétrir par l'Esprit ? Parfois oui, et j'étais alors saisi d'émerveillement. Une joie à en crier. Plus souvent, cette glaise rétive n'avait à offrir qu'un tas de terre sèche. L'Esprit était humilié dans l'homme.

Chaque être humain n'invente ni ses joies ni ses tourments. Les événements, joyeux ou tristes, nous *arrivent...* Peut-être nous ressemblent-ils. Peut-être en avons-nous facilité la venue. Le hasard existe-t-il ? *« Le hasard,* disait Einstein, *c'est Dieu qui se promène incognito. »*

Ce ne sont pas les événements qui provoquent bonheur ou malheur, ce sont les états de conscience qui les accompagnent. Le navigateur peut déployer sa voile ou la maintenir repliée, il n'invente pas le vent.

Ce que l'on nomme prière consiste en une disponibilité au Souffle de Dieu. Un événement surgit, douloureux ou magnifique. Qu'a-t-il à te dire ? À quel exercice de ton cœur vient-il te convier ? Ne décide pas trop vite. Entends la Parole qui vient donner signification aux faits. Accueille Sa visite : *« Je Me tiens à ta porte et Je frappe... »* Si tu ouvres, le charbon du quotidien deviendra le diamant de l'éternité.

« Il vous suffit, Seigneur, pour me guérir de m'éclairer l'esprit sur ma demeure... Je ne demande pas que ma demeure me soit prochaine. Je ne demande même pas, Seigneur, que cette demeure me soit promise. La solitude, Seigneur, n'est fruit que de l'esprit s'il est infirme. Il n'habite qu'une patrie, laquelle est sens des choses. Ainsi, le temple quand il est sens des pierres. Il n'a d'ailes que pour cet espace. Il ne se réjouit point des objets, mais du seul Visage qu'on lit au travers et qui les noue. Faites simplement que j'apprenne à lire. Alors, Seigneur, c'en sera fini de ma solitude. » (Saint-Exupéry, *Citadelle.*)

Combien de fois l'ai-je prononcée, cette prière !

Au long de ces pages qu'on m'a demandé d'écrire, j'ai voulu regarder, dans les premières années de ma vie, ce jeu de coopération ou de blocage, afin de mieux le voir en toute existence. Que de fois ai-je senti ma jeunesse entre mes mains comme un trésor que l'on peut jeter par la fenêtre, par caprice ou par dérision ! Que de fois ai-je chassé une inspiration d'humilité ou de générosité ! Que de fois ai-je laissé l'ange de la mort rôder avec sa promesse de délivrance ! C'est fatigant de gravir la montagne. C'est déroutant de suivre l'invisible appel à travers le désert !

L'instinct de sécurité nous garde à l'abri de l'aventure. Dieu seul sait le saint (l'être *réalisé*) qu'Il aurait pu inventer avec nous ! Dieu seul sait ce dont nous avons privé le monde par nos résistances au souffle de l'Esprit ! Il y a en chacun de nous tellement plus que Mozart...

« *Lorsque quelqu'un te montre la lune, ne reste pas à regarder son doigt.* » Tel être humain avec ses qualités et ses défauts n'est pas d'une importance particulière. C'est la trace du passage de Dieu dans sa vie qui est originale. C'est cet impact que j'ai tenté de raconter. Notre séjour terrestre n'est rien d'autre qu'une lente transformation de tout notre être en amour. Au départ, nous sommes un tissu de déterminismes orientés vers la conservation de l'espèce. Cette boulimie de survie, c'est cela que les religions et les sagesses traquent sous le nom d'ego : le personnage qui éprouve le désir de s'imposer ou de se défendre. C'est cela que le Christ nous invite à laisser en arrière pour que notre âme réelle advienne. Dieu a jeté un défi. Il a planté une rose sur un marais salant. Va-t-elle fleurir ?

C'est au bout du chemin, *de l'autre côté*, que nous comprendrons notre histoire ! *Raconter notre vie* est une entreprise vouée à l'échec... Nous juxtaposons quelques bribes disparates et nous ne parvenons jamais totalement à en découvrir la signification. Nous ne rassemblons que le dixième des pièces du puzzle, et nous ne voyons pas très bien quelle image va se dégager.

La chenille, si elle était douée de pensée, n'aurait qu'un rêve : devenir la plus belle et la plus grosse des chenilles. Elle ne sait rien de ce qui l'attend. Dans la momie sombre où elle viendra s'enfermer se joue une étrange métamorphose. N'ouvrez pas ce sarcophage, vous n'y trouveriez qu'un magma informe. Mais c'est pourtant de ce mélange que sortira un jour une fleur vagabonde capable de nous éblouir.

Le jugement que nous portons sur notre prochain témoigne souvent de notre peu de foi. La chrysalide nous cache le papillon. Même nos meilleurs amis peuvent être irrités par le brouillon d'où sortira un jour notre visage éternel. L'accomplissement de la vie terrestre sera une communion très particulière avec les trois personnes divines et avec les humains enfin réalisés. C'est pourquoi le courant baptisé parfois *new age* – où l'Ultime Réalité ne fait plus qu'un avec chaque conscience vivante – semble bien être une fausse piste. C'est la distance qui rend possible le désir. C'est la distance qui permet la rencontre. La jeune fille du Cantique des Cantiques ne veut pas être absorbée par le bien-aimé. L'amour nuptial vit des moments fusionnels, mais ce sont des instants fugitifs et non un état permanent. Nos frères hindous parlent, parfois, de réincarnations perpétuelles, peut-être parce que l'absorption dans le Tout gommerait toute singularité.

La durée de notre vie terrestre est très accessoire. Il existe une session de rattrapage, un stage ultérieur. Le nom de purgatoire, qui fut donné à ce nouvel état de conscience, n'est pas des plus enchanteurs. Vingt ans de stage terrestre, additionnés à soixante ans de stage ultérieur, sont-ils un voyage plus court que quatre-vingts ans de stage terrestre sans stage ultérieur ? Problème analogue à celui de la différence entre vingt kilos de plomb et vingt kilos de plumes. Notre vie vaut, au bout du chemin, ce que valent notre cœur et son poids d'amour. Épreuves et joies, tout cela est tellement secondaire au regard de cette divinisation pour laquelle nous avons été inventés !

Prodigieuse alchimie de chaque existence. Le moindre délinquant, la moindre clocharde sont des rêves de Dieu. Un rien peut faire basculer un être vers le sublime ou vers les bas-fonds. Après une vie honnête et une belle vocation épiscopale au milieu des futurs premiers évêques du monde, Judas Iscariote trahit et se suicide. Après une vie de truand, un des trois condamnés du Golgotha se voit promu à la dignité d'ami personnel de Dieu, le premier invité à Son festin, le premier saint du paradis. Et que dire de Saül de Tarse, l'ennemi devenu le bras droit, le fonctionnaire teigneux devenu porte-parole de la miséricorde ? Et que dire de François, couvert de velours et de rêves, devenu le mendiant d'amour, le sosie du Christ ?

Nos qualités et nos défauts entrent-ils en jeu dans cette histoire ? Nos qualités pourraient entraîner notre perte, si elles nourrissaient en nous l'orgueil. Nos défauts, s'ils sont une école d'humilité, peuvent être notre meilleure chance. Le fumier peut devenir le plus grand allié de la fleur.

Qui témoigne le mieux de la puissance de l'Esprit ? L'humble de nature ou l'orgueilleux que Dieu rend parfois humble ? Le généreux de nature ou l'égoïste dont Dieu obtient parfois un mouvement généreux ? Celui qui est bien dans sa peau ou l'angoissé que Dieu harmonise peu à peu ?

Dieu travaille incognito. Lorsque je ne pensais pas à Lui, Il n'en était pas moins là. Il n'apposait pas Sa signature au bas des couchers de soleil ou des tendresses humaines. Ces réalités me parlaient de Lui sans que je sache Le reconnaître ou Le nommer. Parfois, Il était terriblement absent des espaces où on L'avait *assigné à résidence.* La cruauté, l'absence de miséricorde, l'étroitesse d'esprit Le mettaient en fuite plus sûrement qu'un bruit d'arme à feu ne chasse une colonie d'oiseaux ! *« Vos méchancetés ont creusé un abîme entre vous et Moi »* (Isaïe 58).

« Nos vies dépendent de quelques "oui" et de quelques "non" prononcés durant la jeunesse. » Je crois cela profondément. C'est pourquoi le meilleur de mon existence a été voué aux jeunes. C'est dans leur vie toute neuve que l'Évangile aurait, me semblait-il, le plus d'impact. C'est au long de ces années que les décisions ultimes se prennent.

*

Je n'ai pas cessé de rechercher l'enjeu de l'amour. L'axe de ma vie fut celui de ma jeunesse : l'amour fait vivre, son absence fait mourir. La vie terrestre est l'apprentissage de cet amour, donc l'amour y est aussi rationné que l'harmonie dans une école de musique. Ce que tu donneras dépendra grandement de ce que tu as reçu, et surtout de la façon dont tu l'as reçu. L'amour n'est pas une énergie qui flotterait dans l'espace, comme les draperies somptueuses des aurores boréales. C'est un lien, c'est une passerelle entre l'autre et toi-même.

Relire son passé est une attitude biblique. Aux moments de crise et d'épreuve, les prophètes invitent le peuple d'Israël à se souvenir. *« Regarde et comprends ! »*

Dieu te taraude de nostalgie lorsque tu as eu la folie de Lui tourner le dos.

« Vois combien il est mauvais et amer d'abandonner le Seigneur, Ton Dieu ! »

« J'ai ceci contre toi : ton premier amour, tu l'as laissé. Rappelle-toi d'où tu es tombé et fais retour. Sinon, je ferai mouvoir ta lampe hors de sa place… »

« Je connais tes œuvres : tu as renom de vivre, mais tu es mort. Veille ! Affermis le reste en toi qui allait mourir… Rappelle-toi ce que tu as reçu et entendu. Garde et fais retour… Je connais tes œuvres : tu n'es ni froid ni chaud. »

« Parce que tu dis : "Je suis riche, je me suis enrichi, je ne manque de rien", tu ne sais pas que tu es misérable, pitoyable, humilié, aveugle et nu… Ceux que j'aime, je les blâme ; je les châtie. Sois ardent, fais retour. » (Apocalypse 2 et 3.)

Chaque fois que tu as écouté la Parole de Dieu, tu as connu la paix. Chaque fois que tu as voulu n'en faire qu'à ta tête, tu as été dans l'angoisse et l'humiliation. Que le souvenir te conduise à nouveau à ce Dieu qui t'attire vers Lui de tant de manières. Il te séduit par mille touches, mille clins d'yeux de beauté et de tendresse.

Dans le recueillement, dans le silence d'une retraite, je retrouve le sens. Il n'est angoisse que de l'absurde.

Shakespeare définit ainsi notre vie : *« Une histoire remplie de bruit et de fureur racontée par un fou. »* Cependant, l'instant d'un regard, cette vie peut devenir la symphonie la plus inouïe de beauté, la plus déchirante histoire d'amour.

Depuis la rédaction de ces deux livres qui racontent trente années d'errance et d'alliance, je sais encore davantage que l'on ne peut envisager Dieu que dans une relation vivante. Pour révéler son identité, Jésus ne donnera à Saül de Tarse aucune définition. Il lui parlera d'une relation : *« Je suis Jésus, à qui tu fais du mal. »*

« Qui vous touche, touche à la prunelle de Mes yeux ! » (Zacharie 2, 12.) Mes soixante-huit années d'existence ont-elles été autre chose qu'une relation vivante avec un partenaire invisible qui me cherchait ?

Dieu n'est pas une Réalité extérieure à nos vies et dont nous pourrions disserter à froid, en accumulant à Son propos les résultats d'une enquête. Je suis embarqué avec Lui dans cette aventure que j'appelle *ma vie.* Toutes nos existences, depuis notre conception jusqu'à notre *seconde naissance* (la mort) et jusqu'à toujours, sont des relations vivantes avec Dieu : indifférence, douleur de l'absence, fausses images qui empoisonnent la relation, découverte, approches, fuites, tiédeur, infidélité, oubli, passion... Comme dans les jeux de notre enfance : *« Tiède-froid-glacé, tu brûles... »* La trame de notre vie est celle du Cantique des Cantiques.

Dans son autobiographie spirituelle, Maurice Clavel émet une hypothèse : les dépressions sont causées par un refus. Dieu frappe comme un sourd à la porte de notre âme et nous ne Lui donnons aucun accès.

Toute vie est un combat de Jacob. Toute vie ressemble à la grande saga du peuple de Dieu, trame de tous les livres de la Bible. Entre le *« Berechit Bara Elohim »* (« Au commencement Dieu créa... »), et le *« Marana Tha »* (« Viens, Seigneur ! ») nous avons les deux pôles de la Révélation et de notre séjour sur terre.

En creusant dans la Bible, nous finirons bien par trouver une explication à notre existence. Car c'est bien de cela que nous avons le plus besoin : que l'on nous dise le *pour quoi* de notre vie. Je n'ai pas eu envie de croire en Dieu pour échapper à l'absurde. Mais la dégradation et la mort d'êtres qui m'étaient aussi chers que moi-même m'ont conduit à lâcher mes résistances devant ce Dieu qui s'avançait comme un cerf farouche. On ne l'a pas vu, mais on a repéré Sa trace dans la neige.

L'horreur, elle-même, allant jusqu'au vertige du suicide, l'horreur multipliée par les philosophies du soupçon me poussait à laisser tomber mes défenses. Je me suis *rendu*.

On a fait avaler trop de couleuvres au nom de Dieu. On a trop massacré au nom de Dieu. Alors Dieu doit montrer patte blanche. Comme ils sont rares ceux qui acceptent de faire confiance !

« Les souffrances du temps présent ne sont rien à côté de la masse éternelle de bonheur préparée pour ceux qu'Il aime », dit saint Paul.

« Nous parlons d'une sagesse cachée, une sagesse que Dieu a préparée pour notre bonheur, ce que l'œil n'a jamais vu, ce que l'oreille n'a pas entendu, ce qui dépasse le cœur de l'homme, tout ce que Dieu a préparé pour ceux qu'Il aime » (I Corinthiens 2, 7). Les serviteurs de ce Dieu ont à dire avec les mots d'aujourd'hui quelque chose de cet éblouissement. Ils doivent ramener à la ruche le miel de l'invisible, les traces du Dieu adorable. Des pensées contradictoires me tiraillaient, tandis qu'au cours de ces pages j'essayais de reconnaître en filigrane le passage de Dieu au long de mes jeunes années. L'homme

est-il fait pour le bonheur ? La boussole qui le guide est bien la *joie*, mais une âpre joie, une joie offerte à ceux qui se donnent. Le but de notre vie sur cette terre n'est pas le faux bonheur des publicités mensongères. Le bonheur est de se laisser diviniser, c'est-à-dire de se laisser changer en amour. Avec l'amour viendra le bonheur et même davantage. *« Cherchez d'abord le Royaume, le reste vous sera donné par surcroît. »*

Dans l'Éternité seulement, je saurai enfin ce qu'est le bonheur : *« Ni cris, ni peine, ni larmes, ni mort »* (Apocalypse, 20). L'amour seul, débarrassé de ce qui le tue.

La centaine de camps que j'ai vécus avec des jeunes a été un véritable échantillon d'éternité. Tous les ingrédients du bonheur étaient là. L'angoisse, mystérieusement, s'éclipse. Notre entente, la joie éprouvée par nos liens transfigurent le réel. Dieu devient presque évident. Dieu mettait de la lumière et de la saveur dans leur vie. Il leur apprenait à voir toute chose plus belle, plus grande, plus riche. Leurs amitiés se révélaient plus profondes, leurs joies plus éclatantes. Il me semble avoir vécu là des moments d'une fulgurance invraisemblable, surtout lors des Eucharisties. Le Dieu qui avait pris visage humain devenait nourriture pour le cœur par mes mains d'homme. Il était le plus court chemin entre nous. Il nous réunissait à un étage où les dissensions sont abolies, les différences respectées.

Je n'ai trouvé la paix que lors de rencontres vraies. Quelqu'un est là avec qui je suis en harmonie : mon père ou ma mère, un frère ou ma sœur, un ami ou une amie. Il suffit que nous ressentions le bonheur d'être ensemble, de n'avoir pas peur l'un de l'autre. Il suffit que le *courant* passe. Souvent, la beauté de l'environnement contribue à la perfection de ces moments : un ciel étoilé, un chant de grillons dans la nuit, l'odeur des fougères, le bruissement d'une source. Mais il est arrivé que le cadre de la rencontre fût quelconque sans la gâcher le moins du monde.

J'ai vécu aussi des moments d'une intensité de souffrance difficile à imaginer. Le malheur venait de relations manquées. J'allais au-devant de quelqu'un, et la réponse à mes avances avait le ton de l'ironie ou du rejet. L'énergie de l'amour était bloquée. Malentendus, conflits agressifs, peur, sentiment diffus de non-valoir ou de culpabilité, sentiment d'exil d'avoir perdu ses liens et ses racines... Relation dominant-dominé, reproches injustes, démesurés, humiliants. Un cadre enchanteur n'y changeait rien. La beauté soulignait l'aberration du moment. Elle exacerbait le sentiment de l'absurde. Parfois, la relation avait été magnifique pendant quelque temps, puis elle s'était éteinte comme un feu que l'on n'entretient pas.

Ces deux versants de la vie peuvent se succéder dans une même journée. Le plus trivial et le plus sublime se croisent dans nos vies comme les brins d'une tresse. Nos libertés sont grandioses qui nous permettent chaque jour d'aimer ou de ne pas aimer, de nous choisir généreux ou repliés sur nous-mêmes. C'est parce que nous pouvons éviter d'aimer que nous pouvons inventer d'aimer.

Nous sommes nés pour l'amour comme l'oiseau pour le chant et pour l'envol.

À Marolles,
18 décembre 1998

Table

Prologue 11

1. Le temps de l'initiation 15
2. L'épreuve 37
3. Église au grand large 63
4. L'amour est un feu de Dieu 95
5. L'écartèlement 121
6. Ombres et lumières 147
7. « Je te conduirai au désert » 179
8. « C'est Moi qui vous ai choisis » 219
9. Un chèque en blanc 253

Épilogue 263

CHEZ LE MÊME ÉDITEUR

L'Éthique ou le Chaos ?
Jean-Loup DHERSE – Dom Hugues MINGUET
Document société – 386 p. – 149 F.

L'homme n'est pas la mesure de l'homme
Xavier EMMANUELLI
Document société – 210 p. – 99 F.

Les Nouvelles Thérapies
Jean VERNETTE et Claire MONCELON
Document pratique – 276 p. – 119 F.

Mon credo
Général Philippe MORILLON
Document témoignage – 220 p. – 99 F.

Retrouvez Stan Rougier dans le Tome 1
de son autobiographie spirituelle
Dieu était là et je ne le savais pas.

« Il faudra, un jour, que je raconte mon enfance et ma jeunesse. Je voudrais, par ces pages, souligner que chacun est condamné à se taire sur l'essentiel de lui-même [...]

Chacune de nos existences est un roman, dont le personnage principal n'est pas celui que l'on croit... mais un Compagnon invisible, à la présence discrète. »

Poétique, prophétique, cette émouvante autobiographie spirituelle éclaire les questions ultimes sur le sens de la destinée.

Achevé d'imprimer en avril 2000
sur presse Cameron
par ***Bussière Camedan Imprimeries***
à Saint-Amand-Montrond (Cher)

N° d'édition : 705/04. N° d'impression : 001688/1.
Dépôt légal : janvier 1999.

Imprimé en France